多视角下辽宁长城

DUOSHIJIAO XIA
LIAONING CHANGCHENG

辽宁省长城国家文化公园
建设工作领导小组办公室 编

辽宁人民出版社

图书在版编目（CIP）数据

多视角下辽宁长城 / 辽宁省长城国家文化公园建设
工作领导小组办公室编. —沈阳：辽宁人民出版社，
2023.10
（长城文化在辽宁）
ISBN 978-7-205-10935-6

Ⅰ.①多…　Ⅱ.①辽…　Ⅲ.①长城—文化研究—辽宁
Ⅳ.① K928.77

中国国家版本馆 CIP 数据核字（2023）第 211180 号

出版发行：辽宁人民出版社
　　　　地址：沈阳市和平区十一纬路 25 号　邮编：110003
　　　　电话：024-23284321（邮　购）　024-23284324（发行部）
　　　　传真：024-23284191（发行部）　024-23284304（办公室）
　　　　http://www.lnpph.com.cn
印　　　刷：沈阳百江印刷有限公司
幅面尺寸：185mm×260mm
印　　张：15
字　　数：220 千字
出版时间：2023 年 10 月第 1 版
印刷时间：2023 年 10 月第 1 次印刷
责任编辑：李翘楚
装帧设计：留白文化
责任校对：吴艳杰
书　　号：ISBN 978-7-205-10935-6

定　　价：80.00 元

总
general order
序

　　党的十八大以来，习近平总书记高度重视长城文化保护传承弘扬工作，多次发表重要讲话并作出重要指示。习近平总书记深刻指出，"当今世界，人们提起中国，就会想起万里长城；提起中华文明，也会想起万里长城。长城、长江、黄河等都是中华民族的重要象征，是中华民族精神的重要标志。我们一定要重视历史文化保护传承，保护好中华民族精神生生不息的根脉"。"长城凝聚了中华民族自强不息的奋斗精神和众志成城、坚韧不屈的爱国情怀，已经成为中华民族的代表性符号和中华文明的重要象征。要做好长城文化价值发掘和文物遗产传承保护工作，弘扬民族精神，为实现中华民族伟大复兴的中国梦凝聚起磅礴力量"。习近平总书记的重要指示，思想深邃、内涵丰富，为我们做好长城文化保护、传承、弘扬工作提供了根本遵循，指明了前进方向。 建设长城国家文化公园，是以习近平同志为核心的党中央作出的重大决策部署，是推动新时代文化繁荣发展的重大文化工程，也是保护、传承、弘扬长城文化的创新之举。

　　辽宁长城资源丰富，现存战国（燕）、秦、汉、辽、明五个时代的遗存，全长约2350千米，绵延分布于全省13个市。长城国家文化公园（辽宁段）建设，是辽宁省深入贯彻落实党的二十大精神的一项重要工作，是辽宁省"十四五"时期深入推进的重大文化工程，是辽宁省文化事业发展的一件大事。省委、省政府高度重视这项工作，部署发布《长城国家文化公园（辽宁段）建设保护规划》；实施保护传承、研究发掘、环境配套、文旅融合、数字再现五大基础工程；要求坚持保护优先，遵循文物保护规律，确保长城资源及其环境背景得到有效保护；注重工作统筹，把长城保护与环境配套、文旅融合、数字赋能结合起来；加强组织领导和政策保障，注重点面结合，确保长城国家文化公园（辽宁段）各项建设任务落到实处。

长城国家文化公园一个重要功能，就是把文物古迹、历史遗存中蕴含的思想理念、人文精神，生动形象地展现在人民群众面前，让人民群众了解长城文化、感受长城精神，让人民群众在参观游览过程中，潜移默化地接受中华传统文化教育。辽宁省在实施研究挖掘工程中，明确把长城文化和长城精神研究发掘作为一项重要任务，认为这是一切保护、展示和利用工作的支撑和基础，应加强长城辽宁段文物研究、文化发掘和传承弘扬。

在辽宁省长城国家文化公园建设工作领导小组统筹部署下，积极参与辽宁各地梳理长城文化资源，加强历史文化研究，努力形成一批专著、论文、研究报告等成果。本丛书就是落实这一举措的重要成果。希望这些成果能够有力推动全省上下积极关注和支持长城国家文化公园（辽宁段）建设，形成长城文化发展更为广泛的共识，推动更多人一起致力保护好中华民族精神生生不息的根脉，为辽宁振兴发展乃至中华民族伟大复兴提供不竭的精神力量。

目
contents
录

丹东地区明长城防御体系

关　寒

　　丹东地区明代军事设施分布众多，据第三次全国文物普查数据显示，全市共发现明代军事防御设施 479 处，居发现成果之首。究其原因，这与明政府历代都重视对边疆地区的统治有很大关系。

　　明朝初年，辽东都指挥使司下设二十五卫，丹东隶属定辽右卫。成化五年（1469），明朝为加强统治，修筑"东路开原至鸭绿江的边墙"。嘉靖至万历年间，明政府为防倭寇之乱，在丹东沿江抵海一带"建墩台、凿濠堑"。万历初年，为防御建州女真西进，明朝拓筑宽甸六堡。至此，丹东地区明代军事防御设施的数量和规模达到顶峰，形成了长城、烽火台、堡城相互依托、互为支援的军事体系。

一、长城

　　丹东地区的明长城为成化五年（1469）修筑。2007 年，辽宁长城资源调查第三队历时两个半月，对丹东地区明长城的走向、行经路线、周边 5 千米范围内的附属军事设施进行了全面调查。2008—2009 年第三次全国文物普查，丹东地区各普查队又对其所属区域内的长城段落及其附属设施进行了更为详尽的调查。根据调查记录来看，长城南起虎山，然后北行经青盖沟、黄家沟、老边墙、冒气顶、老李丫口、南大岭、老古道沟后沿凤、宽交界的山脉直至凤城市爱阳镇的牡丹顶西麓。墙体以山险墙和土石混筑的石墙为主，沟谷处筑石墙，平地则挖壕为墙。丹东地区明长城墙体总长度为 48268 米，现存石墙体长度 15581 米，堡城 12 座，烽火台 28 座，铺舍 2 座。其中凤城市石城镇康家村金家沟边墙保存较好，在跨河谷南北两边山坡上各有一段石墙，其中北墙残长 30 米，南墙残长 40 米，两段石墙距离 8 米，可见明显的墙基，基宽 1 米左右，残高最高处 1.3 米，墙基两边堆积倒塌的墙石，为略加修整的自然石块。

在明长城的东西两侧，还有一种军事附属设施，即在通往长城的主要沟谷、道路上，用石墙进行封堵。当地人称"拦马墙"或"边墙"。其中以宽甸满族自治县长甸镇东洋河村寺院沟边墙、灌水镇岔沟村三道沟边墙等保存较好。如寺院沟边墙，在修筑上，凭借两侧山势截断沟谷，扼守寺院沟这一向北通往孤山村的交通要道，大有"一夫当关、万夫莫开"之势。这里需要提到的是，这类拦马墙或边墙，并不都是我们通常所认为的长城或长城关隘，个别的作用主要因为塞外之地，沟谷道路平缓，有与其他乡镇可通的过岭之路，故而在此处筑石墙一道，以增进防守，加强对长城主体的拱卫。

二、烽火台

丹东地区目前发现明代烽火台 419 处，三县一区均有分布。从所处的地理位置来看，分为高山和平原型两种。从功能来看，则分为沿边烽火台、腹里接火台、沿海烽火台、路台四种。

沿边烽火台：这类烽火台一般建在长城的外围沿线，即丹东市的宽甸地区。在选址上，多建于高山之上。所处的地理位置非常重要，或是乡镇之间交界的界山，或是重要交通要道的制高点，或是高出河岸丘阜及道路的转折处，视野开阔、扼守要冲、传烽示警。台子的形制多为土石混筑，有的带有铺舍，驻有戍卒。如宽甸县灌水镇车辋轳泡村的孤砬子烽火台、古楼子镇的炮台山烽火台等。

腹里接火台：这类烽火台建在长城的内侧，用以接连远方烽火信息传递到指挥部的烽火台，凤城、东港、振安区内的烽火台即属此类。烽火台的形制分为两种，一种为土石混筑，一种为山城式结构。山城式结构多建在险要之处，依山势而设置，用石块垒砌围墙，状如城堡。如第三次全国文物普查，凤城市发现的尖砬子山城。

沿海烽火台：主要分布在丹东市振兴区汤池镇至东港市沿江抵海这一地区，其设置的最初作用同营口、大连等地的沿海墩架一样，主要是为了防止海上倭寇来袭，后期则兼具腹里接火台的功能。其中保存最好、最有代表性的应属丹东市振兴区汤池镇的萌芽山城。该山城位于振兴区汤池子镇萌芽村萌芽山的主峰上。由主城和附城组成。主城长 40 米，宽 20 米，面积 800 平方米。附城长 30 米、宽 15 米，面积 450 平方米。城设西、南二门。墙体由不规则块石垒砌而成。在附城东角建有一座烽火台，直径 4 米，存高 2 米，土石混筑而成。萌芽山城地理位置十分重要，站在其上，向东北望去，丹东市区的全貌尽收眼底，丹大公路在其南侧环绕而过。西南 2000 米为张家堡山城、石岱山城等自东向西，沿丹东至大连公路的两侧依次分布。这些小城形制较为特殊，多为山城式结构，一般建在交通要道周围的山峦之上，视野开阔，并设有烽火台传递信息。同时还驻守一定的戍卒，用以防守，烽火台之间相距在 1500—2000 米，其作用近似于军事哨所。丹东地区有部分明代烽火台，由于建在高山之上，同时具备小城的规模，因此在第二次全国文物普查中，往往被确定为北方少数民族所建。普查中我们进行了认真的调查，发现其城墙的砌筑方法和少数民族有很大区别，同时城的形制和少数民族也不尽相同，因此重新进行了界定，将筑城时间确定为明代。这也是我市明代遗址增多的原因之一。

路台：一般设在当时主要择路的一侧或两侧的平地上，关于路台的记载，《全辽志》卷二，"嘉靖二十八年，巡抚蒋应奎自山海直抵开原，每五里设台一座。历任巡抚吉澄王之诰在险要处增设加密，每台上盖更楼一座，黄旗一面，器械俱全，台下有圈，设军夫五名，常川瞭望，以便趋避。"清代杨宾《柳边纪略》载："当时建时量地冲缓，缓者王里一台，冲者二三里一台。而所谓路台者高三丈五尺，周围四十丈，体圆，以大砖为之，上置铺楼垛口，每台设守军五名，专纳行旅居民之遇敌者。""由此可见，路台的作用有点类似于今天的治安岗亭。"从普查数据来看，丹东市的路台多数已坍塌，仅存土基。如宽甸满族自治县毛甸子镇的一撮毛路台遗址，从遗址的分布来看，路台原来的形制应为圆形，据当地村民介绍，该台子当初直径 20 米，高 8 米。

三、堡城

堡城是保卫长城防线的主要军事机构，每座堡城都负责一段长城及其附近烽火台的军事事宜。其选址都在长城内线，选择能够震慑伏兵又能攻击敌人的有利地形进行修筑。丹东地区的明代堡城共有 37 座，多为矩形和方形，分为砖石砌筑和土筑两种，四角建有角楼，南门设有瓮城。丹东地区的明代城址在宽甸、凤城、东港、振安区都有分布，多为矩形，分为砖石砌筑和土筑两种，城墙四角建有角楼，建有南、北二门，南门设有瓮城。凤城市的明代城址主要分布在凤城市的中部、东部和北部，南部分布较少，以靠近明长城沿线最多，其中保存较好的，如石城城址、暖阳城城址、汤半城等。宽甸县宽甸六堡均为砖石结构，如青椅山镇赫甸城址，为砖石结构方形城，每边长 287 米，四角均建有角楼，只设南门出入，南门外砌有瓮城，城内有古井。东港市的明代城址主要分布在与凤城交界处的新农镇、孤山镇、黑沟镇等。振安区的明代城址以九连城城址最具代表性，九连城古城址是明末为防御日本倭寇修筑的，当时名为镇江城，是大致呈方形的砖城，周长 1040 米，城墙西北角残存 6 米高的土丘为角台遗迹，城外有一条围绕城西南侧流过的护城河。在此还需要提到的是，振安区的夏家堡子明代古城较为特殊，其城墙为土筑，瓮城建在西门而不是通常的南门，城墙外挖有护城壕，环绕城周，加强拱卫，与其他的明城在结构上有很大的区别。从考古学的角度看，兼具辽代古城的特点。著名考古学家冯永谦先生曾著文考证其为辽代的宣州城，此虽为一家之说，但也从一个侧面说明夏家堡子古城址有可能应始建于辽代，明代在沿用的同时，对其进行了增筑。

【作者简介】关寒，抗美援朝纪念馆（丹东博物馆）。

长城国家文化公园（丹东段）项目建设资源禀赋、总体架构及工作目标之纵论

李　辉

在省文化和旅游厅指导下，辽宁省长城国家文化公园（辽宁段）项目建设的第一步是规划建设项目目录，这项工作是以 2019 年 12 月 17 日的省文化和旅游厅的紧急调度工作会议为起点展开的。筹划长城国家文化公园（丹东段）建设项目目录的必备要素，是在充分把握丹东明长城遗址遗迹资源优势的基础上，做到充分认识丹东明代军事防御体系作用，充分解读长城国家文化公园建设内涵，融会贯通落实规划项目建设工作目标。

在最初"以葫芦岛为主，谋划我省上报长城国家文化公园国家层面建设项目"的构想中，通过理性判断和客观分析，形成了翔实的项目规划目录。之后，经历了"长城国家公园项目规划目录""省市两级具体建设项目规划文本编纂、评审与修改完善""长城国家文化公园（丹东段）国家层面建设项目的初步筹划与最终确立"以及"编制项目建议书、可行性研究乃至方案设计"等一系列过程，到目前已历时 3 年半时间，丹东的长城国家文化公园建设项目终于进入到实质性施工阶段，并将在长城国家文化公园这棵大树的枝头上结出丹东独特风味之果实。在这一系列的各种主、客观矛盾的交织与融合中，我们经历了认真梳理、头脑风暴、逻辑判断与客观取舍并最终形成理性定论的过程，值得深刻思考和认真反馈。

一、梳理盘点——丹东明代军事防御体系资源概述

认真梳理丹东明代军事防御体系资源状况，是规划长城国家文化公园建设项目规划目录的最基础性工作。在辽宁省范围内，国家已认定的丹东明长城资源的总体数量在全省排在第二位。但针对整个明代辽东军事防御体系而言，处于东北亚防倭最前沿的丹东地区江海防军事防御体系没有被纳入明长城范围，这不仅是一个初级的工作失误，更是狭隘认知上的一个历史性的错误。有明一代的辽东都司辖区范围东起鸭绿江，西抵山海关，南至旅顺口，北达开原，涵盖了东北地区中部以南相当一部分地区；对丹东而言，则是囊括了所辖的全部地区。20 世纪 90 年代的考古发掘，向世人揭开了明万里长城"东起鸭绿江，西至嘉峪关"（《明史兵志》）的神秘面纱，使在历史上并未明确记载而湮没在岁月尘封之中的丹东虎山长城，作为中国现版图范围内的明长城东端起点的地位得以确立和见证；并以此为导向，顺藤摸瓜，为调查和确立丹东明长城东端防御线路体系提供了充足的索引依据。根据考古调查和历史资料记载，目前，丹东市所遗存的明代军事防御体系的资源情况总体如下：

1.《明史》《明实录》以及《盛京通志》等史料记载，明洪武四年（1371）二月，置辽东卫指挥使司，同年 7 月改置定辽都卫，明洪武八年（1375）十月又改置辽东都指挥使司。公元永乐十二年（1414），明朝在辽东首设"宣城卫"，其位置在今丹东市东港市新沟街道宣城卫村北 2.5 千米的东西走向呈马鞍状西临丘岭地，东北西三面是开阔平坦洼地的小孤山上。

2. 明代时期的江海分界地，即在现丹东市振安区九连城镇中江台半岛所在位置。根据考古调查发现，从东港市大孤山起沿近海岸一直逆江上溯到虎山一线，依次分布了具有明显明代特征的孤山山城、兴隆山烽火台和军事居住址、柞木山烽火台、前阳山城村山城、萌芽山城、金山镇土城子堡、夏家土城子堡、九连城堡、旧江沿台堡以及虎山长城等大量遗址遗迹，它们可谓是明代江海防倭体系的前沿阵地。

3. 在沿海沿江一带的纵深，则有旋城（历史上有记载，但未明确其准确位

置，有说为新农乡马圈子土城子堡）、大孤山镇的西土城（明代沿用）、东港市黑沟镇的东土城堡、红旗镇的台子山山城、蓝旗镇的南杨屯土城堡、萌芽山城及周边山城（雪洼山城、庙沟山山城等）、汤站城、石城堡（新江沿台堡）以及沿线呈网格化分布的诸多烽火台，它们可谓是防倭军事防御体系的第二道军事屏障。从沿海一线到纵深一带，除宣城卫之外，虽大多遗址遗迹难以考证其在明代沿用（许多遗址遗迹应建于辽金时期甚至更早）的具体修筑时间，但从其地表或地下遗存的瓦当、瓷片、泥陶等标本分析，大多应早于丹东明代驿站类城堡及边墙（旧边）。

4. 成化三年（1467），在丹东地区开始修筑主要沿叆河东岸（凤城境内）、北岸（凤城与振安、宽甸与振安交汇区域）为主呈南北方向的辽东军事防御体系之丹东段"边墙"，其抵御女真族南下的布局非常明显，从狭隘的意义上讲，可谓是辽东明长城军事防御体系东端之雏形。

5. 成化十六年（1480），在土地肥沃的鸭绿江下游一带和凤凰山一带的女真族出没要冲，开始修筑"汤站堡"，沿"汤站堡"周围筑设了"孤山堡"（今楼房镇石城村）、"险山堡"（今汤山城镇榆树村）、"江沿台堡"（今九连城附近）、"新安堡"（待考，一说在楼房镇石城村）和"安奠堡"（疑在今汤山城镇太平村）等共为六堡；翌年于凤凰山附近筑设"凤凰城"，同时以此为辐射筑设"新远堡""镇宁堡""宁夷堡""通远堡"和"青苔峪堡"（今青城子），并在凤凰山至叆阳之间筑设墩台12座和筑设"叆阳城"。至此，基本形成叆河东侧、北侧边墙内的主要城堡防御体系，管辖自孤山堡南界走，至江沿台西界止，共1.3095丈，合87.3里的长城线。准确地说，自现朝鲜境内的义州涉江而入中江台岛，先经江沿台堡，然后过叆河到九连城，再依次经汤站城、凤凰山城（明代沿用）、凤凰城、雪里站城堡（明代沿用与新筑）、通远堡及青苔峪堡进入今辽阳境内之连山关、辽东卫所所在地之辽阳，是为一条自朝鲜至中原王朝大明的驿站路线，具有辽东丝绸之路之意义；而以汤站城、凤凰城、叆阳城一线所贯穿或辐射的现凤城市东汤镇小城子山城、土城子村的土城子堡、民生村的汤半城、石城镇的石城堡以及在凤凰山至叆阳之间筑设墩台12座和边墙沿线和边墙与网格化分布的烽火台，则是完全典型的军事防御体系。在这个时期，有明确记载驻军情况的城堡有：

（1）险山堡（分新旧"险山堡"，新险山堡应在今凤城市东汤镇东南某处，疑为"土城子堡"），下属墩台17座，烽火台49座，瞭守官军370名；嘉靖四十二年

（1563）设参将，驻守官军 3074 名。

（2）洒马吉堡（今凤城市北赛马镇），下属墩台 9 座，驻守官军 185 名。

（3）爱阳堡（今凤城市东北爱阳城镇），下属墩台 14 座，驻守官军 1044 名。

（4）新安堡（今凤城市东境石城镇），下属墩台 17 座，驻守官军 526 名。

（5）宁东堡（为今丹东市楼房镇土城子堡或凤城市东汤镇宏伟村小城子堡），下属墩台 5 座，驻守官军 500 名。

（6）江沿台堡（明代军事防御体系最东端的第一座堡城，修筑年代未考，隶属于险山参将。应在今丹东市振安区九连城镇原镇江城遗址所在位置），下属墩台 12 座，驻守官军 383 名。

（7）汤站堡（今凤城市东南汤山城），驻守官军 360 名。

（8）凤凰城堡（今凤城县城），驻守官军 113 名。

（9）镇东堡（今凤城市刘家河镇），驻守官军 40 名。

（10）镇夷堡（今凤城市通远堡镇），驻守官军 74 名。

（11）草河堡（今本溪县南草河城），驻守官军 44 名。

（12）青台峪堡（今凤城市青城子镇），驻守官军 40 名。

（13）甜水站堡（今辽阳县东南甜水），驻守官军 81 名。

另外，还有未筑成即废了的新中堡（新安堡附近）、汤半城堡（今凤城市东汤镇民生村）以及驻军较少的今鸡冠山镇薛礼站城堡和园艺山城堡、弟兄山镇的马坊土城堡、石城镇的吴家河土城堡、宝山镇的尖砬子山城堡以及凤凰山山城（高句丽时期的山城，明代部分沿用）等，这些长城线路、城堡及烽火台等构成了一个阻止女真南下和保障东方丝绸之路畅通的完备的军事防御体系；而宝山镇的尖砬子山城堡、红旗镇的台子山山城堡和蓝旗镇的南杨屯土城堡等则具有兼顾上下（上防女真族、下防倭寇）的双重作用。

6. 嘉靖十九年（1540），辽东卫在今宽甸境内山区设碑为界以权为备御之计，遂启今宽甸六甸之雏形。而在宽甸满族自治县古楼子乡的明代墙体遗址遗迹、长甸镇苏甸村的苏甸堡、杨木川镇土城子村的大土城子堡和小土城子堡等，应为这个时期的小规模拓边之见证。

7. 嘉靖二十五年（1546），明朝又为在边防区"积钱谷、修险隘、练兵马……开屯田"以重整边备，进行了实质性意义的第二次"拓边"。

8. 嘉靖四十年（1561），明兵与女真族在今宽甸境内交战，因明朝当时在东北的统治中心是在今辽阳一带，明将以为原筑六堡与辽阳声势不接，同时亦为巩固占领地带进行屯田政策，乃于万历元年（1573）徙筑六堡于六甸，即将"孤山堡"移往"章齐喀喇甸"（今赫甸），"险山堡"移往"宽甸"，"江沿台堡"和"新安堡"移往"长甸"和"长岭子"等处，因将新安堡的军队迁移到这里驻防，故称为新奠堡（今称赫甸城）[据史料记载，新奠堡历时三年于万历三年（1575）建成，城墙总长1144米，高6.9米，城内面积8.2万余平方米；城墙底部由加工过的玄武岩砌成，上部为2.4米高的青砖墙垛，设一南门，并建有瓮城，城墙4个角各建一座角楼，东、西、北城墙中间位置分别建有箭楼。《明史》记载：辽东总兵李成梁扩筑宽甸六堡，令部下定辽右卫指挥李方良具体负责建造赫甸城，主要为防御建州女真，实行兵屯制，驻军大都携带家属，战时打仗，无战耕种，其建制方面与新中国成立后的新疆生产建设兵团、北大荒农垦团相类似]，从而形成宽甸"五堡"（宽奠、新奠、大奠、永奠、长奠）的新防御体系；之后，又在现青椅山镇六道河村新筑六道河城堡，在现灌水镇利用高句丽山城基址新修高台堡山城，从而把新奠堡、六道河城堡、高台堡山城和叆阳城堡连成一线，与其东部连成一线的长甸堡、永甸堡、坦甸堡和宽奠堡互为倚仗，构成防御女真南下的辽东军事防御体系之新屏障。

9. 新江沿台堡，是为明嘉靖四十四年（1565）重建，位于现丹东市振安区楼房镇石城村。城址平面呈长方形，东南长300米，南北长150米，南墙中部设一门，南门外有圆角方形瓮城，城墙四角均有凸出于外的角台。2013年3月，该城址被并入全国重点文物保护单位——长城—明长城—虎山长城遗址。

10. 万历三十六年（1608），明朝鉴于女真族日益强大，又重整边备，于"宽甸"旧址建筑砖城，于九连城旧址重建"镇江城"，并加兵扼守。之后，又沿叆阳一带的老边墙以北、宽甸城以北至红石砬子的鸭绿江一线筑设烽火台和因山就势筑设新边墙（具体年代未考）。

截至目前，已查明的明代军事防御体系文物遗址遗迹总数达到300余处。在此基础上，结合史料依据，我们梳理出了自下而上沿叆河北侧、东侧走向为基本线路走向；以长城线路、城堡、墩台、敌台和烽火台等为基本构成的、网格化的明长城东端防御体系，它们正是丹东明代军事防御体系真正融入了中华民族延亘2200余年的长城历史传承体系和文化精神继承体系的最根本性的依据，也是规划长城国家文化公园（丹东段）建设项目目录的最基础性依托。

二、逻辑思辨——丹东明代军事防御体系总体定位

万里长城是中华民族聪明智慧、坚韧刚毅和凝聚力精神象征。长城是为了抵抗外族侵略而建造的，是坚强不屈的象征，体现了中华民族的凝聚力，同时也体现了中华民族的爱国精神。长城是人民智慧坚强勤奋开拓进取的表现，象征着中华民族伟大意志和力量。丹东明代军事防御体系是辽东明代军事防御体系极其重要的组成部分；明代以武功定天下，辽东军事防御体系是以辽东都司这一卫所军事制度体现。自京师达于郡县，皆设立卫所，即"有事命将征伐，调卫所军，既旋，则将上所配印，官军皆回卫所"。经过180余年的苦心经营，所形成的丹东地区历史上完整的明长城东端军事防御体系，可谓是奠定和巩固了明清以来中国东北东部鸭绿江中下游的地理政治版图，具有此防御体系以西、山海关长城以东所有长城体类所不可比拟及无可撼动的历史价值，只有高度重视它们的历史价值和所承载的历史符号和现实作用，才能完美诠释其在长城国家文化公园建设中所占据的位置和在新的时代背景下所应赋予的历史地位。因此，在规划长城国家文化公园（丹东段）建设项目规划目录时，必须站在国家层面，正确理解长城国家文化公园建设的深刻内涵，从各个角度明确定位丹东明代军事防御体系遗址遗迹的历史作用和现实意义。

（一）丹东明代江海防是防倭军事体系的最前沿

有明一朝，外患刀兵不息，从洪武二年（1369）侵扰山东沿海开始，至万历四十六年（1618）从广东揭阳彻底击退为止，前后达249年。"南倭北虏"，一直令明朝统治者头痛。从时间节点上说，这其中的"倭寇之患"，几乎与整个明朝历史相终；从空间上看，跨越辽东（含山东、辽宁）、江苏沿海，一直向南延伸至浙江、福建、广东、海南，波及了数千千米海岸线。而丹东东港一带的江海分界线及黄海海岸线，作为中国边境线的起点，也恰恰是倭寇袭扰的重点区域。丹东境内1414年设宣城卫，并沿江海线构筑了自虎山脚下一直延伸到金州卫（现大连地区）的一套完备的军事防倭体系；1419年，明朝辽东总兵刘江在大连地区的望海埚率军

击败了日本倭寇 2000 余人的入侵，成为明初对倭寇作战的最大一次胜利，此后，在 100 多年里，倭寇不敢侵犯辽东海疆。

（二）虎山长城是明代军事防御体系的东端起点

虎山原名马耳山，因两个并排高耸山峰，状似两只竖立的虎耳，亦称虎耳山，至清代始称虎山。虎山突起于鸭绿江边，平地孤耸，视野开阔，对岸朝鲜的田地、房屋一览无余。在丹东的近现代史上，历次被外敌入侵，虎山均首当其冲，可见其军事地位之重要。因此，作为国门，选此为军事要塞，以控制战场主动权，确有极大的军事意义。虽现代诸多资料说虎山长城始建于明成化五年（1469），但并无具体考证；而《明史·兵志》所载"终明之世，边防慎重，东起鸭绿，西至嘉峪"却无可厚非。从虎山遗址遗迹分析，虎山上的明代军事防御体系，或山城、或长城，如果仅仅被解读为防御建州女真人的侵扰，则不足取；那么，其所谓"始建于明成化五年（1469）"之说法，也当谬以千里。虎山脚下，不足 1.5 千米，即为中江台；而中江台则是明代历史上的江海交汇处，即使今天，潮涨潮落也是以此为分界；因此，虎山上的军事堡垒，自然成为明代江海防军事防御体系的起点；在长城线路仍待进一步考证的今天，位居鸭绿江边的虎山长城，作为明长城东端起点自然也具有其天然性和必然性。

（三）丹东是中国历史固有地理政治版图的东端屏障

汉唐之后，明代辽东边墙遗址线路基本上是三晋之后高句丽国较为稳定时期的辽东习惯分界线，也是辽金时期汉民族与少数民族的习惯分界线；有明之后，辽东边墙，也基本上是沿着羁縻制统治下与女真族所居住区域的习惯分界线修筑；但大明王朝与朝鲜则是藩属国关系，则基本上是以鸭绿江为界并一直沿用至今。羁縻制管辖与藩属国管辖的截然不同，决定了与羁縻制的习惯管控线并非国境线，也就必然性地将羁縻制地区视为国家固有领土，将藩属国视为现代意义上的国家分界线，即国境线。明确国内民族传统居住区域与边境线，恰是现代国家意义上的主权宣示；这意味着丹东作为中国最大的边境城市，恰是基本上以鸭绿江为界的中国固有领土的东部屏障。

上述三个方面的认知，充分体现了丹东明代军事防御体系的历史作用，是谋划丹东长城国家文化公园建设项目的历史基础和现实基点；必须站在上述认知的基础上，以汇聚中华民族伟大复兴的磅礴力量为基本出发点，深刻认知长城精神的底蕴和内涵。

三、谋而后动——把握长城国家文化公园总体思路

中国万里长城涉及 15 个省（区、市）、97 个地级市的 404 个县（区），承载着自古以来中国长城沿线地区农耕民族和游牧民族两大文明之间交往、交流、交融的历史演变过程和深层次的民族记忆。丹东地区的明长城不仅是明代辽东军事防御体系的重要组成部分，更是中国长城体系极其重要的、不可分割的组成部分。在充分把握丹东地区现存长城资源的基础上，更应结合对丹东明代军事防御体系的总体定位，结合国家长城文化公园的总体规划，结合规划丹东长城国家文化公园项目建设的重大意义，站在国家高度和政治高度，充分认识丹东在国家战略中的重要地位，把握丹东长城国家文化公园建设的总体思路。

（一）充分认识丹东是中国东北亚地理政治版图核心前沿

东北亚地区，在卫星地图上，若以长春为核心画圆，则可将朝鲜半岛、日本列岛、俄罗斯远东地区、蒙古中部以东、中国贺兰山以东与长江以北的广大地域尽收囊中，那么，就可以说长春基本上是东北亚地理政治版图的核心；而丹东，则无疑是核心区域内的最前沿。中华民族有明以来的内忧外患多由辽东起，中华民族现代史上的民族复兴也从丹东始，因此，辽东之丹东，则无疑是中国在东北亚地区地理政治版图上的核心前沿。

（二）充分认识丹东是现当代中国军事防御体系的桥头堡

毋庸置疑，现当代中国乃至未来一个相当长的历史时期，中国在东北亚地区首要关注的是朝鲜半岛与日本列岛，而支撑朝鲜半岛与日本列岛最强大的军事势力是世界上的头号霸权国家美国；"美帝国主义亡我之心不死"，不仅是伟人历史的定论，也是不断被历史所验证的结论。朝鲜半岛动乱，丹东便首当其冲；日本列岛生

变，丹东便危在当前。因此，丹东地区的地理政治区位，决定了其作为现当代中国乃至未来中国军事防御体系上的桥头堡地位。

（三）充分认识丹东是开展东北亚国际文化交流的新高地

毋庸置疑，丹东自古以来不仅是中国固有领土不可分割的一部分，更是中国历史文化疆域不可分割的重要组成部分。考古意义的丹东，正是充分体现了中华文明绵延不绝的传承体系和中国历史文化代际相传的历史脉络。站在开展东北亚国际历史文化交流的角度，谋划丹东长城国家文化公园建设项目，认识丹东长城国家文化公园建设的内涵和意义，也正是站在国际视野认知中国历史文化，进而继承、传播和弘扬中华民族优秀文化传统。因此，从长城国家文化公园建设的国家战略角度出发，对丹东长城国家文化公园建设项目的规划，无疑也要充分体现出"丹东是东北亚国家国际文化交流的新高地"这一基本认知。

上述三个认识，可谓是对丹东所处地理区位的战略地位的解读。作为国家文化战略的长城国家文化公园项目规划总体建设思路，也应当立足长远，充分体现这三个方面的认知。

四、头脑风暴——谋划长城国家文化公园建设目录

谋划丹东长城国家文化公园建设项目，离不开丹东明代军事防御体系所遗存下来的资源禀赋。分析丹东明代军事防御体系遗存的具体情况，一是已然公布为长城——明长城部分的省级（含省级）以上文物保护单位；二是在已公布的长城保护单位分布范围内遗漏或新发现的没有公布为省级（含）以上文物保护单位的遗址遗迹，有的是市级文物保护单位、有的是县级文物保护单位、有的是新发现未定级不可移动文物，这些遗址遗迹数量并不多；三是明代江海防遗址遗迹，已经普查到位并公布为省级（含省级）以下文物保护单位或未定级的，有近50处。上述全部遗址遗迹，从分布上看，可以分为北部、中部和南部这三个区块，它们同时又紧密相连构成了一个网格化军事防御体系；从作用上看，可谓是"南防倭寇、北拒女真"的两条军事防线，而中部则为两个军事堡垒之间的缓冲区或驿站腹地；从实际作用

看，两个堡垒间的驿站腹地，其城堡、烽火台等军事防御工事也确实是相对疏松。基于中华明长城战略东端防御体系在丹东地区的实际涵盖范围以及具有深远的历史意义和现实意义的极端重要性，结合对我市长城资源的基本认知和逻辑判断，我们形成了"一轴贯通，二垒相顾，照应其余"的长城国家文化公园项目规划的"头脑风暴"。

（一）总体规划思路

以虎山长城为始端、以叆阳镇头台子长城为终端的"一轴贯通，二垒相顾，照应其余"的规划形态具有极大的可行性以及历史意义和现实作用。所谓"一轴""两垒"不仅是就长城历史文化资源的本身而言，也是就其区域覆盖性与带动力而言。

一是就长城资源本身而言。"一轴"，就是"以吴家堡城址、新安堡、新中堡、汤半城、东汤土城子堡和小城子山城为轴动区域"；"两垒"，就是连接"以赫甸城址、高台堡山城、叆阳城、镇朔关和头台子山城为重要战略支撑的上部堡垒区域"和"以虎山长城、江沿台堡、九连城址、汤站城堡、凤凰山古城址、凤凰城堡为重要战略支撑的下部堡垒区域"，这也与两个区域在明朝历史进程中所发生的作用相契合；以"一轴""两垒"为导向，辐射周围区域的长城防御体系的组成内容（长城线路、城堡、敌台和烽火台等），可以实现长城保护传承和展示利用等功能的总体项目规划目标。

二是就其覆盖性和带动力而言。该区域包含了丹东市明长城历史脉络中的各个重要段落和防御城堡等，包含了长城老边墙沿叆河走向筑设的最佳风景名胜自然环境区域，包含了青铜时代和高句丽时期的重要文物古迹（有东山大石盖墓群和凤凰山古城址两个全国重点文物保护单位），包含了丹东近现代清日战争、日俄战争、满铁时期和抗日战争阶段、解放战争新开岭战役以及抗美援朝战争时期等重要的人文历史遗址（遗迹）；以此向四周区域辐射，向上可辐射以宽甸县双山子镇、青山沟镇为主的天桥沟、青山沟两个国家级风景名胜区和辽东抗联游击区，向东可依托凤上铁路线辐射宽甸四堡、鸭绿江风景名胜区和以长甸镇河口村为主要区域的抗美援朝战争遗址（遗迹）群，向下可辐射丹东市属各区的以五龙山、元宝山、锦江山为主的自然与人文融合区域和鸭绿江沿线分布抗美援朝战争最为重要的遗址（遗迹）群（鸭绿江断桥、鸭绿江浮桥、中朝友谊桥、中朝人民空军联合司令部指挥所和抗美援朝纪念馆等），向西可通过古道、驿站和现代交通体系抵达本溪、辽阳等地明长城重要展示利用区域。因此，相较于《长城国家文化公园（辽宁段）项目建设规划》"征求意见稿"中的策划方向，利用国家专资投入和政策支持，走"一轴贯通，两垒相顾，照应其余"为根本理念的规划设计技术路线，对于推动丹东全域经济社会全面发展而言，具有不可估量的现实作用和深远的历史意义。

三是与周边地区的项目规划比较而言。丹东地区以宽甸六堡为核心的项目规划，明显具有偏差。葫芦岛市以长城线路为轴线，贯穿了"以九门口长城、永安堡城和中前所城为支撑""以杏山长城、兴城古城、白裕塔堡和海岛营城子城址为支撑"和"以植股顶长城、小虹螺山长城和点将台为支撑"的三个规划区域，实现了葫芦岛市长城文化公园体系带动全域的整体平衡。规划总面积 1000 平方千米，起到辐射葫芦岛全境的作用。

锦州市"以长城线路附近的龟山长城、大胜堡、大茂堡和大定堡为下部骨干支撑""以逐步偏离长城线路的魏家裕关、镇达堡、马市堡、分税关和广宁城为上部支撑"，形成了辐射锦州全境的整体平衡项目规划方案。规划总面积 530 平方千米，拉动具有全局性。

朝阳市以烧锅营子长城和张家营子城址为朝阳市西北区域长城资源的上、下支撑，形成具有核心拉动意义的整体平衡项目规划。规划总面积 530 平方千米，辐射总面积 1000 平方千米，能够发挥重要的轴动作用。结合上述三个市的规划路线，可以显而易见地得出结论："征求意见稿"中的丹东规划不具备整体性、全局性，应当予以深度调整和完善。

因此，必须站在丹东明长城资源整体分布的规律性角度，站在体现丹东明长城历史文化重要性角度，站在有利于丹东文旅深度融合和经济社会全面进步的推动性角度，站在国家政治战略和经济文化战略的高度及角度，开阔视野，明确方向，把握重点，统筹兼顾，科学安排，合理布局，规划设计。

（二）具体规划思路

围绕"一轴贯通，二垒相顾，照应其余"的总体思路规划具体项目，形成了丹东长城国家文化公园建设项目的总体规划和具体内容。

一是"一轴贯通"。即以丹东明长城之老边墙和其两侧的城堡、烽火台所组成的自下以虎山长城为起点、至上到头台子长城遗址，所形成一核心轴动区域、贯通全市明代军事防御体系资源范围，也就是以丹东明长城的核心区域为轴，主要以保护传承工程、研究发掘为主体谋划长城国家文化公园建设项目。即：

（1）谋划以头台子长城、叆阳城城址、高台堡山城址、赫甸城城址、石城堡遗址、汤半城堡遗址、杨木川土城子堡遗址、东汤土城子遗址、九连城（方城）城址、虎山长城遗址遗迹等修缮工程为主体的保护传承工程。

（2）谋划以汤山城城址、薛礼站系列遗址（含新发现明代土城子堡与窑址）和老边沿线以非遗传承保护利用等为主体的研究发掘工程。

（3）谋划老边之内天然形成之叆河走廊、辽金明清驿站路线以及江海防古道线路体系为依托的环境配套工程。

二是"两垒相顾"。就是以凤凰山景区与虎山景区之间为下部重点规划区域、以宽甸城与叆阳城遗址（镇朔关）之间为上部重点规划区域，谋划国家层面的重点项目和一般项目建设，具体谋划东北亚边疆历史文化博物馆、宽甸六堡展示馆、叆阳历史文化陈列馆、赫甸城遗址本体展示中心等建设项目，形成主次分明、彼此呼应又各具特色的陈列展示体系和文旅提升工程项目体系。

（1）丹东是中国东北亚地缘政治历史文化核心区域的前沿阵地，从自古有历史记载以来都发挥着至关重要的历史作用，特别是有明以来的关键时期，几乎都关乎了中华民族生死存亡之运势，筹划东北亚边疆历史文化博物馆建设，充分利用历史文化影响力打造国际文化交流平台，以彰显其历史上的特殊地位和中华民族伟大复兴之路上的特殊作用尤为重要，且在谋划长城国家文化公园的馆建中也应处于首要地位。

（2）作为明代由中兴到衰败之历史见证的宽甸六堡，在史书所记载的辽东司上历史地位和作用尤为突出，加之糅合了抗战史（《中华人民共和国国歌》诞生元素地）等诸多历史文化元素，是有必要集中建馆展示的，这就是筹建宽甸六堡展示馆的最初思考。

（3）叆阳城遗址加镇朔关，可谓是明代在辽东地区极为重要的城堡和关隘，特别是最新考察认定的镇朔关，可谓是真正意义的明长城天下第一关；同时，这里也是日俄战争的重要战场、东北抗联的重要活动区域，新开岭战役又是解放战争的重要转折点，在近现代革命史上扮演了重要的角色，因此，可以筹划瑷阳城历史文化陈列馆建设项目。

（4）赫甸城城址。最重要的是它是东北地区保存最完整的明代城堡，其处于瑷阳城、石城址、高台堡山城、宽甸城、坦甸城、杨木川土城子堡的核心点，在宽甸六堡中具有比较典型的纽带作用，其相对完整的城堡规模本身就是最好的展示，因此，可以筹划一个游客服务中心建设项目。

（5）在古代交通不发达时期，瑷河走廊从虎山脚下的九连城地区一直溯流而上至镇朔关内外，而目前自然生态环境最好、景观最美、交通最便利和最适于打造文旅产业的区域在凤凰山景区到虎山景区之间。这里充裕而相对稳定的水资源和道路体系，特别适合打造水上廊道特色景观线路建设项目；同时，以瑷河水上廊道特色景观线路建设项目为纽带，极其有利于通过招商引资的形式打造超大规模的文旅提升工程项目；而振安区汤山城镇太河村的"心"形区域，又可谓是丹东整个地域地形地貌的核心区域，以此为部堡垒的核心区域，极其有利于带动丹东全域文旅项目的发展；同时，结合国家农业农村发展扶持政策——打造乡村田园综合体，有必要筹划一个"泛太河村文旅提升工程暨乡村田园综合体项目"。2023年中央一号文件发布后，对农业农村发展战略重新定义为建设"宜居宜业和美乡村"，而自凤城市边门镇新华村经振安区汤山城镇太河村、榆树林村至凤城市东汤镇房木村，瑷河走廊这一近30千米的瑷河流域，也恰恰具备这一建设目标的天然优势。

三是"照应其余"。即在上述重点规划思路的基础上，结合丹东市长城资源分布的总体情况和工程项目类别，依托局部面、线及点位的特殊性规划长城国家文化公园建设项目。

（1）结合和利用现有公路体系，沿丹东明长城（或称明代军事防御体系）旅游风景带谋划道路配套工程项目。提出了瑷河水上廊道特色景观航行线、赫甸城—瑷阳城古道骑行与步行线、环凤凰山古城址骑行线、宽甸4堡凤上铁路旅游专线和以沿江、沿海的虎山、辛家堡子山、大金道岭、安民山、萌芽山、前阳山、东尖山、孤山等明朝海防山上城堡和烽火台为重要节点的、现代公路体系与古道遗址（遗迹）相结合的、从虎山到孤山的、多层文化形态综合的、丹东地区独具特色的沿江海防文化旅游线路体系。

（2）结合明代江海防军事防御体系的特点，规划明朝在辽东地区构筑的第一个江防、海防、边防城堡"宣城卫"和驿站汤山城遗址的考古勘探工程项目等；结合国家文物局批复意见，利用考古调查工作成果，谋求打造江沿台堡展示利用复原工程；结合萌芽山山城址、头台子山城（含烽火台）等谋划本体修缮及考古调查工程项目。

（3）结合规划的总体思路，谋求全景展示丹东长城资源情况的"数字再现工程"项目、长城精神研究项目、文化创意项目以及丹东明长城监测预警平台建设项目等。

总之，在长城国家文化公园建设项目规划前期，即以 2020 年 7 月 21 日为时间节点，经节节提升，丹东的规划项目从最初的 25 项升到 29 项，最终达到了 52 项，而规划项目资金估算从最初的 4.4831 亿元压缩到 3.16 亿元，又逐步提升到 8.77 亿元、19.6 亿元、49.3 亿元。

五、理性定位——规范完善建设项目规划存在的问题

（一）初始阶段

这一阶段的时间节点是 2019 年 12 月 17 日至 2019 年 12 月 19 日。丹东市共规划项目 30 项，其中，保护传承工程项目 20 项、研究发掘工程 3 项、环境配套工程 3 项、文旅融合工程 2 项、数字再现工程 2 项。见下表：

1. 保护传承工程（20项）

序号	项目名称	估算（万元）	地区	备注
01	九连城（方城）遗址修缮工程	218	振安区	文物专资
02	叆阳城城址修缮工程	216	凤城市	文物专资
03	头台子长城（含烽火台）修缮工程	320	凤城市	文物专资
04	石城城址修缮工程	210	凤城市	文物专资
05	汤半城址修缮工程	230	凤城市	文物专资
06	东汤土城子址修缮工程	180	凤城市	文物专资

序号	项目名称	估算（万元）	地区	备注
07	金家岭长城修缮工程	160	凤城市	文物专资
08	台子山烽火台修缮工程	180	凤城市	文物专资
09	虎山长城1段、2段修缮工程	680	宽甸县	文物专资
10	虎山长城—孤顶烽火台修缮工程	187	宽甸县	文物专资
11	赫甸城城址西、南城墙及瓮城修缮工程	1780	宽甸县	文物专资
12	大奠堡遗址修缮工程	340	宽甸县	文物专资
13	长甸堡修缮工程	168	宽甸县	文物专资
14	杨木川土城子堡修缮工程	324	宽甸县	文物专资
15	宽甸堡南门遗址修缮工程	20	宽甸县	文物专资
16	永甸堡修缮工程	18	宽甸县	文物专资
17	叆阳城历史文化陈列馆建设项目	1500	凤城市	长城公园专资
18	宽甸六堡展示馆建设项目	1500	宽甸县	长城公园专资
19	虎山长城历史文化博物馆改扩建工程	800	宽甸县	长城公园专资
20	丹东市非物质文化遗产展示馆	1100	丹东市	长城公园专资
21	合计	10131		

2．研究发掘工程

序号	项目名称	估算（万元）	地区	备注
01	汤山城遗址考古勘探工程	200	振安区	文物专资
02	宣城卫遗址考古勘探工程	200	东港市	文物专资
03	丹东市非物质文化遗产研究中心	1500	丹东市	长城公园专资
04	合计	1900		

3．环境配套工程

序号	项目名称	估算（万元）	地区	备注
01	虎山长城环境整治工程	3000	宽甸县	长城公园专资
02	叆河水上廊道特色景观线路建设项目	1500	振安区	长城公园专资

续表

序号	项目名称	估算（万元）	地区	备注
03	九连城（方城）遗址环境整治工程	500	振安区	长城公园专资
04	合计	5000		

4．文旅融合工程

序号	项目名称	估算（万元）	地区	备注
01	泛太河村文旅融合工程暨乡村田园综合体建设工程	20000	振安区	招商引资
02	虎山小镇建设工程	5000	宽甸县	招商引资
03	合计	25000		

5．数字再现工程

序号	项目名称	估算（万元）	地区	备注
01	丹东市长城国家公园数字管理中心	800	丹东市	招商引资
02	虎山长城数字再现工程	2000	宽甸县	招商引资
03	合计	2800		

上述全部项目规划资金总额 4.4831 亿元，除文旅融合工程项目外，其余四项工程类别项目资金合计为 1.9831 亿元。丹东市对上述各工程项目所做出的估算，基本上是遵循国家文物保护工程、建筑工程项目等相关预算定额标准并结合本地人才市场价做出来的。

（二）第二阶段

这个阶段的时间节点是 2020 年 1 月 4 日至 1 月 23 日。按照省文化和旅游厅要求，调整、压缩项目和明确项目层面。调整后，省厅对我市原来上报项目保留了"宽甸六堡展示馆（后被东南大学规划团队更名为宽甸六堡展览馆）、虎山长城历史文化博物馆、丹东市非物质文化展示馆、瑷阳城城址修缮工程、虎山长城 1 段 2 段修缮工程、汤半城修缮工程"等保护传承工程项目，保留了研究发掘工程中的"丹东市非文化遗产保护研究中心"项目，保留了环境配套工程的"虎山长城环境整治工程"项目，保留了文旅融合工程的"泛太河村文旅融合工程暨乡村田园综合体建设工程、虎山小镇建设工程"项目，保留了数字再现工程的"丹东市长城国家文化公园数字管理中心"项目，增加了文旅融合工程之"虎山长城文创产品项目"等。

上述项目的资金估算总额 3.16 亿元。在这些项目中，除走国家文物局文物专资渠道的文物保护工程项目外，唯"虎山长城环境整治工程"列为长城国家文化公园（辽宁段）省级层面项目，其余项目均归为市级层面，即作为明长城东端起点的丹东没有国家层面的规划项目。

这个阶段，全省长城国家文化公园规划项目约 92 亿元，主要以葫芦岛市、锦州市、朝阳市为国家层面、省级层面重点规划区域。丹东地区除招商引资性质的两个文旅融合工程项目的投资估算额度外，其余项目的投资总额低于本溪市、鞍山市。也就是说，压缩的结果，丹东市真正能够争取省级以上长城国家文化公园建设项目专项资金的是"虎山长城环境整治工程项目"（规划资金额度为 2200 万元）。

（三）第三阶段

这一阶段的时间节点是 2020 年 2 月中旬至 4 月 15 日。这一阶段起点在于规划设计单位与宽甸满族自治县文化旅游广电局沟通增加规划项目，宽甸局工作人员请示到市局并汇报了相关情况；结合这一情况，市局与规划具体编制人员进行了沟通，增加和再次调整了一些项目，使规划资金额度达到了 8.77 亿元，然后又进一步增加到了 19.6 亿元，但国家层面项目仍为零，省级层面项目增加了两个（一是宽甸六堡展览馆建设项目，二是赫甸城游客服务中心建设项目）。

（四）第四阶段

这一阶段的时间节点为 2020 年 5 月中旬至 2020 年 8 月 5 日。全省长城国家文化公园规划项目从 92 亿元增加到 190 多亿元，经多次呼吁，丹东市规划项目从19.6 亿元大幅增加到 49.3 亿元。在《长城国家文化公园（辽宁段）建设保护规划》（建议稿）中所体现出的虎山段重点项目如下表：

6．虎山段建设保护重点工程一览表

工程类别	项目名称
保护传承工程	1. 虎山长城3段及老边墙长城保护展示工程 2. 虎山长城沿线重要烽火台修缮工程 3. 重要堡城保护与展示工程（江沿台堡、暖河尖古城址、赫甸城城址、九连城城址、坦甸堡址、长甸堡址、永甸堡址、宽甸堡址） 4. 虎山长城博物馆改扩建工程 5. "宽甸六堡"展览馆建设工程
研究发掘工程	1. 东北亚视野下的丹东长城文化、精神价值发掘和研究 2. 虎山长城3段考古发掘与研究 3. 虎山长城文化艺术作品创作 4. 丹东市非遗传习基地建设
环境配套工程	1. 江沿台堡、赫甸城旅游道路提升改造项目 2. 虎山长城国家风景道建设项目 3. 虎山长城沿线山体生态环境修复 4. 虎山长城核心展示园环境整治及综合设施提升项目 5. 江沿台堡景区旅游公共服务设施建设项目 6. 赫甸城城址文化公园环境整治及旅游公共服务设施建设项目 7. 九连城城址环境整治及旅游公共服务设施建设项目
文旅融合工程	1. 虎山长城文旅融合示范区培育项目（如虎山长城小镇、"泛太河村旅游开发园区暨乡村综合体提升工程"） 2. 虎山长城文化旅游商品开发与销售 3. 虎山长城旅游品牌塑造和推介工程（举办鸭绿江中朝边境自行车赛、东北亚历史文化研究论坛等）
数字再现工程	1. 丹东虎山长城国家文化公园数字运营和管理平台、官方网站建设项目 2. 丹东市"数字长城"指挥平台项目 3. 虎山长城核心展示园网络设施覆盖及移动端讲解系统建设

从上表中我们可以看出，这些重点工程项目，也并没有纳入全省申报国家层面的盘子里，且后来被确认为国家层面一般项目的也唯有"宽甸六堡展览馆"建设项目。

（五）第五阶段

这个阶段的时间节点是从2020年8月5日至2020年10月。2020年8月5日，在辽宁省文化和旅游厅最后一次规划修改完善征求意见的调度紧急工作会之后，为取得宽限上报长城国家文化公园（丹东段）建设项目修改意见的时间，丹东市与国家文化和旅游部资源开发司建立了工作联系，于2020年8月8日下午上报了修改建设项目修改意见和主、客观依据。

在全省的明长城资源分布的历史脉络中，我们必须清醒地认识到：明代辽东都指挥司是以辽阳城为核心、以安东地区为两条战线前沿阵地的，同时，也以丹东地区为堡垒奠定着大明以降东北亚地缘政治的战略格局。站在国家层面上思考问题，这一个核心、两个战线与一个战略格局，是辽西明长城的地位与作用所无可比拟的。那么，在规划长城国家文化公园（辽宁段）项目建设中重点与一般的主次取舍便不言自明。

（六）第六阶段

这一阶段的时间节点是 2020 年 11 月至 2021 年 8 月上旬。按照国家文化和旅游部资源开发司（公园办）的工作计划，2020 年 10 月份向中宣部上报《长城国家文化公园建设实施方案》（拟定稿）；2020 年 12 月 11 日，中宣部在秦皇岛召开长城国家文化公园建设推进会上公布了《长城国家文化公园重大工程建设方案》，明确了长城国家文化公园（辽宁段）国家层面的重点项目之一为丹东虎山长城保护利用项目（东北亚边疆历史文化博物馆）；2021 年 8 月，结合国家发改委"十四五"期间文化保护传承利用项目规划，最终确认了我省长城国家文化公园（辽宁段）国家层面的重点项目为东北亚边疆历史文化博物馆和辽阳市国家历史文化名城保护利用项目，一般项目为丹东地区的宽甸六堡展览馆、瑷阳城遗址展示提升工程、瑷河水上廊道特色景观线路建设项目和葫芦岛市的三个项目，从而基本奠定了我省国家层面项目建设格局。

在这个阶段，从国家层面将长城国家文化公园建设纳入国家发改委"十四五"期间文化保护传承利用项目规划，在 2021 年 1 月的立项申报到 2021 年 7 月的规划项目最终确认期间，各地区的立项申报项目并没有全部获批。譬如，按照省文化和旅游厅要求，丹东市最初上报国家层面建设项目 5 个（1 个重点、4 个一般），后来在 2021 年 4 月份又补报 2 个一般项目；7 月份获批的项目仍然是 5 个，后补的 2 个并没有获批。而丹东市在后续的项目落地之后，经与省发改委和省文化和旅游厅口头沟通，将"瑷河水上特色景观线路建设项目"更改为"瑷河和虎山长城文化旅游复合廊道建设项目"。

客观地说，作为通过利用现有公路体系和打造水路体系，以联结处于丹东腹地的凤凰山和鸭绿江边的虎山长城两大景区的"瑷河水上特色景观线路建设项目"之规划，是具有极大的前瞻性和巨大发展潜力的。处于这两大景区之间的区域，同时又是丹东铁路、公路主干网的"之间"区域，又是可以辐射丹东全域的最佳位置，又是自古形成的叆河走廊的核心区域，也是明代长城范围内的叆河流域最美风景带，通过以"叆河水上特色景观线路建设项目"为牵动，具有从打造"乡村田园综合体"过渡到"宜居宜业和美乡村"等文旅深度融合建设项目的最佳优势，可以此将凤凰山景区和虎山长城景区融为一体，形成不可限量的文旅深度融合发展空间；而变更为"叆河和虎山长城文化旅游复合廊道建设项目"，除了"种树、种花、种草"和扩建现有道路体系之外，在狭小的空间区域内，难以规划出大幅提升虎山长城景区发展潜力的项目内容，难以发挥长城国家文化公园建设项目的杠杆作用。

（七）第七阶段

通过中宣部、国家文化和旅游部、国家发展改革委员会的顶层设计，将长城国家文化公园建设项目纳入"十四五"期间国家文化保护传承利用项目规划，这在国家层面已经得以确认，按照相关规定和正常的行政管理工作程序，不再需要地方人民政府发展改革部门履行所谓项目建议、可行性研究等行政审批程序，直接进入工程项目初步设计方案编制阶段。

六、笃定方向——努力完成规划项目建设工作目标

目前看，丹东要在国家规定的时间节点（2023年12月底前）完成长城国家文化公园（丹东段）之"一个重点""四个一般"建设项目难上加难；尽管如此，仍需笃定方向、笃守信念、矫枉纠偏，迎难而上。针对具体工程项目，要实现在规定的时间节点完成既定工作目标，关键还是在于采取什么样的工作态度、工作思路、怎么干。建成后的长城国家文化公园（丹东段）建设项目，必将发挥极其重要的作用。

（一）东北亚边疆历史文化博物馆

作为长城国家文化公园国家层面重点建设项目之一，它将是国家文化战略的重

要体现和组成部分，打造丹东、辽宁乃至中国北方地区国际文化交流平台和抢占东北亚历史文化交流话语权的新高地。

它将运用博物馆学理论和依据历史文物和文字资料，打造"能够集文物展示、史料查证、科普、教育、观光和国际文化交流融为一体，深刻展示丹东作为边疆地区的独具地域特质的历史文化和具有一流水准、较高艺术水平和文化品位"的现代博物馆。

它将从华夏文明之诞生为序篇入手，从世界之视野以降、从宏观至微观、从遥远到切近，一步步深入展示东北亚地区乃至丹东的整个历史变迁过程，立足现实，展望未来。

它将通过系列专题展与丹东市博物馆基本陈列的补充、互动与融合，从旧石器时代之安东、青铜器时代之安东（兼顾辽金）、明代之安东和清代之安东这四个方面提炼主题，形成四个专题相对独立又互相衔接的陈列内容，重点展示丹东地区遗址遗迹和考古调查专题成果，深入解读建立东北亚边疆历史文化博物馆的历史作用和现实意义。

它还将通过开展国际、国内馆际文化交流和合作，引进各类专题陈列展览，让广大市民和来丹游客"足不离丹"即可了解国际、国内有关博物馆精品专题展陈内容，成为丹东乃至国内东北地区开展国际、国内馆际文化交流的主窗口。

（二）暖阳水上廊道特色景观线路建设项目

充分利用凤凰山山城、凤凰城堡址至虎山间自古以来所形成的暖河走廊，规划这一长城国家文化公园项目建设，意义十分重大；建成后的暖河水上廊道特色景观线路，也必将发挥十分重要的作用。

它将把凤凰山景区与虎山景区间的自然山水和人文环境有机结合，把许多重要古代遗址遗迹连接成一个可以探古寻幽的广阔空间和有机整体，成为丹东最具文旅经济活力和文化张力的区域。

它将把三地边缘地带连接为一个有机联动的整体，充分利用极其丰富的自然资源和土地资源，打造成推动"宜居宜业和美乡村"最有发展潜力的区域。

它将有效利用这一区域处于僻静易于管理的乡村道路交通网络，承揽半程马拉松、全程马拉松赛事等，打造丹东乃至辽宁最有活力的民族体育和休闲体育运动发展空间。

它将因极其便利的交通条件、丰富多彩的自然生态和瑷河流域最美的风景廊道，成为更多城际游客和丹东本地游客假日休闲旅游的首选地。

它将实现的最终目标，就在于体现和形成"丹东明长城军事防御体系展示、红色文化教育和山水生态景观休闲体验于一体的长城风景道体系"。

（三）瑷阳城遗址展示提升工程

瑷阳城是明代早期的辽东地区、现丹东境内的至关重要的城堡，与镇朔关一道，是明长城从山海关延伸到辽东然后折向虎山长城和长城驿站在丹东地区的南北走向变为东西走向的最重要的拐点与关隘。以瑷阳城、镇朔关为核心，在周围方圆30千米范围内，分布城堡多达10个以上。

瑷阳城址不仅是明朝辽东最重要的城址之一，也是该地区民族矛盾和流血冲突最突出的地区之一。在努尔哈赤的崛起之战——萨尔浒战役中，宽甸五堡等明朝驻军就是在瑷阳城集结，通过镇朔关、经连山关入关奔赴萨尔浒主战场；在抗日战争时期，这里是东北抗联的重要活动区域；在解放战争中，这里是解放战争的转折点——新开岭战役的发生地。

在《长城国家文化公园重大工程建设方案》中，对瑷阳城遗址展示提升工程之历史陈列馆建设是这样表述的："在瑷阳城内结合历史建筑改造为瑷阳城历史陈列馆，充分展示周边区域的历史文化和近现代特别是抗联时期和解放战争时期具有特殊意义的红色文化。"这一表述，明确了展示提升工程中对该馆的定位。

瑷阳城历史陈列馆项目建设的意义和着眼点，正在于展示基础上的提升。利用瑷阳城和头台子长城的现存遗址实施保护性展示工程，在此基础上，整合地域内古代长城元素的历史文化和近现代红色历史文化元素等，打造地标性建筑物，采取集中展示各类文化遗存的方式，提升其研究价值、人文价值、历史价值和利用效果至最大化。在规划展示利用工程中，可以将瑷阳城址本体的展示利用与该区域的辽东第一关——镇朔关、柏林川石刻等遗迹、头台子长城段、相邻的高台堡山城以及瑷阳城址经高台堡山城至赫甸城址一线的古道的展示利用有机结合，将宽甸灌水镇、凤城瑷阳镇和赛马镇范围内解放战争新开岭战役遗址遗迹有机结合，将以瑷阳镇为核心的宽甸灌水镇、双山子镇以及赛马镇等区域内的抗日战争时期的抗联遗址遗迹有机结合，打造具有多层次、多角度历史文化形态的核心展示利用片区。

（四）宽甸六堡展览馆建设项目

在《长城国家文化公园重大工程建设方案》中是这样表述的："结合宽甸县城内的宽甸堡址遗址，建设集遗址展示与展览陈列于一体的'宽甸六堡'展览馆……"

"宽甸六堡"是明朝后期为扩边需要建成的长城防御体系的重要组成部分，宽甸县内现有5堡、本溪境内有1堡。目前，除新奠堡（赫甸城）保存相对完整，宽甸堡、大奠堡、永甸堡以及长甸堡仅有少部分残存城墙，永甸堡相对较多；从宏观历史意义上看，筹建"宽甸六堡"展览馆的必要性在于其能集中展示该区域以"宽甸六堡"为核心的明代军事防御体系的历史作用和现实意义。

宽甸五堡——赫甸城堡、宽甸城堡、大奠城堡、永甸城堡和长甸城堡，除赫甸城堡可以沿古道与高台堡山城、六道河城堡以及暖阳城堡形成一个区域互动的涵盖范围外，其他4个城堡总体上看是4个孤立的点位；特别是大奠城堡、永甸城堡和长甸城堡3个城堡，周边自然资源环境相对较差、人文资源分布相对单薄，可以在建成宽甸六堡展览馆的基础上，利用凤上铁路的便利优势，将这3个城堡串联起来，并结合宽甸地区沿鸭绿江流域丰富的抗美援朝战争遗址（遗迹）和发生在长城遗址上的甲午战争历史故事等，形成历史文化遗址、历史文化记忆与红色文化遗存互动的特色旅游线路，展示和弘扬中华民族百折不挠的伟大的长城精神。

（五）赫甸城城址文化旅游服务设施建设项目

赫甸城城址遗址是宽甸六堡之一，是明代军事防御体系——闻名于世的"宽甸六堡"中保存最为完整的实物见证，也是东北地区保存最好的明代军事城堡，其最重要的特征和作用就在于本体展示。赫甸城城址文化旅游服务设施建设是围绕赫甸城城址遗址的保护与展示而规划的项目，其目的是为游客游览赫甸城城址本体提供更好的服务条件和规范管理。同时，其所在村落现有房屋，特别是院落围墙等，基本上都是利用赫甸城城墙和护城河的石材、青砖所构筑，呈灰色调并具有一定的历史陈旧感和沧桑感的特征，稍加修葺就能够形成与城墙色彩相适应的整体环境，丰富和提升游客乡村游玩的文化体验和精神愉悦。

　　自赫甸城城址出发，一路向西偏北可达六道河城堡，沿古道可达高台堡山城，再至叆阳城城堡、头台子长城，从而可以形成一个古遗址穿越旅游线路。同样，从赫甸城城址向青椅山镇方向进发，可途经比较有名的抗美援朝时期的青椅山机场；由此向北折返，可沿抗美援朝时期青椅山机场铁路专用线遗址穿越至凤上铁路庙阳站，如恰逢其时，有凤上铁路旅游专线列车路过，再一路驰骋至上河口，岂不美哉！

　　总之，完成长城国家文化公园项目建设工作目标的目的，也正是远远超越长城其本身的价值和内涵，恰恰在于"深入挖掘长城文化价值、景观价值和精神内涵，推动长城精神与时代元素相结合，为新时代中华优秀传统文化和社会主义先进文化传承发展提供强大动力"；在"保护优先，强化传承"的基础上，充分体现"文化引领，彰显特色。坚持社会主义先进文化发展方向，深入挖掘文物和文化资源精神内涵，充分体现长城精神所蕴含着的团结统一、众志成城的爱国精神，坚韧不屈、自强不息的民族精神，守望和平、开放包容的时代精神"。

【作者简介】李辉，丹东市文化旅游广电局。

辽东燕汉长城的调查及吉林境内长城遗迹性质再探①

肖景全

公元前 11 世纪，"周武王之灭纣，封召公于北燕"②。一直以来，人们多认为，燕因燕山而得名。而当今有学者认为，所谓"封召公于北燕"一句，应句读为"封召公于北、燕"。皇甫谧《帝王经界记》"燕地，在燕山之野，故国取名"与徐才《宗国都城记》"地在燕山之野，故国取名焉"以及《史记集解》《太平预览》引《世本》"有南燕，故云北燕"的说法"其实均未详察耳"。燕，实际上包含了匽（匽）和北两个商代属国的地域，商匽第一个都城故址在今北京市西南部的房山区琉璃河乡董家林古城③。大约在西周中晚期之时，燕将都城迁于蓟，故址在今北京城内广安门一带④，称为上都，燕还有下都，在今河北省易县东南的高陌乡。

燕国地处西周王朝的东北边，周围狄、胡林立。燕建国伊始，就与辽河干流地区诸民族开始接触。春秋战国时期，燕"南通齐、赵，东北边胡。上谷至辽东，地踔远，人民希，数被寇，大与赵、代俗相类，而民雕捍少虑，有鱼盐枣粟之饶。北邻乌桓、夫余，东绾秽貉、朝鲜、真番之利。"（司马贞）索隐：东绾秽貉。案：绾者，绾统其要津⑤。"绾"有统摄之意，亦即燕国控制通往东边秽貉、朝鲜、真番的交通要道。同时也是第一个将行政区域扩展到辽河以东地区的周朝诸侯国，在中国古代史上意义重大。

---

① 原载于李乐营，梁启政，孙炜冉主编：《高句丽与东北民族研究》（七）2015，吉林大学出版社，2016年。此次发表个别地方略作修改。

② 《史记》卷三十四《燕召公世家》第四，中华书局点校本，1959年，第五册，第1549页。

③ 石永士：《姬燕国号的由来及其都城的变迁》，见河北省文物研究所编：《河北省考古文集》，东方出版社，1998年，第408—421页。

④ 《史记》卷一一〇《匈奴列传》第五十，中华书局点校本，1959年，第九册，第2885页。

⑤ 《史记》卷一二九《货殖列传》第六十九，中华书局点校本，1959年，第十册，第3265页。

一、秦开为质于胡，"质"是否可以解释为"盟信"或"盟誓"，值得探讨

燕昭王时期（公元前 311—公元前 279），"燕有贤将秦开，为质于胡，胡甚信之"[①]。《史记·匈奴列传》这一记载里的"为质于胡"怎么解释？这里的"质"是否应解释为"盟信、盟誓"呢？《左传·哀公二十年》："黄池之役，先主与吴王有质。"杜预注："质，盟信也。"[②]"盟信"亦即"盟约"。如果释为"盟信"，上面那句话则可以译为："燕国派贤能的大将秦开为特使，到东胡人那里和他们签订盟约，胡人非常相信燕国的诚意。"说明燕与东方诸族的政治关系十分热络，经济文化交往也一定活跃。当然这只是一种说法。但即使按通行的理解，秦开作为人质被派往胡地，也一定是因为燕国与胡人部落达成了某种政治妥协的结果，而秦开给胡人带去了先进的燕国文化，故而"胡甚信之"。

先秦时期，各诸侯国之间常有人员互质现象。《左传·隐公三年》记："故周郑交质，王子狐为质于郑，郑公子忽为质于周。"[③]这是最早关于互派人质事件的记载。春秋战国时期各国互派人质的现象很普遍。人质，大多是派出世子或宗室子弟留居对方，作为实施盟誓或许诺的保障。有学者根据《左传》的记载，统计了春秋时期各国互质的情况，在 22 次互质中，用王子做人质 1 次，太子 6 次，大夫 8 次，公子 6 次，女性（齐顷公之母、卫侯之妻）2 次；根据《史记》《战国策》资料的不完全统计，战国时期各国 28 例互质情况，以太子、公子为质的有 22 例（其中太子 12 例、公子 10 例），大夫 2 例，国君 1 例，身份不明者 2 例，武将 1 例[④]。这里的武将 1 例指的就是"为质于胡的秦开"。

从以上统计的春秋战国时期各国派送人质情况看，除秦开以外，没有以武将为质的记载，因此，认为秦开是作为人质被派到胡地去，有望文生义之嫌。那么，春

---

① 《史记》卷一一〇《匈奴列传》第五十，中华书局点校本，1959年，第九册，第2885页。
② 《左传·哀公二十年》，参见《春秋左传集解》第三十《哀公下》，上海人民出版社，1977年，第五册，第1839—1840页。
③ 《左传·隐公三年》，参见《春秋左传集解》第一《隐公》，第一册，第19页。
④ 许鸿洋：《两周人质问题研究》，西北大学硕士学位论文，2010年6月。

秋时期各诸侯国有没有国君以外的人出面去和他国举行盟誓的呢？答案是肯定的。鲁僖公四年（公元前656），齐桓公纠集宋、鲁、陈、卫、郑、许、曹等八国之师"侵蔡，蔡溃，遂伐楚"，得知敌人来犯，楚成王派大夫屈完到前敌与齐桓公交涉，表达了"楚国方城以为城，汉水以为池"的抵抗决心，获得了成功，阻止了八国之师伐楚的念头，"屈完及诸侯盟"①。大夫屈完代表楚国与以齐国为首的诸侯国订立了盟誓，说明大夫代表国家与外订盟，也有先例。因此，燕国派贤将秦开赴东胡订盟也不是没有可能。

公元前3世纪中叶前后，燕与胡人的关系发生变化，双方的矛盾演变为军事斗争。于是，秦开"袭破走东胡，东胡却千余里。与荆轲刺秦王秦舞阳者，开之孙也。燕亦筑长城，自造阳至襄平，置上谷、渔阳、右北平、辽西、辽东郡以拒胡"②。燕将秦开破胡在什么时间？学者都认为在燕昭王时期，因为这一时期燕国处于最强盛时期，燕昭王在位33年，《史记·燕世家》："昭王三十三年卒。"燕昭王三十三年即公元前279年，秦开破胡必在燕昭王去世之前，而燕昭王二十八年（公元前284）燕国正大举用兵于齐，不可能抽调兵力破胡。具体时间只能在燕昭王二十八年破齐之后到燕昭王三十三年昭王去世之前的某一年进行破胡战役，也就是公元前284年到公元前280年之间的这三四年间③。这个年代推断是可信的。

《史记·匈奴列传》的记载很奇怪，燕将秦开怎么从胡地一回来就袭破走东胡，把东胡打跑了呢？实际情况绝不会是这样。《史记》多有把几件不同的事记在一起的现象。秦开为质于胡后，双方一定和平相处多年，只是后来双方矛盾爆发，才导致兵戎相见。燕向东北方包括辽河流域发动了战略性进攻。《史记·朝鲜列传》记载说："自始全燕时，尝略属真番、朝鲜，为置吏，筑障塞。"④西汉桓宽的《盐铁论》也记载："燕袭走东胡，辟地千里，度辽东而攻朝鲜。"⑤由此可见，燕昭王时期发动的"秦开却胡之战"，不但却胡，也包括对威胁辽东的古朝鲜的征伐。燕在辽东设郡建县、筑长城障塞，形成以襄平即今辽阳为中心，以今沈阳和丹东为两翼的行政架构，而辽东郡障塞之外主要活动着被燕击退的古朝鲜及其联盟下的"海东

① 《左传·僖公四年》，参见《春秋左传集解》第五《僖公上》，第一册，第244—245页。
② 《史记》卷一一○《匈奴列传》第五十，中华书局点校本，1959年，第九册，第2885—2886页。
③ 参见陈平：《燕史纪事编年会按》上编，北京大学出版社，1995年，第212—213页。
④ 《史记》卷一一五《朝鲜列传》第五十五，中华书局点校本，1959年，第九册，第2985页。
⑤ 《盐铁论·伐攻·第四十五》，参见《诸子集成》，上海书店，1986年影印本，第八册，第47页。

诸夷，驹丽、扶余、馯貉之属"①。

二、考古上的燕秦汉长城遗迹遗物，是考证长城所经地域的实证资料。长城走向的确定，必须从长城产生的史因和现存长城遗迹的有无加以考察论证

燕国既然和东胡举行了盟誓，为什么后来又兵戎相见了呢？双方斗争的历史背景有必要在此做一番考察。

东北古族和中原地区早有交往。新石器时代的情况不论，仅以夏商时期及以后来看，辽西、内蒙古地区的夏家店下层文化是北方地区与夏为伍的方国文化，受中原文化很大的濡染，其文化的主人必有中原人的血脉。夏家店下层文化对辽东的高台山文化有强烈影响，后来商周时期北方的夏家店上层文化、凌河文化对辽东也有濡染。

《左传·昭公九年》："及武王克商，……肃慎、燕亳，吾北土也。"②把北方甚或东北方的燕亳和肃慎纳入西周的势力范围。据《逸周书》记载，武王伐纣，夷定天下，乃会方国诸侯于宗周，九夷、八蛮、六戎、五狄、四塞、九采之国都到场，其中就包括东夷、东北夷③。《尚书·贿肃慎之命》记载："武王既伐东夷，肃慎来贺。"对《尚书》的这段记载，《孔氏传》解释道：东夷，"海东诸夷，驹丽、扶余、馯貉之属，武王克商，皆通道焉。成王即政而叛，王伐而服之，故肃慎氏来贺。"④学者多认为《尚书孔氏传》有后人加工、篡改之病，但也保存许多有价值的资料。从文献典籍到考古资料，都说明东北古族很早就与中原有接触。到春秋战国时期，这种接触更加频繁。有接触交流对双方都是好事，但也可能发生利益碰撞和冲突。

《魏略辑本》卷二十一《朝鲜》记述燕与古朝鲜矛盾的爆发有一个过程："昔箕子之后朝鲜侯见周衰，燕自尊为王，欲东略地，朝鲜侯亦自称为王，欲兴兵逆击燕，以尊周室。其大夫礼谏之，乃止。使礼西说燕，燕止之，不攻。后子孙稍

① 《尚书》卷十八《贿肃慎之命·序》，参见东郭土、高雅风等编：《东北古史资料汇编》（第一卷），沈阳：辽沈书社，1989年，第5页。
② 《左传·昭公九年》，参见《春秋左传集解》第二十二《昭公》三，第四册，第1320页。
③ 《逸周书》卷六《明堂解》第五十五，卷七《王会解》第五十九，参见《东北古史资料汇编》，第一卷，第5—6页。
④ 《尚书》卷十八《贿肃慎之命·序》，参见《东北古史资料汇编》（第一卷），第5页。

骄虐，燕乃遣将秦开攻其西方，取地二千余里，至满潘汗为界，朝鲜遂弱。"[1]一个欲向东方"略地"，一个准备迎头"逆击"，但结果言和了。后来，由于朝鲜王渐渐"骄虐"，才导致秦开"度辽东而攻朝鲜"。至于为什么"骄虐"，"骄虐"到什么程度，史载语焉不详，但这里必有一个深刻的社会经济和政治原因。

以秦开却胡来说，燕国在昭王时期国力正盛，不可避免地要向早已有华夏文化传统的今内蒙古的西拉木伦河、老哈河流域以及今辽宁省的辽西低山丘陵地区，还有辽河平原与辽东丘陵山地接壤地区发展。对今天的辽宁来讲，具体就是朝阳、锦州、阜新、沈阳、铁岭、抚顺、辽阳等辽河及其支流两岸高敞地方开拓。向这些地方开拓的原因，一是这些地方早已有中原人在此经营；二是这些地方非常适宜农业开垦，又有渔猎之利。其中迁宜农耕是第一选择。但这些地方也是与胡貊人交集的地方，因为，经过中原农耕文化的长期影响，当地的胡貊人也有了原始的农业，他们也需要向上述宜于农耕的地方发展，这就有可能产生碰撞；三是胡貊人向来有抢掠农业居民的劣根性，匈奴、东胡以及后来的契丹、女真、蒙古包括明代女真概莫能外。周的诸侯国和秦汉帝国为了保护既得的农耕区、胡貊部落为扩大生存空间，双方之间不断发生征战也就不难理解了。而古代气候的原因也迫使北方民族南下争夺生息地，从而成为引发游牧民族、渔猎民族与农耕民族冲突不断的催化剂，这已是被学界广泛认知的历史常识了。

一如所知，战国时期各国修筑长城的目的主要是为了各自的防御。战国时期，诸侯并立，各国之间互为敌国，为了争夺土地和人口，相互厮杀征战。不但城邑要修城墙，国家也要修筑围墙，因此长城应运而生。长城就是国家的围墙。为了防备北方少数民族的南侵，秦、赵、燕修筑了防备戎狄和胡人南侵的长城。秦统一后，为防备匈奴南侵和古朝鲜西进，将先前秦、赵、燕等诸侯国各自修筑的长城连接为一体，作为防御匈奴、东胡和古朝鲜的第一道防线，保护边里农耕地区的安全，这就是万里长城产生的一个历史原因。

燕国曾修筑过南北两道长城，南长城以备齐、赵、中山，北长城以据东胡与古朝鲜。多年以来，河北、内蒙古、辽宁三省区的考古工作者以及社会上的长城研究者，对燕北长城进行过多年的调查研究，对燕北长城的走向、构筑情况、沿线文物

---

① 《魏略辑本》卷二十一《朝鲜》，参见《东北古史资料汇编》，第一卷，第369页。

遗存情况有了基本的掌握。综合学者们的研究成果和各地的考古资料，燕北长城的走向今天可以大体掌握了。

燕北长城起点在燕国上谷郡境内。上谷郡的郡治造阳，即汉代的沮阳县，其治所故城在今河北省怀来县小南辛堡乡大古城村村北约 1000 米的官厅水库南岸。燕长城在上谷郡的起点具体位置，一般推测在今河北省张家口市东北、张北县东边一带，但至今尚未在那里发现燕长城遗迹遗物。燕北长城从这里向东北延伸，经河北赤城、沽源，再向东经丰宁、围场，在围场境内和秦长城有相接重合的地方，然后在围场东部，继续向东北延伸，与内蒙古自治区赤峰市南边的喀喇沁旗燕北长城相连，继续前行在赤峰市元宝山区美丽河乡过老哈河进入辽宁省建平县热水镇、老官地乡，经烧锅营子乡、二十家子乡，向东又进入内蒙古敖汉旗，从敖汉旗新惠乡南边向东横贯敖汉旗中部丘陵，在该旗宝国吐乡继续前行进入辽宁省朝阳市所属的北票市北塔乡、黑城子镇，然后沿黑城子河左岸向东南过牤牛河进入阜新蒙古族自治县化石戈乡、紫都台乡、大五家子乡、红帽子乡、他本扎兰镇，再经阜新市新邱区、沙拉镇、大巴镇、老土河乡，从泡子镇出境，沿彰武与新民交界处东行，经法库县叶茂台镇进入铁岭县阿吉等乡镇、向南经铁岭县新台子镇进入沈阳市，在沈阳市北陵西向南再向东经东陵，然后沿浑河北岸前行，大约在高坎镇与抚顺市高湾经济开发区交界附近过浑河，向南沿沈抚交界进入本溪市[①]。

① 李文信：《中国北部长城沿革考》，《社会科学辑刊》创刊号，1979年；布尼阿林：《河北省围场县燕秦长城调查报告》，《中国长城遗迹调查报告集》，文物出版社，1981年，第40—44、51页；项春松：《昭乌达盟燕秦长城遗址调查报告》，文物出版社，1981年，第6—20页；冯永谦、何傅莹著：《辽宁古长城》，辽宁人民出版社，1986年；冯永谦：《东北古长城考辨》《东北亚历史与文化》，辽沈书社，1991年，第20—49页；李庆发、张克举：《辽西地区燕秦长城调查报告》《辽海文物学刊》1991年2期；王绵厚：《燕秦汉时代的东北障塞》，参见李建才、刘素云主编：《东北地区燕秦汉长城和郡县城的调查研究》，吉林文史出版社，1997年，第300—322页；白瑞杰、张汉英：《丰宁文物志》，内蒙古人民出版社，1998年，第182—185页；肖景全：《辽东地区燕秦汉长城障塞的考古学考察研究》，《北方文物》2000年第3期；于俊玉、李波：《建平北部燕长城的考古调查》，参见辽宁省长城学会编：《辽宁长城》（五），2006年，第10—34页；蔡强：《辽宁朝阳北票燕长城调查》，参见辽宁省长城学会编：《辽宁长城》（五），2006年，第35—49页；吉昌盛、王久贵等：《辽宁省阜新市、区阜新县燕、秦、汉内线（南线）长城考古调查情况纪实》，同《辽宁长城》（五）第50—135页；景爱著：《中国长城史》，上海人民出版社，2006年，第136—143页；冯永谦：《东北燕秦汉长城的考古调查与研究》，辽宁省文物考古研究所编：《辽宁考古文集》（二），科学出版社，2010年，第66—93页。李晓钟：《沈阳地区战国秦汉考古初步研究》，《沈阳考古文集》（一），科学出版社，2007年，第226—249页；裴耀军：《辽北地区燕秦汉时期遗存的发现与研究》，辽宁省文物考古研究所编：《辽宁考古文集》（二），第331—346页；许志国：《辽北燕秦汉长城及相关遗迹遗物的发现与研究》，《辽宁考古文集》（二），第247—355页。

在辽宁朝阳市和阜新市的这段长城之北，还有一段长城。这段长城从赤峰市敖汉旗宝国吐乡向东经内蒙古通辽市奈曼旗土城子乡，过牤牛河（大凌河支流）经库伦旗平安乡、先进乡，然后进入辽宁阜新蒙古族自治县[1]，经于寺镇、大五家子乡，在红帽子乡与内线长城会合。

本溪至丹东一线的燕汉长城障塞，至今情况并不明朗。据明人所修《辽东志》卷一《地理志·古迹》记载："古长城，即秦将蒙恬所筑，其在辽东界者，东西千余里，东汉以来，城皆湮没，本朝时加修筑。"[2]由此可见，行经今辽东抚顺、本溪、丹东一带长城障塞大多数地段很有可能与明代长城为一条线路。战国秦汉长城障塞因年代久远，多已湮没，但明朝时辽东官兵还是能够依稀见得。只是由于明朝多次加以修筑，将早期长城毁坏或叠压，所以今天很难发现了。据笔者调查，仅从明长城抚顺关（在今抚顺市顺城区前甸镇官〈关〉岭村）往南的十几个汉代烽燧所见，都有被明代墩台占压的现象，墩台及其周围散布许多明砖和酱釉瓷片等，只有仔细寻找，才能发现些许汉代泥质素面和绳纹的灰陶片。这应该就是"本朝时加修筑"的实证之一。

据抚顺考古工作者调查，在沈抚两市交界处零星发现了一些秦时期的遗存，例如在沈阳市东陵区上佰官屯和与其毗邻的抚顺市望花区李石寨镇刘尔屯村沙场曾出土战国晚期的秦矛和秦戈等兵器[3]；有人曾在上佰官村今四环路以西20米处采集到一些战国布币（现藏抚顺市博物馆）；在沈阳市上佰官屯城址还有带"廿六"年字样的秦统一后所制陶量残片发现[4]。秦是公元前220年在辽东虏燕王喜灭掉燕国的[5]，因此，被秦军占领的今上佰官和刘尔屯一带，很可能在战国时期是燕国最东边的一个据点，是燕国长城线上受辽东郡节制的一处重要边城所在。而秦军占领后，继续在此屯戍，一直到秦帝国建立。由此想到有一位沈阳文物爱好者李先生曾向笔者反映，20世纪90年代初，他曾在沈阳南湖文物市场一钱庄看见过沈阳市苏家屯区白清寨一位农民送来的那一带出土的四批窖藏刀币。刀币以燕国晚期磬折明刀为主，还有赵国直刀，分"甘单"和"白人"两种，甘单即赵国都城邯郸，白人即柏人，

① 李殿福：《吉林省西南部的燕秦汉文化》，《社会科学战线》1978年第3期。
② 参见金毓黻主编：《辽海丛书》（第一册），辽沈书社，1984年，第367页。
③ 徐家国、刘冰：《辽宁抚顺市发现战国青铜兵器》，《考古》1996年第3期。
④ 佟俊岩：《沈阳上伯官汉墓清理报告》，《辽海文物学刊》1991年第2期。
⑤《史记》卷三十四《燕召公世家》第四，中华书局点校本，1959年，第五册，第1561页。

也是赵地，在今河北省隆尧县双碑乡。邯郸与柏人是当时赵国两大铸币中心。白清寨和顺村窖藏刀币，文物部门也做过介绍[①]。

李先生还介绍称，他还在一位藏友处见过一柄传为抚顺李石寨沙场出土的"代六年"青铜铍。代是赵国在公元前228年被秦国灭亡后，由赵公子嘉所建，公元前222年为秦国所灭[②]。如果"代六年"铍的情况属实，那一定出在墓葬里。不唯此地，在沈阳东陵区五三乡营城子村前桑林子组也曾出土过"安阳""襄平""匋阳""平阳""皮氏""武安""武平""晋阳"和"兹氏"等燕与赵、魏、韩和齐国布币[③]。

如何看待秦以及齐、三晋和代的器物在偏远的辽东出土？笔者认为这一定和秦军占领辽东有关。一种情况是秦国的军人自己携带过来，另一种情况是被改编加入秦军的原齐、三晋和代等国的士兵携带入辽。而以后一种情况的可能性最大。秦军于公元前222年灭燕后，转年统一的秦帝国就建立，留守辽东的秦国军人又变成了秦朝军人，所以这批遗存的下限应是秦末，这正是秦在辽东筑障塞设屯守的明证。

抚顺地区，在抚顺市望花区李石寨镇东台、抚顺县拉石乡刘山堡的西台山、柳条村南天门山，也发现一些具有战国至汉初特征的泥质绳纹灰陶片、灰陶豆、夹滑石陶大瓮、夹砂粗绳纹红陶釜等。由此向南，依次在拉古乡的赵家堡子村、拉古村、东徐家村、大甸子村、房身村和松岗村一线发现一些烽火台，其中在拉古村和松岗村烽火台附近也发现一些泥质灰陶和红陶的绳纹陶片和铁农具残段。从拉古乡向南进入抚顺县海浪乡后，在该乡南北一线的村屯，如下海浪村、房申村、南沟村（巴沟）、松树咀子村也相继发现一些重要遗迹和遗物，其中在房申水库遗址发现了燕国刀币和泥质绳纹灰陶和红陶的盆、釜、豆等器物以及铁农具残段，在南沟村（巴沟）[④]和松树咀子村发现过燕刀币窖藏[⑤]。笔者曾在沈阳市苏家屯区白清寨乡和顺村关台沟烽火台上还发现许多典型的燕汉时期泥质绳纹灰陶器片。

我们认为，辽河以东地区沈阳、抚顺发现的这些战国与秦代遗迹遗存，是今天调查长城的第一手实物资料。在这一线的以东地区，迄今尚未发现如此连续分布的

---

① 李晓钟：《沈阳地区战国秦汉考古初步研究》，《沈阳考古文集》（一），科学出版社，2007年，第233页。

② 《史记》卷三十四《燕召公世家》第四，中华书局点校本，1959年，第五册，第1561页。

③ 沈阳市文物管理办公室编纂：《沈阳市文物志》，沈阳出版社，1993年，第243页。

④ 佟达等：《辽宁抚顺县巴沟出土燕国刀币》，《考古》，1985年第6期。

⑤ 抚顺市博物馆调查资料。

典型的战国与秦代的遗迹遗物。因此，认为这些遗迹和遗存，大部是燕秦长城在行经地带的遗留。从明人的记述分析，本溪、丹东地区的燕汉长城障塞，因为明代时多次被利用修缮的原因，原貌无存，使我们今天要想找到踪迹十分困难。同时需要注意的是，辽河以东地区的燕汉长城障塞，并没有修成连续不断的石筑或土筑墙垣，而是如《汉书·匈奴传》所说，"或因山岩石，木柴僵落，溪谷水门，稍稍平之，卒徒筑治，工费久远，不可胜计"①。这主要是因为辽东地区，特别是本溪、丹东两市的东部地区，山岭起伏，河流纵横，许多地段本身就具天险之利，修筑者利用地势，稍加筑治即成。同时，由于辽东"地踔远，人民希"，浩大的长城工程，如果到处修成连绵不断的墙垣，势必耗费巨大，这是偏居一隅的燕国承受不起的财政和人力负担。因此，"边远辽阔之地，起筑不易，或难于防守，则仅间置以城障烽燧，未必悉行起筑"②。辽东地区地形地貌的特点，决定了燕汉长城障塞在这里是以烽燧亭障的形式连缀而成。不仅燕国这一诸侯国，就是在大一统的明朝，辽东镇地区边墙（长城），也不像蓟镇边墙那样墙连垣接，绵延不绝。这也是我们今天在这里很难发现早期长城的主要原因。

秦长城在今内蒙古和辽西地区的遗存，学者多认为那一地区的"北线长城"为秦在燕长城的基础上所筑。然而秦国祚短暂，在辽东的经略未及展开就亡国了，所以辽东地区秦遗留的东西不多。但《史记》的记载或许透露出一些蛛丝马迹。《史记·朝鲜列传》记燕人卫满汉初时亡命朝鲜，"东走出塞，渡浿水，居秦故空地上下障……"③卫满越过了汉初复修到浿水的边塞，进入到秦故空地。所谓秦故空地，就是秦国曾领有的地方，汉初这里成为瓯脱之地，故称空地。所谓上下障，应是秦时在浿水以东地区修建的护卫交通线的障塞。

汉时，称呼燕秦长城为"长城"，而多称自己所修的边防设施为"障塞"。障塞，东汉人许慎编《说文解字》，对障和塞二字都释为"隔也"，可见障塞就是分割不同人群的一种界线设施。《汉书·赵充国传》："窃见北边自敦煌至辽东，万一千五百余里，乘塞列燧。"但汉时也有长城的叫法，如《史记·韩长孺传》："于是单于入汉长城武州塞。"可见所谓某某塞，也是一段长城。

① 《汉书》卷九十四下《匈奴传》第64下，中华书局，1962年点校本，第十一册，第3804页。
② 张维华著：《中国长城建置考》上编，中华书局，1979年，第159页。
③ 《史记》卷一一五《朝鲜列传》，中华书局点校本，1963年，第2985页。

关于汉代障塞的修筑情况，文献记载语焉不详。《史记·朝鲜列传》："汉兴，为其（朝鲜）远难守，复修辽东故塞，至浿水为界。"①《汉书·匈奴传》："竟宁元年，……（郎中侯）应曰：'周秦以来，匈奴暴桀，寇侵边境，汉兴，尤被其害。臣闻北边塞至辽东，外有阴山，东西千余里，草木茂盛，多禽兽，本冒顿单于依阻其中，治作弓矢，来出为寇，是其苑囿也。至孝武世，出师征伐，斥夺此地，攘之于幕北。建塞徼，起亭隧，筑外城，设屯戍，以守之，然后边境得用少安。'"②

上述两条史料记载的是汉朝两个时期的事情。

汉初，经济凋敝，人口锐减，国力十分空虚。辽东地区，由于分封异姓王，汉中央政府险些失去控制权。先是异姓燕王臧荼，"分燕为二国，司马贞索隐：'燕、辽东也。'"③后为异姓燕王卢绾，拥兵自重，时刻威胁汉中央的集权统治。同时，北方的匈奴和辽东塞外的卫氏朝鲜也不断肆虐侵扰，造成东北方的不安定局面。公元前195年，相国周勃灭燕王卢绾，才基本上结束这里的割据局面。但汉政府又封皇子为燕王，还是不利于中央集权，最后到汉武帝元朔元年（公元前128），有人告发三世燕王刘定国"禽兽行，乱人伦，逆天，当诛，上许之，定国自杀，国除为郡"④，西汉中央政府才开始在东北实行有效的中央集权统治。而此时据汉朝建立已经快80年了。因此说，汉朝初年根本无力新修长城障塞，只有沿用燕秦长城稍加缮修而已（复修辽东故塞）。

到汉武帝时期，由于国力的强盛，元封二年（公元前109）秋，汉朝水陆大军伐朝鲜，攻破王险城，灭卫氏朝鲜。汉政府在卫氏朝鲜境内设真番、临屯、乐浪、玄菟四郡管理当地⑤。汉武帝击败匈奴、征服朝鲜后，"东过碣石，以玄菟、乐浪为郡，（北）却匈奴万里，更起营塞"⑥。这段记载过于简略，"更起营塞"，这里的"更"，当"连续""接续"讲。如果汉朝在四郡地区"更起营塞"，需要把障塞修建到满潘汗以东地区，这方面的史料记载阙如。但从武帝时期汉政府在今甘青地

---

① 《史记》卷一一五《朝鲜列传》，中华书局点校本，1963年，第2985页。

② 《汉书》卷九十四下《匈奴传》，中华书局点校本，1963年，第3803页。

③ 《史记》卷十六《秦楚之际月表第四·燕表》，中华书局点校本，1963年，第764页。

④ 《史记》卷五十一《荆燕世家》第二十一，中华书局点校本，1963年，第1997页。

⑤ 《史记》卷一一五《朝鲜列传》第五十五，中华书局点校本，1959年，第九册，第2985—2989页。

⑥ 《汉书》卷六十四下《贾捐之传》第三十四下，中华书局点校本，1962年，第九册，第2832页。

区设立"河西四郡",直至在今新疆东部（西域）地区布列障塞亭隧的举措来看[1]，汉政府在玄菟、乐浪等地一定也修建有障塞亭隧，《史记·朝鲜列传》"索隐"案："《地理志》：乐浪有云鄣。"[2] "云鄣"，是障塞的一种称呼，只不过我们迄今尚无这一地区的障塞考古资料可证罢了。但需要说明的是，玄菟与乐浪地区的障塞亭隧，是汉政府深入到自己管理的地区、沿交通要道构建的戍守设施，与过去燕秦与汉初以防守一个方向为目的而修筑的长城障塞是有差别的，因而烽燧亭障之间无墙垣连缀，主要目的在于保护交通道的安全通畅。

三、在沈阳抚顺两地间发现的辽东列隧，是为应援玄菟郡而沿交通线修建的障塞亭隧。吉林通化地区发现的所谓连续分布的烽燧遗迹与遗物，非汉政府修筑的长城遗存，不能证明那里有汉代长城

那么，近年来在辽东沈阳抚顺间发现的辽东列隧，是不是汉朝"更起营塞"所修筑的汉障塞呢？

多年以来，我们在沈阳抚顺间的浑河北岸，一直到新宾满族自治县境内的苏子河沿岸，发现了许多的烽燧遗址，即连续分布的烽火台，延伸近 200 千米。[3] 对这段列隧，目前还有不同的认识。我们认为，这条列隧线是汉昭帝始元年间，设于朝鲜半岛的玄菟郡治西迁到今永陵地区以后，为了驿传、交通运输和护卫玄菟郡治的需要而修建的一条烽燧线。因为在汉玄菟郡治的东边，迄今除在新宾红升乡白旗村发现一处汉遗址外，附近再无汉代遗存发现，在其东边，除了吉林省通化县快大茂镇赤柏松汉代时期的城址外，再无其他典型的汉的遗存发现。所以认为，汉代辽东列隧是西汉玄菟郡治迁到今永陵地区的产物，应称为"昭帝边塞"。

---

① 参见张维华：《汉置边塞考略》，《齐鲁学报》，1941年第1期，第55—77页。

② 《史记》卷一一五《朝鲜列传》第五十五，中华书局点校本，1959年，第九册，第2986页。

③ 孙守道：《汉代辽东长城列隧遗迹考》，《辽海文物学刊》1992年第2期；萧景全、李继群：《抚顺发现汉代烽台遗存》，《中国文物报》1999年4月18日第4版；肖景全：《辽东地区燕秦汉长城障塞的考古学考察研究》，《北方文物》2000年第3期；冯永谦、吉昌盛、萧景全、李继群：《沈抚地区汉代烽燧址考察纪要》，辽宁省长城学会编：《辽宁长城》（五），2002年，第1—11页。

但近年来，忽然传出吉林省境内也发现了长城的报道，而且有文物系统和非文物系统的人员称，在本省境内通化县发现了秦汉长城列隧。一些吉林学者认为，沈阳抚顺间发现的辽东列隧就是秦汉长城，而且长城从新宾满族自治县旺清门镇开始，经通化县三棵榆树乡、英额布乡，一直到通化县政府驻地快大茂镇甚至更远。据吉林省文物考古人员认定，在从通化县三棵榆树一直向东到快大茂镇，沿途一共发现关堡1座、烽燧遗址11处，其中4处已确认，7处有待进一步发掘考察。据吉林长城资源调查小组介绍，考古人员在遗址发掘出的一些瓦片、陶片、石器等都是反映汉代特征的文物，尤其是绳纹瓦、布纹瓦都较流行于汉代。《中国新闻网》2012年6月7日引述吉林省文化厅文物保护处权威人士的话报道称，吉林省境内汉长城分布在通化市通化县境内，向西与辽宁境内的汉长城连为一体，是西汉早中期为经略东北地区而修筑的长城的有机组成部分。调查结果表明，通化县赤柏松古城既是汉长城防御体系的重点与核心，也是汉长城的终端。吉林境内的汉长城以2座城址和12座烽火台构成防御体系。一时间，新闻媒体甚至《中国文物报》有关"吉林通化县发现秦汉长城"的报道，连篇累牍①。

据为寻找吉林境内长城而费时多年进行田野调查的李树林先生称，辽东障塞长城的具体地理走向是：

吉林境内的西连辽宁铁岭→沈阳（支线南接辽阳）→抚顺→新宾燕秦汉"列燧"，自吉林省通化县三棵榆树镇狍圈沟烽台起向东，经快大茂镇赤柏松（郡县治）城址，东逆浑江连通化市治安山（郡治）城址，再向东经二道江区鸭园镇二道沟门关隘南下经石湖关隘，南越老岭入集安市，沿通沟河西南至国内城下土筑（县治）城址，由此分支成两条不同走向的路线："东线长城"沿鸭绿江北岸向中上游延伸，经集安青石镇良民土城（郡治）址、白山市三道沟镇土城（县治）址、临江市六道沟"列堡"、长白县长白古城（郡县治）址至马鹿沟镇北山障堑为终点，支线长约200余千米；"西线长城"自国内城下土城西沿鸭绿江北岸向中下游延伸（支线西连接丹东叆河尖古城"西安平县"址），在辽宁宽甸县中东部越鸭绿江入朝鲜境内，与大宁江长城对接，止于博川郡土城（县治）址。

① 新华社长春2009年9月21日电，记者马扬、刘亚发自长春的报道：《秦汉长城现吉林起点》；《吉林日报》2009年12月14日第2版：《通化境内现秦汉长城遗址》；王文：《自费调查研究二十载，李树林提出辽东障塞长城新见解》《中国文物报》2011年5月4日第2版。

　　李树林先生还发表多篇调查报告和论文，详细介绍和论证了他的观点①。媒体的报道和相关论文的发表，吉林境内存在秦汉长城的观点似乎成为不刊之论。

　　但我们认为，吉林通化县境内发现秦汉长城障塞的论断过于匆忙草率，其结论还有进一步科学验证的必要。

　　早在吉林学者对这条所谓的长城障塞线调查之前，1998 年秋冬之时，笔者和抚顺市博物馆的李继群、新宾满族自治县文物管理所的李荣发同志就曾对新宾和通化县一带进行过调查。1999 年时又和辽宁省文物考古研究所研究员冯永谦先生再次从今新宾满族自治县红升乡白旗村汉遗址往东，经通化县三棵榆树、英额布一直到快大茂镇进行过专题调查，但并没有发现秦汉政府组织修建的烽燧遗迹。

　　一些吉林学者所谓在这一线发现了汉代长城遗迹云云，其在烽燧上调查采集的考古标本，一定是辽东东部地区战国至汉时期的"土著"族遗存，即使年代到汉，也不是典型的汉的遗存。所谓通化境内的汉代烽燧不等于为中原汉政府所修建。这一点必须分清。如果吉林省的《长城资源调查报告》发表，一定会证明笔者的判断是正确的。由此联想到通化赤柏松汉城，笔者曾多次前往考察并看过发掘现场。从出土的瓦件、生活器皿、铁农具等看，为汉代遗存毫无疑义。但城池是否按汉的内地规制所建颇令人怀疑，因此称其为"汉城"比较勉强。就像明万历年间，建州左卫都督佥事努尔哈赤在今新宾永陵镇修建的硕里岗城（即人们习称的"佛阿拉城"），当时，明辽东都司曾派瓦匠和画员协助工作②。今日考古调查或发掘所见，城内出土的建筑砖瓦，色泽、规格与明边堡所见同类器基本一样，城内到处散布的青花瓷片毫无疑问是明瓷，偶尔可见"大明宣德""大明成化"款瓷片③，城内未见女真人特征遗物，但我们也不能把其称为"明城"，因为它非内地明人而是明的建州女真所居之城。同理，赤柏松古城也不是内地汉人所居之城，作为山城，它一定是当地附属于汉朝的土著部族酋长所建。那它是不是玄菟郡所属的一个县的县治所在呢？这个问题也很复杂，这涉及汉四郡及其属县的官员是"流官"还是"土官"以及玄菟郡属县中的西盖马和上殷台两县是否跟随玄菟郡西迁等问题，限于篇幅，此

---

① 李树林、李妍：《吉林省燕秦汉辽东长城考古调查概述》，《社会科学战线》2011 年第 10 期；李树林、李妍：《通化浑江流域燕秦汉辽东长城障塞调查》，《东北史地》2012 年第 2 期。

② 《李朝宣祖实录》卷六十九，二十八年十一月戊子。参见［日］池内宏监修，旗田巍，三上次男，山本达郎编：《明代满蒙史料·李朝实录抄》第十三册，台北文海出版有限公司，1975 年，第 40 页。

③ 抚顺市博物馆和新宾赫图阿拉城文物管理所调查资料。

不详述。

　　长城障塞是一项系统工程，需要墙、台、障、城等一系列互为关联的设施构成，长城作为国家的防线，它有一定的起点和终点，使所要保护的地区形成相对封闭的空间。长城作为防御工程，有确定的防御指向，其所防御的对象一定是长城障塞线外的外夷或属夷。如按吉林学者的观点，辽东长城障塞从沈阳经抚顺市区、新宾、至通化连为一线，它所防御的对象应该在长城障塞线外，即北边的敌对者。可是有哪位学者能指出北边的敌对者是哪些部族或方国呢？燕秦汉在辽东郡东边所修建的长城障塞，史学界公认是针对古朝鲜所设，而古朝鲜决不在今沈阳、抚顺、通化一线的北边。我们看吉林一些学者所说的长城，其终点在通化县的快大茂镇，再东或者东南没有可以认为是长城的调查资料。也就是说，从快大茂向东南方向的朝鲜半岛清川江一带有一个长达几百千米的缺口，而这个缺口方向所面对的，正应该是燕秦汉政府在辽东主要的防御目标，如果真要修筑长城，也应该是从北到南的方向修筑长城，可我们并没有在这一线发现长城遗迹，难道汉政府故意在这里留下一个大口子，汉政府显然不会那样设防。另外，据笔者所见，一些吉林学者在所谓秦汉烽燧上采集的标本，与抚顺市区和新宾苏子河沿岸汉代烽燧上以及辽西、内蒙古地区长城地带习见的典型的燕秦汉时代的铁器、生活器皿、建筑材料，判然有别，绝不相同，何以认定它们是与长城有关的遗存呢？因此，吉林境内的所谓秦汉长城，从文献到考古资料都无法得到确证。

　　那么，汉政府有否可能在这里修建护卫交通线的障塞亭隧呢？回答也是否定的。考诸史载，汉武时期在今甘青及其以远地区修建障塞亭隧，是因为其行政机构设于那里，而没有资料证明汉政府在今通化县境内设有行政机构。有学者所谓通化自（治）安山城为第一次西迁的汉玄菟郡郡治址的说法[①]，从城址的选址、构筑特点、出土遗物分析，应是一座典型的高句丽山城，而不可能是汉玄菟郡城。

　　我们的结论是，吉林境内没有也不可能有秦汉长城障塞。那里发现的所谓烽燧遗迹，与中原秦汉王朝无涉，发现的所谓秦汉器物，如果正式发表，一定会被证明为当地土著族而非中原秦汉人的遗存。

---

① 通化市文物保护研究所（王志敏、王鹏勇、王珺）：《吉林省通化市自安山城调查报告》，《北方文物》，2010年第3期。

辽东列隧是玄菟郡治从朝鲜半岛沃沮城地方"徙郡句丽西北"[①]，即迁到今新宾永陵地区的产物，它的终点大体止于新宾永陵以东的汉代白旗遗址地方，最东不超过富尔江。过去笔者曾称其为"汉武边塞"[②]，现在看这一观点应该修正。沈抚间列隧的修筑时间，不能早于汉玄菟郡第一次西迁的时间，即西汉昭帝始元五年（公元前82）以前。它是玄菟郡治迁于今永陵地区以后，辽东郡为联系和应援"第二玄菟郡治"，在通往玄菟郡治的交通干道上修建的障塞亭隧——"昭帝边塞"。戍守障塞亭隧军士所负责的是交通道上的瞭望、报警、出兵、御敌以及保障驿传安全等任务，他们的着眼点是线而不是面，这与专为防守一个方面或一个大的部族集团——例如匈奴、东胡与古朝鲜——所建的长城障塞在性质上是有差别的。

汉政府不唯在辽东修建障塞亭隧，在西北地区，自汉武帝"初开河西，列置四郡（即武威、张掖、酒泉、敦煌四郡——引者），通道玉门，隔绝羌胡，使南北不得交关。于是障塞亭燧出长城数千里"[③]。武帝元鼎（公元前116—公元前111）或元封（公元前110—公元前105）中筑酒泉至玉门间塞，天汉（公元前100—公元前97）中筑敦煌至盐泽（今罗布泊——引者）间塞，又于盐泽以西起筑亭障，与辽东今沈抚间所修障塞情况类同。张维华先生据史载对河西四郡的开设及汉边塞问题颇有研究，他称，"汉通西域，河西四郡为必由之路，然南与羌隔，北与胡接，不筑障塞，无以保此通路之安全。在开郡之初，民未充实，地多荒芜，尚无方远及，至是匈奴北走，喘息稍定，移民亦集，边境充实，故展筑此塞，以为永久安全之计"。他在谈及西汉时在盐泽以西起筑亭障时说："汉于此起筑亭隧，重在传达军情、保卫交通，似只有亭隧之建置，而无塞垣之起立，故言汉塞者，仅及盐泽以东，其西不与焉。"[④]河西四郡及其以西地区与辽东情况各有不同，但在修建亭隧，保护交通线这一点上是一致的。

众多史载和考古资料证明，燕秦汉时期在北方修筑的长城障塞，依目的和用途的不同，有两种形式。一种是为阻遏北方和东北方游牧与渔猎民族内侵，保护域内的农耕民族安全所筑。这种长城障塞的布设，大体沿农牧或农猎天然分界线构筑，

---

① 《三国志》卷三十《魏书》第三十《东沃沮传》，中华书局，1959年点校本，第846页。

② 萧景全：《辽东地区燕秦汉长城障塞的考古学考察研究》，《北方文物》2000年第3期。

③ 《后汉书》卷八十七《西羌传》第七十七，中华书局，1965年点校本，第2876页。

④ 张维华：《中国长城建置考》上编，中华书局，1979年，第148、154页。

此类长城障塞，防御的是一个很大的面，如秦汉防御匈奴的长城障塞。另一种是深入到所谓戎胡地区、沿交通线布设的障塞亭隧，以联络、保护设于戎胡地区的行政军事机构而筑，这种障塞防御的是一条线，如汉武帝时期在西北地区和汉昭帝时期在辽东沈抚间修建的障塞，也包括秦时在浿水以东修筑的"上下障"和汉时在乐浪等地区修筑的"云鄣"等，这是本文在先贤研究的基础上得出的一个重要结论。

燕秦汉开发辽东、建郡设县，是我国东北史上一件划时代的大事件，其意义不可低估。长城障塞在辽东今沈（阳）、抚（顺）、本（溪）、丹（东）通过，这既是古代地缘政治因素作用的结果，更是两种不同的经济类型自然区别使然。在长城障塞的外徼，是以深山大谷地貌特征为主的非农耕区，那里的胡貊人主要以渔猎采集为生，而在长城障塞边里，则是低山丘陵向平原的过渡地带，特别适合以农耕为生计的中原人聚居。这就是为什么当年燕人对长城障塞走向的选择，直到1700年后的明代辽东段长城，仍大体遵循这一路线的原因。但历代长城障塞并没有将两边的民众完全隔开，这也不是长城障塞修筑者的意愿。文化的交流和传播往往冲破藩篱，无法阻挡。先进的中原文化的东渐，对周边地区产生强大的虹吸效应，使长白山西南麓地区、松辽平原和辽东山地的土著民族产生向心力，认同华夏文化的主导作用并受其濡染，使这里的古文化呈现出一体多元、交相辉映的局面，从而使辽东地区在以后的2000多年里，无论地方政权如何更迭，民族怎样分合，这里的土地最终还是回到中华大一统政权的怀抱。这个基础，是燕汉时期奠定的，这是我们研究辽东长城障塞，研究边塞文化的最大意义所在。

【作者简介】肖景全，抚顺市博物馆研究馆员，前馆长。现为中国考古学会会员，辽宁省辽金契丹女真史研究会理事，新宾赫图阿拉城文物管理所特聘研究员。

明辽东镇东段边墙修筑考实

肖景全　金　辉　邹　静

长城之名，最早出现在秦汉人编著的《战国策》和《史记》中。《战国策·秦策一》载纵横家张仪说秦王曰："（齐）地广而兵强，战胜攻取，诏令天下，济清河足以为限，长城钜防足以为塞。"《史记·匈奴列传》："燕亦筑长城，自造阳至襄平，置上谷、渔阳、右北平、辽西、辽东郡以拒胡。"《史记》中对楚、魏和赵诸国以及秦的长城都有记载。汉时人称燕秦长城为"长城"，而多称自己所修的边防设施为"障塞"。障塞，东汉许慎《说文解字》对"障"和"塞"二字都释为"隔也"。可见障塞就是分隔不同人群的一条人工修筑的军事防线。

《明史·兵志·边防》："元人北归，屡谋兴复。永乐迁都北平，三面近塞。正统以后，敌患日多，故终明之世，边防甚重。东起鸭绿，西抵嘉峪，绵亘万里，分地守御。"这是《明史》编撰者对明时北边防御大势的概括。明自正统年间修筑辽东镇西段边墙、成化年间修筑辽东镇东段边墙，一直到万历三十七年（1609）辽东巡按熊廷弼主持最后一次维修辽东边墙，明朝对边墙的投入，无论在人力和物力上都是前朝无法相比的，但边墙无法挽救明王朝。平心而论，边墙是明廷君臣自己给掘倒的。根基毁坏，大厦将倾，再坚固的墙垣也无法撑住。

明朝，朝野对"边墙"的使用频率最高，长城一词所用极少。最明显的差别是，对蓟镇及以西的边镇多用"边城"，言及山海关外辽东镇时一概用"边墙"，实际上指的都是长城。本书，按照名从主人的惯例，称辽东镇长城为"辽东边墙"。

长城（边墙）虽是民族冲突的产物，但也是维系内外民族关系的纽带，长城虽不能从根本上阻挡住北方少数族。但毕竟缓冲了所谓狄胡少数族对中原农耕地区的劫掠。长城不能也不可能隔绝长城内外民族的交往。长城所造成的影响从战国起一直到2000多年以后的清初才被满族统治者给打破了——满族从一开始就有一种一往无前的开拓精神。……敢于说长城内外是一家。……自秦汉以来筑长城、设重防把草原民族和中原农耕民族对立起来的格局，彻底地，一劳永逸地解决了[1]。

一、辽东镇西段边墙始筑于明正统二年

明永乐之后，"自汤站抵开元（开原），邻建州、毛怜、海西野人、兀者诸夷，建州为最；自开元之北近松花江之山寨夷，亦海西种类；又北抵黑龙江之江夷，而江夷为最；自宁前迤东抵开元（开原），邻兀良哈三卫，而朵颜为最"[2]。魏焕是明世宗嘉靖八年（1529）进士，曾任兵部职方郎，他所分析的应是明正统年间（1436—1449）以来明辽东徼外所面临的形势。

自永乐初年以来，中国北方地区由暖转寒，为躲避恶劣气候等原因，蒙古兀良哈三卫南下，抵近辽东的西北，常内犯侵扰。明正统初年，由于蒙古瓦剌部的东进，避居辽西一带的兀良哈"数入为寇略"，其害甚烈，为防御兀良哈内侵，明从辽东镇山海关起向东抵开原修筑了一条边墙，与西边的蓟镇长城连接，构成京师北部和东北部的防御屏障，史家习称这段辽东边墙为辽东镇西段边墙。

《明宪宗实录》卷二百九十二，成化二十三年秋七月丁亥条："兵部议上辽东都指挥使邓钰所奏备边事宜，言：自永乐中罢海运后，筑边墙于辽河之内，自广宁东抵开原，七百余里。"这段《实录》对辽东边墙修筑时间的记载，含混不清，永乐时明还没有在辽东修筑边墙。据后来的文献记载，首段"自广宁（今北镇市）东抵开原七百余里"的辽东边墙，是明正统二年（1437）由广宁前屯卫指挥佥事毕恭主持修筑的。《全辽志》卷四《宦业志》记载，"（毕恭）图上方略，开设迤西边堡墙壕，增置烽堠，兵威大振，虏人畏服。（毕恭）进署都指挥佥事，奉敕守备宁前地方。在任五年，边鄙宁谧，寻擢掌都司事。抚士卒、革奸弊、广屯田、兴学校，政平讼理，至今称之"[3]。同书卷二《边防志》更具体写道："国初，毕恭守辽东，

---

① 苏秉琦：《中国文明起源新探》，辽宁人民出版社，2009年，第142—143页。

② （明）魏焕：《巡边总论·辽东镇》，（明）陈子龙等辑：《明经世文编》卷二百四十八，《巡边总论一》，中华书局，1962年，第2609—2614页。

③ （明）李辅等纂修：《全辽志》卷四，《宦业志·毕恭》，金毓黻主编：《辽海丛书》第一册，辽沈书社，1985年，第617页。

始践山因河，编木为垣，久之，乃易以版筑，而墩台城堡稍稍添置，此其能矣，无下于蒙将军者（蒙将军，指主持修建秦长城的蒙恬）。"而后来曾深入辽东巡视的巡按山东监察御史李善向弘治皇帝报告称："臣见辽东边墙，正统二年（1437）始立。"[1]

综上可证，明英宗正统二年（1437）由广宁前屯卫指挥佥事毕恭主持修筑了从广宁到开原的700里辽东镇百段边墙。

毕恭在宁前都指挥任上三年后调辽阳掌都司事。正统七年（1442）冬，为了进一步加强辽东北部防御，由当初举荐毕恭的提督辽东军务的右佥都御史王翱，"乃自巡边，沿山海抵开原，高墙垣，深沟堑，经略屯堡，易置烽燧，珠连壁贯，千里相望"[2]。

毕恭当年所修建的700里边墙，是编木为垣，即以木栅为墙。史载，正统五年（1440）三月庚申，"福余卫鞑靼人马车辆，猎于石峰口外，有四骑拆木栅入境，直至静安堡[3]探亲，守者弗觉"[4]。正统五年时辽河套边墙还是木栅墙，因此，《全辽志》所谓的"久之，乃易以版筑"，不可能是在任五年的毕恭所为，只能是王翱在正统七年（1442）主持的续建工程。王翱不但将毕恭修建的700里木栅墙改为夯土版筑墙，同时将边墙从广宁向西延伸修建到蓟镇山海关，将这之间的空隙连接起来了。

二、成化四五年之际始筑辽东镇东段边墙

辽东开原、铁岭、沈阳、抚顺、辽阳等地以东，明初人烟稀少，建州和海西女真还都没有前来，明在此地设防不重。洪武时，只在这里修筑了一些烟墩进行瞭守。对此，中国文献记载阙如，但朝鲜一些记载尚可寻其端倪。朝鲜李朝时儒臣、艺文春秋馆学士权近（号阳村）作为"管送撰表笺人"，曾因"撰表事"于洪武

---

[1] 《明孝宗实录》卷七十二，弘治六年二月辛亥，台北"中央研究院"历史语言研究所校印本，1962年，第1253页。以下《明实录》，皆称"史语所校印本"。

[2] 《辽东志》卷五，《官师志·名宦·王翱》《辽海丛书》第一册，第426页。

[3] 静安堡：故址在今沈阳市于洪区马三家子镇静安堡村。

[4] 《明英宗实录》卷六十五，正统五年三月庚申，史语所校印本，第1253页。

二十九年（1396）随使赴明，被洪武帝朱元璋敕留文渊阁游观三日，令其赋诗24首。朱元璋根据权近所述见闻，赋诗三首赐权近，其中《使经辽左》诗中有"入境闻耕满野讴，罢兵耨种几经秋。楼悬边铎生绿绣，堠集烟薪化土丘"诗句[①]。这里的烟墩是前朝所建，还是大明所筑，怎么化作土丘了呢？诗句的笔法是否透露出明初已在辽东修建了传烽的墩台了呢？

有据可查的史料，记载了永乐时在辽左铁岭卫地方修建了红泊、喜鹊窝、暗了、下塔、清河口烟墩五所。永乐十二年（1414）冬十月，又将此前修筑的铁岭卫流星塔、双城、古城以及广宁右屯卫修筑的大凌河、卜三山、塔山六烟墩的瞭守任务撤废了。永乐十七年（1419）春，又罢铁岭卫辽河西双城等处烟墩，筑鹊窝等处烟墩三所[②]。

正统初年，迁于婆猪江至三土河之间居住的建州女真包括毛怜女真，对今开原、抚顺、本溪、丹东一线很少骚扰。但后来，"建州军卫女真都督李满住、董山等自正统十四年（1449）以来，乘间窃掠边境[③]，辽东为之困敝"[④]。因此，成化元年（1465）五月，巡抚辽东副都御史滕昭上奏朝廷建议："抚顺西南抵沈阳九十里间，宜增置墩台三座，西北抵蒲河七十里间，增置墩台一座，奉集堡十余里增置三座，每墩拨军五名哨瞭。兵部会官议以为便，从之。"[⑤]朝廷批准了滕昭的建议，在今沈阳抚顺间增筑了墩台，但此时还没有修筑辽东镇东段边墙。

由此可见，在辽东镇东段边墙修筑之前，明辽左一带的设防，在今铁岭、沈阳、抚顺一带是仅以分布空疏的墩台来担任瞭守的。

成化三年（1467）的"丁亥之役"，建州女真各部遭到明官军沉重打击，可是明廷的镇压改变不了"抚剿轮回"的宿命关系。为防止建州女真故态复萌，战斗

① 《李朝太祖康献大王实录》卷第十一，六年三月辛酉。参见吴晗辑：《朝鲜李朝实录中的中国史料》第一至四册，第140—141页，中华书局，1980年；［朝］权近：《阳村集》，参见杜宏刚，邱瑞中，韩登庸等主编：《韩国文集中的明代史料》，广西师范大学出版社，2006年，第5页。
② 《明太宗实录》卷一百四十六，永乐十一年十二月甲戌；卷一百五十七，永乐十二年冬十月戊戌；卷二百零八，永乐十七年春正月辛酉，史语所校印本，第1723、1800、2120页。
③ 边境：这里所谓的边、边境，一是指以边墙为界的地带，地带两侧，有边里边外之称。二是指蒙古或女真与汉地之间习惯的控制界线。界线之外，也有大部归明廷统御的区域，如明英宗正统三年（1438），建州女真李满住部迁往辽东徼外"灶突山东南浑河上"，依然须经明廷准允。明时所谓的女真"入边""入犯""犯边"，都是进入汉地掳掠，而非外敌入侵。
④ 《明英宗实录》卷二百九，景泰二年冬十月乙酉，史语所校印本，第4500页。
⑤ 《明宪宗实录》卷十七，成化元年五月乙卯，史语所校印本，第360页。

（围剿）刚一结束，兵部尚书白圭立即上疏成化帝："贼虏虽为我军征剿克捷，然其丑类多有奔窜山谷者，若遽班师，恐其余党复起，请移文（李）秉、（赵）辅会议（处）分，立为经久之计，然后班师。"为此，成化帝敕谕赵辅等"将边务处置得宜"[①]。于是，提督军务左都御史李秉向朝廷提出建议：

> 建州三卫，结构诸夷，剽掠边方，朝廷已命将出师，捣其巢穴，苟不乘胜立为经久之计，恐班师后，逃遁余贼复为边患。臣今会总兵官赵辅等议得辽阳迤东，自凤凰山北抵奉集堡四百余里，山险林密，而辽阳城去凤凰山仅五日程，守备官军止有千人，兵寡力弱，乞取回往年调去广宁二千八百人，操守地方，则虏贼畏威，边境无虞矣。又辽阳迤东凤凰山、雅鹘关、抚顺所、奉集堡诸处，皆通虏大路，往今无事不为设备，今贼即探知虚实为寇，请相址远近，筑立千户所城堡，以腹里盖州、复州、广宁左屯三卫各摘二所官军，每所推指挥二员统领，诣彼操守。仍增置驿道墩台，以使往来，以通边报，则边方有备，遇警无虞矣。[②]

李秉的奏言得到朝廷的批准。于是，明廷根据成化四年（1468）刚刚调守辽阳的辽东副总兵韩斌的建议，由其主持，"自抚顺而南四十里设东州堡，东州之南三十里设马根单堡，马根之南九十里设清河堡，清河之南七十里设碱场堡，碱场之南一百二十里设叆阳堡。烽堠相望，远近应援，拓地千里焉"[③]。韩斌坐镇辽阳，"后又设凤凰、镇东、镇夷等三堡，广袤千余里，立烽堠，实兵马，辟灌莽，广屯田，迄今虏不敢深入，而居民乐业"[④]。与此同时，成化五年（1469）移守开原的右参将都指挥使周俊，主持增修了抚顺以北至开原的边墙，"开拓柴河抵蒲河界六十余里，改设镇北、清阳二堡。柴河堡增立烽堠，疏挑河道，边人得安"[⑤]。从上述记载可知，辽东镇东段边墙，策划于成化三年末，成化四年春开始勘察设计，约于成化四五年之际开工修筑。需要注意的是，早在边墙修筑之前，辽东都司就在一些交

---

① 《明宪宗实录》卷四十七，成化三年冬十月壬戌，史语所校印本，第981页。
② 《明宪宗实录》卷四十八，成化三年十一月丁卯，史语所校印本，第985—986页。
③ 《辽东志》卷七，《艺文志·韩斌辽东防守规画》《辽海丛书》第一册，第456页。
④ （明）贺钦：《医闾先生集》卷四，《明故镇国将军辽东副总兵韩公墓志铭》，《辽海丛书》第二册，第1087—1088页。
⑤ 《辽东志》卷六，《人物志·周俊》，《辽海丛书》第一册，第449页。

通要道上修筑过个别的堡城。如《明宪宗实录》记载，"成化三年正月庚辰，兵部奏：巡按辽东监察御史魏瀚奏：'虏寇入辽东碱场堡①及鸦鹘山屯、梁家台等处，纵火焚堡门、营舍，大肆杀掠而去。'"此条文献可证在辽东边墙修筑之前已有个别堡城先行设立。据《全辽志》卷二《边防》记载，"国初，毕恭守辽东，始践山因河，编木为垣，久之，乃易以版筑，而墩台城堡，稍稍添置"②。

明英宗正统二年（1437），毕恭在广宁前屯卫指挥佥事任上主持修筑了辽西段边墙，后升都指挥佥事。在任五年后调辽阳掌都司事，很可能在此期间他主持修建了碱厂等堡城。整个工程，由周俊、韩斌分别指挥，从北至南全线同时动工修筑。

然而当今学者景爱对辽东镇东段边墙的修筑时间却有不同的看法，他认为，"韩斌、周俊二人只是增建城堡、烽堠，还不能算是筑边墙。据《明宪宗实录》，到了成化十五年（1479）才正式修筑东路自开原抵鸭绿江边墙。为了加固东路防守，万历年间又增修了从抚顺到鸭绿江的边墙"③。

但当时朝鲜人的记载，否定了景爱的观点。

据朝鲜史料记载，李朝睿宗元年（成化五年，1469）八月，朝鲜遣人渡鸭绿江至也郎洞，"见长墙之界，川溪则以木石交构作沟墙，高六尺，广四尺。平地则以木交置，广百余尺。南距十余里高峰筑烟台，用木交积，高八尺，四面各十三尺，台上造板屋，高五尺，烟台相距或二十余里，或十五余里"④。同年十二月，朝鲜人到辽东，见"新设长墙居置内五堡，一曰叆阳……二曰碱阳（场），三曰清河，四曰马根单，五曰东州。自抚顺口子至叆阳而止。两堡相距或百里，或八九十里，且叆阳堡要害之地，而距辽东几至七日程，故总兵大人常镇守，其余诸堡不甚相远，故一大人兼管二堡"⑤。朝鲜人探得了辽东边墙叆阳等五堡已在建。对辽东边墙的构筑方式，李朝成宗元年时朝鲜人称，"长墙自东州至碱阳（场），或以石，或以土筑之。自碱阳至叆阳今年燔甓以筑"⑥。李朝成宗元年为明成化六年，这一记载说明，

---

① 碱场堡：故址在今辽宁省本溪满族自治县碱厂堡镇。
② 《全辽志》卷二，《边防》，《辽海丛书》第一册，第552页。
③ 景爱著：《中国长城史》，上海人民出版社，2006年，第297页。
④ ［朝］《李朝睿宗实录》卷七，睿宗元年（成化五）八月甲子，文海出版社，第七册，1975年，第159页。朝鲜《李朝实录》皆选自［日］池内宏编：《明代满蒙史料李朝实录抄》，文海出版社，1975年。
⑤ 《李朝成宗实录》卷一，成宗零年（成化五）十二月甲寅，文海出版社，第七册，第172页。
⑥ 《李朝成宗实录》卷二，成宗元年（成化六）正月壬辰，文海出版社，第七册，第180页。

辽东地区在成化六年之时，不但一些堡城正在施工，墙垣或土或石已然形成，有些地段甚至烧砖砌筑。上引朝鲜史料，记载明于成化五年、六年（1469、1470）时正在修筑辽东镇东段边墙，言之凿凿，不容置疑。

整个东段边墙的修筑工期可能没有硬性规定，只能有个大致竣工时间。

一些堡城和各段墙垣完工时间各地并不相同，如叆阳城，现存"叆阳城"城门匾额边款镌有"成化七年中秋立"字样，说明叆阳城应是成化七年（1471）秋完竣的。又《明宪宗实录》卷一百八，成化八年（1472）九月庚申条记载，巡抚辽东都御史彭谊等奏："八月间，虏众杀掠刺榆埚并核桃山等处修筑边墙军士一百六十余人，都指挥邓钰、王升等不领军防护，副总兵韩斌亦失躬亲巡督，致误事机，俱宜究治。"但最终成化帝宽宥了这些将领："修筑边墙，守边要务，今后用工之际，务严谨防护，不许轻忽。"[1]此条记载说明，成化八年之时，边墙还在修筑之中。戓化十三年（1477）四月，建州女真劫掠开原地方人畜，"而辽东分守开原太监韦朗，右参将、都指挥同知周俊，提督不谨，以致虏贼拆墙入境"[2]，说明此时，开原一带的边墙已经修筑完竣了。

三、边墙堡台　珠连璧贯

成化年间修筑的辽东镇东段边墙与正统年间修筑的西段边墙的结合点，文献记载语焉不详。对辽东镇西段边墙的起止点描述，多是"自广宁抵开原或自山海关抵开原"，但具体到开原哪里并没有确指。

明嘉靖四十四年（1565），巡按御史李辅撰修《辽东志》，首页即有《辽东河东地方总图》，图中画出明代辽河以东区域边墙的走向及沿线边堡和山川地理形势，其中与女真相关的边墙，概自于原城东之镇北堡始，向东直至鸭绿江叆阳堡。图中对这段边墙和女真的关系不但画出沿边诸堡，也有"镇北关""广顺关"和"抚顺关"三个关口内外相通——并明确标示镇北关和广顺关对应的是海西女真，抚顺关对应的是建州女真。在"海西"和"建州"字样间，并有"奴儿干"名称标记，所

---

① 《明宪宗实录》卷一百八，成化八年九月庚申，史语所校印本，第2117页。
② 《明宪宗实录》卷一百六十七，成化十三年夏四月辛丑，史语所校印本，第2893页。

画不过示意而已，但明人所标记的边墙走向和辽东防御形势却非常清楚。根据成化五年开原右参将周俊"开拓柴河抵蒲河界六十余里，改设镇北、清阳二堡"的文献记载，按两段划分法，将从今铁岭镇北堡北面昌图开原两地交界的大台子山（明代称开原平顶山）①算起，向西至山海关止为辽东镇西段边墙（也有学者将此段分为辽西段和辽河套段）；向南一直延伸到今辽宁省丹东市鸭绿江边虎山为止的这一段边墙称为辽东镇东段边墙。此节根据早年锦州学者刘谦和近年辽宁省长城资源调查成果以及沿线各市县文物工作者历年调查资料，结合笔者的多年的考察所得，参考历史文献，将沿线各地边墙行经路线、边堡、关隘分布等情况概述如下：

（一）铁岭市境内的边墙、堡城与关隘分布

北端起于开原市与昌图县交界处的大台子山山顶，进入开原市莲花镇，向东南，在烧锅屯南2千米处进入西丰界。莲花镇边墙内侧有镇北关城。

1. 镇北关：位于开原市莲花镇镇政府驻地莲花街（明代称棉花街）村南约5000米南城子水库之中。此地南距周俊移设的镇北堡城约5千米。《开原图说》载："镇北堡在开原之北，有镇北关，即海西夷（叶赫）金、白二酋②出入之门户也。"③《全辽志》卷一《山川·关梁》："镇北关，开原城东北七十里，夷人朝贡买卖由此。"这里是开原与海西和建州女真交易的马市之所和海西女真的贡道。天顺年间抚顺关马市开设后，建州女真转到抚顺关马市交易。

莲花镇内的边墙，经过南城子、贾家屯两个村屯，进入西丰县境山坡上，经该县部家店、成平两个乡镇，全长19千米。墙内有镇北堡和威远堡堡城，皆在边墙西边不远的今开原界内。

2. 镇北堡：镇北堡有二。一是成化五年以前未修辽东镇东段边墙时的镇北堡，位于今开原市威远堡镇双城子村。二是成化五年时移守开原的周俊"改设镇北、清阳二堡"中的镇北堡。这座镇北堡，刘谦考证位于开原市威远堡镇镇北堡村腰城子屯④。但这个镇北堡村是1949年以后才迁过来的村屯，因此，周俊移设的新

---

① 大台子山：海拔445米，位于辽宁省开原市莲花镇塘坊村西北约2300米的开原市与昌图县交界岭上，岭北为昌图县泉头镇农林村。

② 金、白二酋：金，即金台石；白，即金台石侄子白羊骨，亦译称布扬古。叔侄二人当时均为叶赫贝勒。

③ （明）冯瑗辑：《开原图说·镇北堡图说》（万历四十七）卷上，辽宁民族出版社，2002年影印本，第21页。

④ 刘谦：《明辽东镇长城及防御考》，文物出版社，1989年，第116页。

镇北堡不可能在这里，而在今开原市威远堡镇南城子村西北不远的南城子水库大坝坝北约500米处，北距镇北关约5000米，遗址现已淹没在水库当中。《辽东志》卷三《兵食志·沿边坍堡墩台》："镇北堡，官军三百五十一员名。清边堡屯可屯兵，罗二官屯可按伏，灰窑台东空通贼（贼，是对女真人的蔑称，下同）道路，开原城兵马可为策应。"

3．威远堡：位于今开原市威远堡镇政府驻地威远堡村镇中心小学所在地。康熙二十三年（1684）《盛京通志》卷十《城池志·开原县城池》："（开原）城东北三十里，周围三里，南北二门。"《辽东志》卷三《兵食志·沿边城堡墩台》："威远堡，官军三百五十一员名。雷旗屯可屯兵，曲唤屯可按伏，那木川石峰山台南空通贼道路，开原城兵马可为策应。"明代晚期，威远堡已经丧失了早先的"威远"之风。《开原图说》记其堡："募兵渐散，城垣渐圮，大失初意矣。"[1]

边墙在西丰县成平乡出界进入铁岭市清河区，经该区杨木林子乡、聂家乡，南从聂家乡腰堡村苇子沟出界丙次进入开原松山堡乡境内。此段边墙保存亦好，多为石砌，现仍存高1—1.5米不等。

在杨木林子乡长城南端，有广顺关关址，关址西不远处即为靖安堡，是防御东部女真沿清河河谷袭扰开原的重要关口。

4．靖安堡：清代改称尚阳堡。康熙二十三年《盛京通志》卷十《城池志·开原县城池》："（开原）城东四十里，周围三里，有南北二门，旧名靖安堡。"靖安堡周长三里，在边堡中属于大堡，而且有广顺关在此，故驻兵较多。《辽东志》卷三《兵食志·沿边城堡墩台》："官军三百五十一员名。杨木答兀屯可屯兵，黄泥冈屯可按伏，于麻札台北空通贼道路，开原城兵马可为策应。"

5．广顺关：亦称"镇南关"。因为这里是海西女真哈达部首领王忠活动的区域，无论是近边诸部女真，还是远在松花江流域的野人女真，他们来靖安堡附近的广顺关马市交易，均唯王忠马首是瞻，"靡不依忠为居停主人，当是时，广顺关外夷络绎不绝，而开原举城争和戎之利者，熙熙攘攘，至今长老犹能言之"[2]。据刘谦调查，清河水库所在为一葫芦形河谷，原来可能是个通行的峡谷隘口，峡谷北侧山上，还有一段边墙和墩台遗址，广顺关就应该设在隘口处。

① 《开原图说·威远堡图说》卷上，第53页。
② 《开原图说·靖安堡图说》卷上，第56页。

靖安堡城及广顺关址今已均被清河水库淹没。

边墙在开原松山堡乡二道沟村东北入境，在靠山镇尹家沟村的彭家堡子屯南出境进入铁岭县大甸子镇上三道沟村。松山堡乡境内边墙则多为石砌墙，靠山镇境内边墙多为山险墙。松山堡乡边墙内侧有松山堡和柴河堡。

6. 松山堡：位于开原市松山堡乡政府所在地小学校内。康熙二十三年《盛京通志》卷十《城池志·开原县城池》："（开原）城南四十里，周围一里，南一门。"《辽东志》卷三《兵食志·沿边城堡墩台》："官军二百五十一员名。"刘谦《明辽东镇长城及防御考》记载："城呈方形，现已毁，只存遗址，就遗址测量，城墙各边长约200米。"城呈方形，砖筑，边长200米。《开原图说》载："是堡，开原材木所从出也。往年华夷杂处，有无相济，颇享安堵之福。自奴酋（努尔哈赤）与北关（叶赫）相构以来，恨我兵之戍北关也。"[①]

7. 柴河堡：位于今开原市靠山镇政府所在地柴河村村东。现柴河小学校和部分民宅建于堡城之内，城已破坏无存。康熙二十三年《盛京通志》卷十《城池志·铁岭县城池》："（铁岭）城东六十里，周围一里，南一门。"《辽东志》卷三《兵食志·沿边城堡墩台》："官军二百五十一员名。"据刘谦《明辽东镇长城及防御考》记载："原城为砖造，呈方形，城墙每边长约200米，墙残高1.2米。"现学校内一眼水井为当年遗存。学校一教室前有"重修上帝祠叙"碑一通，知此城北墙处原有上帝庙。石碑镌刻年代为"万历四十五年"（1617）和"崇德元年"（1636），上帝庙在明末和皇太极时当分别进行过修缮。《开原图说》载："柴河、松山、靖安三堡皆设在万山中，为开原东藩篱，所以关防东夷。自万历二十七年海西夷南关为建夷据去，边外遂空无人，警备差缓。"[②]

边墙自开原靠山镇向南便再度进入铁岭县境，北起与开原靠山接界的大甸子镇上三道沟村北，止于横道河子镇四冲村东堡屯南，从这里南下进入抚顺市境。

大甸子镇边墙，其中边墙子屯至四冲墙段为石砌，余均为山险或河险墙。大甸子镇边墙内侧有抚安堡。

8. 抚安堡：位于今铁岭县大甸子镇抚安堡村内。康熙二十三年《盛京通志》卷十《城池志·铁岭县城池》："（铁岭）城东南四十里，周围一里七十二步，东西

① 《开原图说·松山堡图说》卷上，第58页。
② 《开原图说·靖安堡图说》卷上，第60页。

54

南三门。"城址已破坏无存，地表散见明砖残块，城址南北长约250米，东西宽约220米，周长不足千米。《辽东志》卷三《兵食志·沿边城堡墩台》："抚安堡，官军二百一员名。"抚安堡，军事地位重要。参议（按：应为分守辽海道左参政）薛国用称："抚安要害，咫尺铁岭，断不宜失。"①堡城"来远门"匾额现藏铁岭博物馆。民国二十年（1931）修《铁岭县志》卷十六《古迹·古城》条中记载："抚安古城……金代筑之……北门石额犹存，曰来远门。"明开原兵备道冯瑗编《开原图说》，所绘"抚安堡图"中是没有北门的。铁岭博物馆学者认为，抚安堡所处正在辽东山地间，谓之"远"者，当系东边的女真部落，所以，这方"来远门"门额很有可能就是抚安堡的东门门额，十分正确。在开原兵备道冯瑗著书《开原图说》时，抚安堡尚未被克，但该书即将印行时，抚安堡已被后金攻克，所以，付印前，只好在《开原图说·抚安堡图》左上角临时加印"万历四十六年（天命三年，1618）东夷入犯克去"②字样。

9. 花豹冲堡：亦称白家冲堡，堡城位于今铁岭县李千户镇花豹冲村。堡城北、西及东面尚有残垣可见，城墙内外散见典型明代青砖。城址南北长200米，东西宽160米，周长720米，建于明嘉靖十四年（1535），属开原参将汛河所城辖。

横道河子镇边墙，是铁岭县境内所有乡镇边墙中最短的一段，长约1200米，在横道河子镇东三岔子村四冲组和抚顺市东洲区哈达镇富尔哈村东堡组两个村屯中间南北通过。墙体石砌，保存状况良好，现存高在1—1.5米。这段墙体同时也是铁岭与抚顺两县的分界线。横道河子镇边墙内侧是三岔儿堡。

10. 三岔儿堡：位于今横道河子镇西三岔子村北一处称为"城坎子"的高台之上，北墙与西墙尚可见清晰的墙垣，地表散见典型的明代青砖和青花瓷片。中华人民共和国成立后，这里为村小学所在地，在校门两侧原有三尊明代石狮，2016年再去调查时，只剩两尊。三岔子村地处山间盆地，周围地势开阔平坦。此地北接花豹冲堡，东南行再西南去可抵抚顺关，向西经横道河子北上可达铁岭，西南行可去沈阳，故称三岔子。三岔儿堡曾经是明与后金决战萨儿浒时明北路大军的必经之地，从这里沿章党河（明时称"土母河"）东南行可抵浑河北岸。万历四十七年刊

① （明）彭孙贻撰：《山中闻见录》卷一，《建州》，潘喆、李鸿彬、孙方明编：《清入关前史料选辑》第三辑，中国人民大学出版社，1991年，第8页。
② 《开原图说》卷上，《抚安堡图说》，第61页。

印《开原图说》时，三岔儿堡已被后金夺去，因此在《开原图说·三岔儿堡图》左上角上临时加印"万历四十六年东夷入犯克去"字样。

《开原图说》记："抚安、白家冲（花豹冲）、三岔儿三堡皆缘山置城，川泽肥饶，军士居民殷富甲诸堡。"然而到了万历末年，边内明人盗窃牛马，走私建州，多从抚安堡潜出[①]，可见彼时这里的守备已经十分疏失了。

（二）抚顺市境内的边墙、堡城与关隘分布

边墙自铁岭县大甸子镇黄泥洼村向南越岭进入抚顺境内，在抚顺市东洲区哈达镇富尔哈村青石岭组和东堡组西侧通过，经东洲区的哈达镇、章党镇（两镇原属抚顺县）、顺城区前甸镇、东洲区碾盘乡、抚顺县的兰山农场、上马乡、后安镇、马圈子乡，在马圈子乡金斗村东沟组附近进入新宾满族自治县苇子峪镇，然后在千河岭进入新宾满族自治县下夹河乡，最后在该乡平河村小夹河组出境进入本溪满族自治县碱厂镇。

哈达镇边墙，经富尔哈村青石岭屯、东堡等村屯。这段墙体均为石砌，保存尚好，这段边墙内侧有会安堡。

1. 会安堡：又称"浑元堡""会元堡"，位于抚顺市顺城区会元乡政府驻地会元村。城砖筑，平面长方形，东西长约360米，南北宽约220米。城址破坏严重，仅北墙残存石砌基础。有东西二门，设边墩13座，属抚顺千户所城管辖。

章党镇边墙，经张木匠沟、小门进沟等村，这段墙体均为石砌，保存亦好，最高处近黑石沟处的边墙墙体顶宽1.6—3.5米、底宽1.6—3.5米、存高2—3.2米。

顺城区前甸镇边墙，经边墙子、李其、关岭等几个村屯。由于这里有G202国道、沈吉铁路和沈吉高速公路等横穿边墙，所以墙体多已破坏无存。这段边墙上有抚顺关。

2. 抚顺关：关址位于抚顺市顺城区前甸镇关岭村东南约1300米的浑河北岸，北紧临沈吉铁路。现称"南城子"的遗址应为关城所在。据《明宪宗实录》卷七，天顺八年秋七月乙未条记载："敕辽东镇总兵等官：遇有建州等卫女真到边，须令从抚顺关口进入，仍与抚顺城往来交易。"此条记载说明，一是早在辽东镇东段边

---

① 《开原图说》卷上，《三岔儿堡图说》，第63页。

修建以前这里就是进入抚顺城的一个关口；二是抚顺马市初设是在抚顺城下。可能在成化初年边墙全线建成后，这里正式设置抚顺关，马市开设于此。《全辽志》卷一《山川志·关梁》记载："抚顺关，沈阳城东北、抚顺城东三十里，建州夷人朝贡、买卖由此。"同条"抚顺马市"记载："城东三十里，建州诸夷人于此交易买卖。"清顾祖禹《读史方舆纪要》："抚顺关，在抚顺所东二十里，置马市于此。"[①]史料记载与考古调查结果若合符节。

东洲区南段边墙，起于浑河南岸的东洲街道吴家堡社区东北500米浑河河岸，经东洲街道阿金沟社区，途经碾盘乡营城子村小台沟、营城子、关口村进入兰山乡。墙为土筑，绝大部分中部挖壕，形成壕墙。墙体顶宽1—2米、底宽4—5米、存高1—2米不等。

兰山乡边墙，北起新农村西与东洲区碾盘乡接界处的关口村南，南从簸箕村进入上马乡。该段长城墙体为土墙，墙体外侧掘有壕堑，壕堑口宽约5米、底宽不足2米，存深0.5—0.8米。边墙从紫花村出界。

抚顺县边墙与堡城，北接抚顺市东洲区兰山乡紫花村边墙，经该县上马镇、后安镇、马圈子乡，止于马圈子乡东沟村东南与新宾满族自治县苇子峪镇杉松村交界的千河岭山顶，总长约38千米。有山险墙、土墙和石墙三种墙体，保存状况较好。

上马镇边墙，北起兰山与上马两乡交界处的簸箕沟东北1300米东山顶，向南经下马古村，穿过社河进入后安镇境。这段边墙内侧有东州堡。

3. 东州堡：位于救兵镇大东洲村内，东洲河在城东300米处由南向北流过。堡城平面呈正方形，周长1600米，东西各一门，有瓮门。城墙系砖筑，东墙基址尚存，残高2.5米、底宽8米，北墙保存较好，现存高度4米、顶宽2米、底宽8米。在城的西北角发现角楼遗迹，有高约3米、底径10米的土台，城内地表可见大量明代砖瓦及少量的青花瓷片。城外护城河遗迹尚存。

东州堡的修建时间始于成化三年"丁亥之役"之后。韩斌因征伐建州女真立功而任副总兵后，于成化四五年间开始修筑东州等边堡，为辽阳城副总兵所辖迤东城堡之一。

后安镇边墙，北起抚顺县上马村下马古村东，向南经王家店村台沟屯、李家堡

① （清）顾祖禹撰，贺次君、施和金点校：《读史方舆纪要》卷三十七，《山东八》，中华书局，2005年，第1739页。

子等村屯，进入抚顺县马圈子乡境。这段边墙也是抚顺县各乡镇所经的最长的一段，保存尚好，现仍可见到存高为1米多的墙体。

这段边墙内侧有马根单堡与散羊峪堡。

4. 马根单堡：位于今抚顺县救兵镇马郡村，城址分南北两城，北城较大，呈方形，青砖垒砌，东西长284米、南北宽245米、周长1058米。南墙东段有百米左右保存较好，墙基是用人工修整的条石垒砌，高1米、底宽8米，上砌砖包土墙。墙砖长0.42米、宽0.185米、厚0.135米。北城共设东西南三门。东门现宽10米，外有瓮门，已倒塌。由于南城是借北城套修而成，因此，城的北门也是北城的南门。同时，南城又设一南门，门现宽6米，南城的东、西、南三面城墙现已无存，但城墙基部尚存。城址呈长方形，周长872米。马根单堡北城的修建时间与东州堡同，也是辽阳所辖城堡之一。

弘治十七年（1504）夏五月，御史余濂条陈边务，称："凤凰城、清河、东州、马根单四堡止有南门，艰于趋避，亦宜别作西门。"[①]此时正值韩辅维修清河等十一堡，马根单的西门、东门及南城亦应在这个时期修筑。在北墙东段残留一处马面，在城墙的西北角还发现一座角楼。南城址，也称南关城。康熙《盛京通志》卷十《城池志·兴京城池》："马哈丹城，（兴京）城西南二百一十里，周围二里一百三十四步，东南二门。南关一城，周围一里，一百四十步，东西二门。"

5. 散羊峪堡：散羊峪，又名山羊峪，城址位于救兵镇山龙峪村内。城堡修建在一条南北走向的沟川东侧，西有公路通往本溪境内，东洲河在城址的西面不远处流过。据《全辽志》卷五"增建河东七堡记"中记载，明嘉靖二十五年（1546），由巡按御史张铎奏设、韩承庆监筑河东七堡。即散羊峪堡、一堵墙堡、孤山堡、险山堡、江沿台堡；开原彭家湾堡、李屯堡。散羊峪堡城平面呈长方形，周长约940米，四周墙基保存尚好，基高1米、宽8米，用比较规整的条石垒砌而成，条石以上用青砖包土垒墙。有一南门，现宽10米。城的西北角和西南角，尚存角楼的遗迹，呈正方形，存高5米、边长10米。

在山龙峪村南500米南沟曾发现一古砖窑，人们称之为"老太窑"。地表可见到大量的青砖瓦残块。青砖，有长0.38米、宽0.16米、厚0.07米者，有宽0.18米、

---

① （明）田茹成撰：《辽记》，《辽海丛书》第四册，第2575页。

厚 0.10 米者，与散羊峪堡附近的墩台所用青砖规格相近①，修建散羊峪堡城及附近墩台所用青砖很有可能由此窑烧制。

马圈子乡边墙，北起抚顺县马圈子乡马圈子村西北 500 米的后山上，向南在金斗峪村东沟组东南的千河岭山顶进入新宾满族自治县境。这段边墙多为山险墙，劈山为墙，外侧陡峭，墙体的山险高约 2—2.5 米，墙体外的壕堑深在 0.6—1.1 米之间。

苇子峪镇边墙，在新宾满族自治县苇子峪镇杉松村上堡西千河岭上有不足百米的一段山险墙。

下夹河乡边墙，北起与抚顺县交界的马圈子乡金斗峪村东沟东南的千河岭，经新宾满族自治县下夹河乡双台子村、松树口村、岗东村大央屯，在岗东村东跨过太子河，向南经岗东村荒迫子、双河村秋皮沟等处，在平河村小夹河屯东南 1000 米处的山顶上与本溪满族自治县边墙相接。基本走向为东南—西北，为山险墙与石墙交错并用，保存状况总体较好，垒砌石墙保存最好的荒迫子边墙段现仍存高 2 米左右。

下夹河乡边墙线上有鸦鹘关，鸦鹘关西南有清河城。

6. 鸦鹘关：辽东边墙上的重要关口。据明海滨野史辑《建州私志》上卷记载："宪庙时（指明宪宗在位期间），韩斌为东协……复于清河地方设立城堡……又建鸦鹘关，限奴出入，去奴寨八九十里，地界稍宽。"②熊廷弼在《辽左情势危急乞务求战守长策疏》中称："旧边原有鸦鹘关，离堡（此指清河城堡）七十里，抚夷厅基址尚存……今新鸦鹘关距堡止三十里。又……松树口墩、东安墩对直今边各三十里。"③《建州私志》认为鸦鹘关为韩斌时所建，但当今学者陈山和刘明考证认为，鸦鹘关的修建早于成化三年（1467），在辽东镇东段边墙尚未修筑时鸦鹘关已兴建了④。

---

① 抚顺市博物馆调查资料。
② （明）海滨野史撰：《建州私志》上卷，《清入关前史料选辑》第一辑，第266页。
③ （明）熊廷弼：《勘覆地界疏》，熊廷弼编；李红权点校：《熊廷弼集》卷二，学苑出版社，2011年，第49、46页。
④ 梁志龙：《明代鸦鹘关考》，载《东北史地》2014年，第6期。

鸦鹘关，学者考证多认为在今辽宁省新宾满族自治县苇子峪镇三道关村附近[①]。然而经笔者与新宾学者李荣发调查，认为苇子峪镇三道关村附近的三道关，去边墙很远，孤悬在狭窄的山谷之中，非明鸦鹘关[②]，而且其"夯土布椽"方法修筑的墙体[③]，完全是女真人筑墙特点。2008年，辽宁省明长城资源调查队勘察后，也认为所谓的鸦鹘关与辽东边墙并没有任何关联，否定了过去的成说[④]。因此，苇子峪三道关村附近的三道关不是明朝修建的鸦鹘关，而是后金时期修筑的关隘。明的鸦鹘关应在辽东边墙线上寻找。

今新宾下夹河乡与苇子峪镇之间，自古即有一条东西通道。这条古道，在高句丽时代即已存在。大体从今集安奔五女山城，经桓仁满族自治县铧尖子，过高俭地高句丽山城，越岭进入新宾满族自治县平顶山镇，向西经苇子峪镇，继续向西过下夹河乡岗东村荒迫子边墙隘口、向西南经高句丽太子城，再沿河谷到达清河城，最后抵达辽阳；向西北，经苇子峪镇杉松村高句丽山城，可达高句丽新城（今抚顺高尔山城）。据此，今定新宾满族自治县下夹河乡岗东村"岗东1号敌台和荒碑（迫）子长城敌台及期间的荒碑（迫）子长城就是辽东长城鸦鹘关遗址"[⑤]。这里，两山对峙，沟谷狭窄，太子河水流湍急曲折。墙垣随山起筑，墩台两两相望，视野开阔，可谓易守难攻之地。

需要注意的是，中朝史料都有称今本溪满族自治县连山关镇的连山关（位于沈丹铁路连山关火车站南1000米的细河西岸）为鸦鹘关的记载。《辽东志》："连山关，（辽阳）城东南一百八十里，朝鲜入贡之道。"明人严从简《殊域周咨录》卷一《东夷·朝鲜》："初，中朝使臣、彼国陪臣往来出入，皆从辽东连山关，一名鸦鹘关。"[⑥]

① 苏生：《鸦鹘关》，参见抚顺市地方史研究会、抚顺市社会科学研究所编：《抚顺名胜古迹考》，1984年，第32页；曹德全：《明代鸦鹘关及其附近边墙的变迁》，参见曹德全、赵广庆：《抚顺史研究》，辽沈书社，1989年，第11—16页；傅波主编：《抚顺地区清前遗迹考察纪实·鸦鹘关》，第199—207页；梁志龙：《明代鸦鹘关考》，《东北史地》2014年第6期。

② 肖景全，金辉著：《往事旧影——老照片中的抚顺历史》，辽宁人民出版社，2008年，第24页。

③ 傅波主编：《抚顺地区清前遗迹考察纪实》，第202—203页。

④ 《辽宁省明长城资源调查报告》，第460—461页。

⑤ 陈山、刘明：《明鸦鹘关考》，吉林大学边疆考古研究中心编：《边疆考古研究》第20辑，科学出版社，2016年，第362页。

⑥ （明）严从简：《殊域周咨录》卷一，《东夷·朝鲜》，中华书局，1993年，第26页。

朝鲜使臣也称:"渡连山关止窄,一名鸦鹘关。"①又称:"阿骨关(鸦鹘关)即连山关也。"②由此看来,辽东巡按熊廷弼在《堪覆地界疏》中所称的"朝鲜贡自鸦鹘关"③,这个鸦鹘关也是连山关而非今新宾满族自治县下夹河乡荒碑(迫)子鸦鹘关了。为何出现两个鸦鹘关之名,还需今后继续研究。

(三)本溪市境内的边墙与堡城

边墙由新宾满族自治县下夹河乡双河村小夹河组南山,进入本溪满族自治县碱厂、东营房、南甸、东营房、草河口五个乡镇,而南甸镇境内的边墙是一段复线。

南甸与碱厂镇东西复线边墙,这段复线,西线位于新宾下夹河乡至本溪碱厂镇干线公路的西侧。北起太子河南岸的南甸镇二道河子屯李王沟,经老秃顶子,顺山腰向南延伸,过滴塔村、新围子村南进入碱厂镇桦皮峪村西的段家沟西岭,而后东南行,再由桦皮峪村过公路,经白家堡子村,向南登上李家堡子附近的姜大碇子山。这段边墙本溪称为"李家堡子边墙",是本溪县境内最为雄伟壮观的一段边墙。

东线,北起碱厂镇桦皮峪与新宾满族自治县下夹河乡平河村小夹河交界的山岭,向南经桦皮峪村东,继续句南与李家堡子姜大碇子边墙会合。这段边墙与"李家堡子边墙"东西并列而行。

南甸镇边墙内侧有一堵墙堡、碱厂堡。清河城堡,本在新宾满族自治县下夹河乡界内边墙西侧,但行政区划今属本溪满族自治县清河城镇。

1. 清河堡:位于清河城镇政府驻地清河城村,北约1500千米为东西横列的山岭,南临清河,河之南不远亦为山岭,堡以河得名,始筑于明成化五年(1469),为辽阳都司城的东部门户。当代对该城进行系统考察者首推刘谦先生。当年测得城为方形,城墙各边长500米④。据2007年辽宁省明长城资源调查队调查,"依现存遗迹分析,城平面为矩形,周长2140米,城墙内填土,外用石条包砌,顶部砌砖。……东墙现存墙基长550米、宽8.8米、高0.5—2.45米"。城墙四角有角楼,墙有马面。现存东、西、北三门。调查队引述刘谦先生当年调查的

① [朝]徐庆淳:《梦经堂日史》编一,[韩]林中基编:《燕行录全集》卷九十四,东国大学校出版社,2001年,第192页。

② [朝]徐有闻:《戊午燕录》,《燕行录全集》卷六十二,第239页。

③ 熊廷弼:《堪覆地界疏》,《熊廷弼集》卷二,第49页。

④ 刘谦:《明辽东镇长城及防御考》,文物出版社,1989年,第123页。

分析，亦认为"因南墙临清河，所以无南门"①。但据乾隆《盛京通志》卷十《城池志·兴京城池》记载：清河城"周围四里零一百八十八步，东、西、南、北四门"。古城因临河而不开城门没有道理，而且据《筹辽硕画》记载，后金于万历四十六年进攻清河城时，明守城主将邹储贤是在南门上指挥抵抗的，"叛贼李永芳从下招（降）之，储贤大骂不从，乃先斩其爱马，既焚其衙宇，率亲丁力战于南门，被刃而死"②。光绪丙午（1906）编集的《奉天兴京厅乡土志》卷一《历史·清河城》亦记："址在城（此指兴京城，即今赫图阿拉城）西南一百六十里，周围四里一百八十步，东南西北共四门，石基尚在，所剩砖块无多。"因此，《盛京通志》所记四门应是准确的。

2. 一堵墙堡：地处南北太子河交汇处南岸，位于原北甸子乡马城子村，隔河与北甸子村东西相望，现村已为观音阁水库淹没区。城始建于明嘉靖二十五年（1546）。城平面呈长方形，东西长约250米，南北宽约200米。城墙由条石、青砖砌筑，高6米、基宽6米。北墙内侧有上帝庙基址。城东、南各设一门。城四角筑有瞭守台。

3. 碱厂堡：位于碱厂镇内，东南距太子河约500米，北距本（溪）一桓（仁）公路100米。城为方形，现已无存。据《盛京通志·城池》记载：城分新旧二城，"旧城，（盛京）城南一百四十六里，周二里零九十步，南与西各一门"；新城，"（盛京）城南一百四十八里，周围一百零十步，西南一门"。城始建于明成化四年（1468），设边墩十座。

东营房乡边墙，北起阳地沟西北约600米，南到瓜瓢沟南与凤城分界处的牡丹顶，经阳地沟、岔路沟、塔耙沟、红土甸子、瓜瓢沟等村屯，墙体有石墙、山险、土墙等。东营坊乡边墙内侧有孤山新堡、孤山堡和草河堡。

4. 孤山堡：孤山堡是孤山新堡的前身。该城堡位于本溪满族自治县兰河峪乡畜牧场村南约200米处，城址呈长方形。南墙存宽6米、残高约2.5米。明嘉靖二十五年（1546），辽东巡抚於敖向明廷请求增筑辽东边堡，朝廷准旨后，由总兵张凤亲自督建。

① 《辽宁省明长城资源调查报告》，第279页。
② （明）杨镐：《并陈沿边措置略节疏》，载（明）程开祜辑：《筹辽硕画》卷十，民国二十六年（1937）上海商务印书馆据明万历四十八年刻本影印，收入《国立北平图书馆善本丛书》第一集，第38页。

5. 草河堡：位于本溪满族自治县南部山区的草河口镇后堡村（草河口城村）草河东岸。城为砖筑，现已无存。遗址南北长约 300 米，东西宽约 200 米。据《辽东志》卷一《地理志·沿革》：东宁卫，"洪武十三年（1380）置五千户所，曰东宁、女直、南京、海洋、草河，各领所部夷人。十九年(1386) 置卫，并五所为左、右、前、后四千户所，仍置中及中左二千户所，以谪戍者实之。"①另据记载，成化五年（1469），辽阳副总兵韩斌在草河千户所城旧址上重建了草河堡城②。

本溪满族自治县境内边墙长约 46 千米。

（四）丹东市境内的边墙、堡城与关隘

边墙北起凤城市与本溪满族自治县交界的牡丹顶，经叆阳、青椅山、石城、东汤 4 个乡镇，南抵凤城与宽甸两县交界的蚂蚁岭，南北通贯于凤城市东边，出凤城界后，大体沿宽甸与丹东市振安区交界处抵鸭绿江边今宽甸满族自治县虎山乡虎山主峰。此段边墙山险墙与石墙交错分布。

叆阳镇边墙，北起牡丹岭，南下经龙道金家堡子、丛家堡子、头台子、叆阳、胖顶子山、边门岭等处村屯或山峰。这里的边墙南北两部分多山险墙，只在中间低平处砌出墙体。又因中间低平处是宽甸六堡通往墙里的军事要冲，所以在此设门把守，著名的边门岭即在其间。胖顶子山海拔 784.1 米，上有烽台遗迹。这段边墙的内侧有洒马吉堡、叆阳堡城和镇朔关。

1. 洒马吉堡：俗称"赛马集"。位于凤城市赛马集镇政府驻地赛马集村。城已无存，仅见遗址。乾隆《钦定盛京通志》卷二十九《凤凰城界内诸堡》："萨玛吉堡，（凤凰）城北二百四十五里，周围一里六十步，南一门。"据刘谦考证，城址为成化五年（1469）修筑。

2. 叆阳城：位于凤城市叆阳城镇叆阳城村，城西距叆河一支流 250 米，南有铁长公路。东距边门岭长城约 2 千米，东南距大背山铺舍 1.2 千米。城址东西两城相接。西城南北长 273 米、东西宽 176 米、周长 1900 米，东城东西长为 400 米、南北宽 400 米、北部城墙保存尚好，且有马面痕迹。东城的东北角、东南角尚存角台遗迹。有西、南二门。城内有一庙址，当地称"关老爷庙""叆阳城"的城

---

① 《辽东志》卷一，《地理志·沿革》，《辽海丛书》第一册，第353页。
② 《全辽志》卷四，《人物志·韩斌》，《辽海丛书》第一册，第626页。

门匾额就在庙内存放，边款镌"成化七年中秋立"字样，可知该堡城在成化七年（1471）时已经完竣。

3. 镇朔关：属叆阳堡城辖境内的重要关口。位于凤城市叆阳镇叆阳堡村东北1500米的清代柳条边叆阳边门附近。关城已在修建柳条边时破坏。《全辽志》记载："镇朔关，叆阳城北三里。"[①]

青椅山乡边墙，北起边门岭，经八棵树、庙阳沟、小罗汉沟、锅头峪等村屯，在庙阳沟南跨过叆河。这段边墙只有一小段为石砌墙，余皆为山险墙。

石城乡边墙，北起与青椅山乡接界的丁家堡子，在杨木川乡大安平河村南进入宽甸满族自治县境，所经均崇山峻岭。

石城乡边墙内侧有新安堡城

4. 新安堡：位于凤城市石城乡政府东约500米处，城西250米为叆河，堡城原貌无存，只北部城墙尚有较多保存，长230米、基宽6米、顶宽3米、残高2.4米。北墙中部尚存马面痕迹。城的四角原有角台，城西南角有一古井，直径约3米、深约5米。东、南、西三门，现都有村路通过。刘谦在《明辽东镇长城及防御考》中推此城为新安堡城，建于明武宗正德四年（1509）。《全辽志》卷二《边防志》页四十六记，新安堡属险山参将地方，设边台17座[②]。万历四年移建于长岭，称新奠堡，在今宽甸满族自治县青椅乡赫甸城村。

东汤镇边墙，自北而南经郑四槽子、初家堡、北楼房、艾家店、纪家堡子等几个村屯，最后在城山进入宽甸。该段边墙石砌墙体保存尚好，尤其艾家店段，现顶宽为2.6米、底宽4.3米、存高1.1米，以毛石干垒，剖面作梯形，仍能看出当年墙体雄姿。东汤镇边墙内侧有险山、宁东、大佃子堡城。

5. 险山堡：位于凤城市东汤镇民生村河西组北侧平地，民生河在城东由北向南折向西流，村民称为"汤半城"，城已无存，地表可见残存墙基，北墙保存墙基较清晰。墙垣东西长500米、南北宽300米，墙为石包土，墙基宽约6米。任鸿魁据万历元年汪道昆《辽东善后事宜疏》"险山最为极边，东南接宁东堡（东汤镇小城子）、江沿台（丹东市振安区楼房乡石城子），东接大佃子堡（凤城东汤镇土城村），东北接新安堡（凤城市石城乡）、叆阳、洒马吉"等记载，结合调查资料，定

① 《全辽志》卷一，《山川志·关梁》，《辽海丛书》第一册，第538页。
② 《全辽志》卷二，《边防志·墩台》，《辽海丛书》第一册，第563页。

此堡城为嘉靖二十五年（1546）由辽东巡按张铎奏修的"险山堡"①。丹东市学者赵万兴、任鸿魁二位定民生村"汤半城"为险山堡，笔者无疑义。但将宽甸杨木川乡土城子村古城定为大佃子堡却值得商榷②。第一，现有资料还无法确认杨木川土城子村古城为明代所建；第二，据大奠堡保存的《创筑大奠堡记》碑文，明书"旧大佃子堡境外一百二十里地名散等系东胡分犯要路。万历元年阅视兵部侍郎歙县汪公道昆访地方兴革事宜，镇守都督李公（李成梁）议当移大佃子堡于此地，以扼虏冲，既奉允旨"，说明旧大佃子堡与新大奠堡（散）应相距60千米路程，而杨木川距离大奠堡太近，与史载不符；第三，万历元年议定的展筑六堡，是将边内的六堡展筑于边外，而杨木川土城子早就在边外，不存在将其向外展筑的问题。因此，定杨木川土城子为旧大佃子堡欠妥。

6. 宁东堡：位于凤城市东汤镇小城子村，北距该镇土城子至东汤镇公路1000米，东北距蚂蚁岭边墙9000米，东100米为叆河。堡城保存较差。嘉靖四十三年（1564），辽东巡抚都御史王之浩称："辽阳、险山之间亭障稀，士马弱，虏出没其内，又朝鲜入贡之路也……请修媳妇山废堡，改名宁东，发兵戍守……诏允行。"③于是"就拨叆阳守备所辖一十二城堡与新修媳妇山宁东堡俱令统属"④。顾祖禹《读史方舆纪要》："宁东堡，在险山堡西南，其南又有江沿台堡，亦嘉靖二十五年增置。"⑤万历元年至万历四年间，李成梁展筑六堡，宁东堡移建双墩儿，改称永奠堡，即今宽甸满族自治县永甸镇永甸村。宁东堡所在周围环山，媳妇山在其中。嘉靖四十一年（1562）五月，蒙古土蛮部在媳妇山设伏擒杀辽阳副总兵黑春，就应在此，彼时宁东堡尚未建成。

7. 大佃子堡：位于东汤镇土城子村围子里组东南侧耕地上，南距叆河支流200米，城西500米为叆河，北50米为东汤至土城子公路。堡城整体保存状况较差，原貌无存，从地表遗迹上可知该城平面为正方形，边长约220米，东、南、西

① （明）范鏓：《增建河东七堡记》，《全辽志》卷五，《艺文志》上，《辽海丛书》第一册，第651页；赵万兴：《险山堡位于汤半城考》，参见赵万兴主编：《凤城市志·附录》，方志出版社，1997年，第1253—1269页；任鸿魁：《丹东史迹》，辽宁民族出版社，2004年，第216—217页。

② 《凤城市志·附录》，第1260—1263页；另参见《丹东史迹》，第228页。

③ 《明世宗实录》卷五百三十八，嘉靖四十三年九月癸丑，史语所校印本，第8723—8724页。

④ （明）王之浩：《题为议处东南极边要言添设兵将控扼虏冲预防外患以永安重镇疏》《全辽志》卷五《艺文上》《辽海丛书》第一册，第660—661页。

⑤ 《读史方舆纪要》卷三十七，《山东八》，商务印书馆，第1708页。

墙突出地表，顶宽1—2米、底宽5—7米、残高0.3—1米。有东、西、南三门，南门为正门，有瓮城痕迹。此地宽阔平坦，距移建的新大奠堡路程里数亦基本相合，符合大佃子堡得名特征。因此定此堡为大佃子堡。任鸿魁定此城为宁东堡城，属险山参将[①]，不确。

宽甸满族自治县边墙，可分南北两部分：北半部分是与凤城市交界的区段，这部分边墙的走向大多与今天两县（市）分界线相合。南半部从杨木川乡大安平河东南的柏家堡子，经棉花套沟、蜂蜜砬子、长冈子、老边墙、转悠悠、莲花盆等村屯，最终达辽东镇东段边墙的虎山，全长约30千米。边墙所经之地，山险墙段居多。

8. 江沿台堡：位于今丹东市振安区楼房镇东城村二组东的瑷河（明时称大虫江、短错江）南岸，北距瑷河约250米。2014年3—9月，辽宁省文物考古研究所对江沿台堡进行了抢救性发掘，获得了重要资料[②]。

城址保存一般，平面为长方形，东西长约300米，南北宽约135米，周长近900米，南有一门，门外环绕有圆角方形瓮城。门道面阔4.2米、进深9.4米。墙为石包土垒砌，石墙白灰勾缝，中间夯土。近垛口处青砖垒砌。北墙和南墙保存较好部分，墙宽6米，存高4米，四角皆有角台。东、西、北墙中部有马面。

堡城内从南门之北墙有一条大道贯通南北，道两侧由小石块和石板倚护，宽约5.6米。东部及中部的小型房址是军营。营房排列整齐，均呈南北向，室内有灶、火炕、烟道。西部为校场和衙署区，衙署坐落在高约30厘米的黄土台基上。房子以石垒砌，有独立居住和食堂区，四周有院墙。

关帝庙位于城内北部，庙宇曾经后期复建，一直到20世纪80年代才被拆除。城内还有水井及粮谷加工场所。

城内出土除建筑用砖瓦、滴水、瓦当外，还发现许多白瓷、青花瓷、酱釉等瓷器，陶器多为纺轮、网坠和罐、盆、甑等。铁器出土较多，以箭镞和钉为主，还有锹、剪、刀、权、马掌钉、甲片、蒺藜、弹丸等。

江沿台堡因位于鸭绿江边，故称江沿台堡。建于嘉靖二十五年（1546），嘉靖

---

① 任鸿魁：《丹东史迹》，辽宁民族出版社，2005年，第227—228页。

② 吴炎亮，徐政：《明代江沿台堡城址考古发掘与营建初考》，参见《庆祝魏存成先生七十岁论文集》，科学出版社，2015年。

四十四年（1565）重建，设墩台14座，属险山参将地方，驻兵380余人。

丹东市有学者认为，万里长城东端第一关为镇朔关①。笔者认为万里长城东端第一关，其通关者主要是进出明朝的朝鲜人，嘉靖以前，朝鲜通关，在镇朔关无疑。然而自嘉靖年间修建江沿台堡之后，很可能江沿台堡成为朝鲜使者进入大明的第一关。江沿台堡，这里正对今朝鲜民主主义共和国平安北道的义州，是明代朝鲜人出入中国的必经之路。早在汉代的时候，汉代的西安平县县治城就设在这里，即今丹东市振安区九连城镇上（瑷河）尖村。这里在汉代就是汉人和高句丽人来往朝鲜半岛的通道，一定有关口负责统管防御和查验行人工作。明代时这里是朝鲜人来往明京和辽东的必经之路。据《全辽志》卷五《艺文志》上所载范鏓《增建河东七堡记》："嘉靖丙午（嘉靖二十五年，1546），巡台御史南畿张秋渠先生铎按治兹镇，首重大防……廼率诸司循边出塞，穿林策岭，自马根单历清河而知虏从明墙而入也，于是有散羊峪堡之图焉；自清河历碱厂而知虏从鸦鹘关诸路而入也，于是有一堵墙堡之图焉……自险山堡历江沿台而知虏从打探峪入瓦子峪而来也，于是有江沿台堡之图焉。"②嘉靖二十五年（1546）修筑的江沿台堡即在上尖村。朝鲜《李朝实录》亦记载嘉靖时："今者中朝（明朝）新设江沿台堡于汤站、义州之间，堡官以谓自今使臣之行，不逾汤站，直通本堡事，曾已移咨本国云。去年千秋使（贺明朝皇太子生日的使节）任说廻还时，汤站不出军而新堡官率军护送。"③朝鲜使节从新设江沿台堡通过，说明这里一定有关口，只是这里有江沿台堡，来往人员从此通过，没有另筑关门，故而使人误以为这里没有设关。由于鸭绿江边没有墙垣，故而没有关城之设，但必有接待通关使者的城堡，这个堡城就是江沿台堡。

综观上述堡城，大多为成化三年（1467）末策划，成化四年（1468）勘察设计，约在成化五年（1469）开始修筑辽东镇东段边墙时陆续修筑。整个堡城是随着防御的需要而逐步完善，一直到嘉靖末年尚有补筑重建。堡城是离边墙最近的驻军单位，他们受所属的卫城、所城统辖。敌台上瞭守军士以烽火通过腹里烟墩与堡城进行联络，有警则堡城率先分兵出击驰援。正所谓"堡城以容兵众，墩台以明瞭

① 任鸿魁：《丹东史迹》，辽宁民族出版社，2005年，第245页。
② （明）范鏓撰：《增建河东七堡记》，《全辽志》卷五，《艺文志》上，《辽海丛书》第一册，第652页。
③ ［朝］《明宗大王实录》一，四年（嘉靖二十八）正月辛卯，参见吴晗辑：《朝鲜李朝实录中的中国史料》上编卷二十三，第1406页。

望，壕墙以制冲突"[①]。

边墙的堡城、台空分别由所属的卫城、所城管辖，也有小堡城由大堡城管辖的情况，如抚顺地区的东州堡、马根单堡就由清河堡城所辖。而开原、铁岭、沈阳、抚顺、辽阳、金、复、海、盖诸城皆为边墙修筑前所筑的卫城、所城等。

辽东镇东段边墙的东端起点，早年对其具体位置并不十分清楚，1985年，丹东市文物管理办公室主任王连春提出"万里长城绵延丹东，长城终端就在虎山脚下"的观点。1990年，丹东市文化局邀请辽宁省长城赞助活动办公室和辽宁省文物考古研究所以及丹东市文物管理办公室吉昌盛、冯永谦、薛景平、金光远、王连春和任鸿魁组成考察组，历时4个月，终于在虎山一线确认了明长城东端起点遗址——起于虎山南坡中国一侧的鸭绿江边。虎山南侧山脚下有护城河遗迹，护城河东引鸭绿江水，向西流入叆河。除护城河外，这里还有两道"拦马墙"，用于防备沿江北犯之敌。虎山南坡脚下有一座大型敌台遗址，台底部为石砌基础，上为夯土台基。这是长城东端的第一座台址——"邦山台"。在虎山还发现三座墩台，其中两座为长城线内的"腹里接火台"，另一座为长城外的传烽墩台。在虎山西侧山峰上还发现营房遗址一处，存有石砌火炕及灶址砌石[②]。这一发现，纠正了过去一些人所谓明长城东端起自山海关的陈说，具有非常重要的学术价值和历史意义。

然而笔者认为，辽东镇长城起于虎山鸭绿江边，只是人工墙垣起于这里，而辽东边墙（长城）并非到此为止。从虎山到鸭绿江口约60千米的鸭绿江段也应算作长城的组成部分，即"以江为堑"的部分。否则这里直面朝鲜，如不设防，在军事上无法解释，也不符合常理。换言之，明辽东边墙的起点亦即明万里长城的东端起点在鸭绿江口。

---

① 熊廷弼：《修边举劾疏》，《熊廷弼集》卷四，第171页。

② 德柱：《明辽东长城起点有新说》，《沈阳晚报》1988年3月19日；《长城东起点重新确立在鸭绿江边的虎山口》，《辽宁日报》1990年6月2日；冯永谦：《明万里长城东端起点的发现与研究》，《丹东师专学报》（历史地理）1992年10期；任鸿魁：《丹东史迹》，辽宁民族出版社，2005年，第242—244页。

四、边墙维修 "所费不赀"

成化十五年（1479），由于辽东墩墙颓缺，迤东为甚，惟东路自开原直抵鸭绿江，南北绵亘千有余里，边墙坍塌，分守辽阳副总兵吴瓒欲领见操军余人夫修筑，其口粮欲于各堡仓支给，总督辽东粮储户部郎中王宗彝奏请户部，获得朝廷批准①。这是辽东镇东段边墙建成后的首次维修。成化十七年（1481），明增建了凤凰城堡②；弘治十三年（1500）又置汤站堡③。

弘治末年（1505），建成30多年的辽东东段边墙已坍塌毁坏严重，以致御史余濂在《条陈边务》中竟发出"况辽东土杂，沙砾霖雨易侵，即成化间所筑边墙今存者几"④的感慨。

弘治十五年（1502），边事趋紧，右佥都御史张鼐巡抚辽东，"筑边墙，自山海关迄开原、叆阳堡，凡千余里"⑤。这应该是成化十五年（1479）对东段边墙维修后的第一次对辽东边墙的全线维修。同时，韩斌之子、分守锦义右参将韩辅，于弘治十六年（1503），"修筑清河等十一堡，建屯堡百十座，耕守应援相依，升署都督佥事，镇守辽东……修镇宁、镇夷二堡，筑边墙，起广宁至开原，长亘千里"⑥。这里记载的韩辅修筑清河等十一堡和起广宁至开元的边墙，不是说始筑，而是修缮。此次修边，"工程浩大，所费不赀"，一年即竣工，但工程质量不佳。弘治十七年（1504）七月，监察御史车梁弹劾称："辽东边墙，连年修筑，役众费钜，卒无成功，一遇雨旋即倾颓。"他建议"乞令都指挥、参将、备御等官亲行督理，工完，标木牌列其氏名，以凭赏罚，务使基址深厚，高踰寻尺"⑦"物勒工名，以考其诚"，这种古已有之的办法，改变不了以土石修筑于荒郊山野上的长墙容易倾圮的

---

① 《明宪宗实录》卷一百九十三，成化十五年六月甲辰。史语所校印本，第3401页。

② ［朝］《李朝成宗实录》卷一百三十四，成宗十二年（成化十七）十月辛酉，文海出版社本，第八册，第187页。

③ ［朝］《李朝燕山君日记》卷三十六，燕山君六年（弘治十三）二月丙申，文海出版社本，第十册，第390页。

④ （明）田汝成撰：《辽记·弘治十七年夏五月御史余濂条陈边务》，《辽海丛书》第四册，第2575页。

⑤ 《明史》卷一百八十六，列传第七十四《张鼐传》，中华书局点校本，第4942页，1974年。

⑥ 《全辽志》卷四，《人物志·韩辅》，《辽海丛书》第一册，第626页。

⑦ 《明孝宗实录》卷一百七十七，弘治十四年闰七月丁亥，史语所校印本，第3248页。

痼疾，更难以改变由于将士不负责任所导致的边关守备懈怠的局面。

正德末年，右副都御史李承勋巡抚辽东，见辽东"边备久弛，开原尤甚，士马才十二，墙堡墩台圮殆尽，将士依城堑自守，城外数百里悉为诸部射猎地"①。不久，朱世熜继位，是为嘉靖帝，李承勋于嘉靖元年（1522）上疏请修边墙，朝廷拨帑银40余万两，对"自辽阳三岔河北直抵开原，延亘五百余里"的辽东东段边墙再次进行大修，"凡为城堑各九万一千四百余丈，墩堡百八十有一，招通逃三千二百人，开屯田千五百顷。又城中固、铁岭，断阴山、辽河之交；城蒲河、抚顺，扼要冲，边防甚固，录功进秩一等"②。李承勋修缮边墙有功，受到朝廷表奖。

但是，仅仅过了三年，嘉靖四年（1525）十月，巡抚、都御史张琏上奏复请再修边墙，原因是嘉靖元年李承勋所修边墙"未及四年又以积雨颓坏"，复请修筑，"上从之，令酌量缓急，以渐修理，务（令）坚厚经久，不许鲁莽，徒耗财力"。嘉靖帝命拨额盐13万引（引，古代茶或盐运销时的计量单位）开中作为工费③。

嘉靖十四年（1535），开原兵备黄云以"开原边务久弛，守将尤多贪纵，云缉其用事者，绳之以法，不少贷贪风顿息。云又以虏贼驰突，由边墙倾圮，堡少兵寡也，乃建议抚按题请筑边墙二百余里，又于开原添设永宁堡，铁岭添设镇西、彭家湾二堡，汛河添设白家冲堡，各募军五百名，为战守计。边防完固，虏不敢犯者垂十年"④。

嘉靖二十二年（1543）十二月乙未，巡抚辽东都御史孙襘奏请朝廷，"辽东开原等处孤悬一隅，三面受敌，墙垣损坏，急宜缮治"，于是朝廷"诏发太仓银八万四千八百两于辽东镇修筑边垣"⑤。

嘉靖二十五年（1546）七月甲戌，辽东巡抚於敖奏称：

东州去汤站堡相隔八九百里，独有叆阳守备一人、卒三千人，墩堡疎旷，救援不及，兵力寡弱，策应为难，乞于散羊谷（峪）、一堵墙、孤山、险山、江沿台等处，因木石之利以增墩堡，掣散缓之兵以实戎行，且随山斩伐，因地耕种，瞭守益

① 《明史》卷一百九十九，列传第八十六《李承勋传》，中华书局点校本，第5264页，1974年。
② 《明史》卷一百九十八，列传第八十六《李承勋传》，中华书局点校本，第5264页，1974年。
③ 《明世宗实录》卷五十六，嘉靖四年十月丙戌朔，史语所校印本，第1351页。
④ 《全辽志》卷四，《宦业志·黄云》，《辽海丛书》，第一册，第614页。
⑤ 《明世宗实录》卷二百八十一，嘉靖二十二年十二月乙未，史语所校印本，第5474页。

明，住牧可久。

朝廷命"如议修筑，令总兵张凤专督，务使坚久足恃"①。

对散羊峪五堡的修建，《明史·张学颜传》记为"巡按御史张铎增置险山五堡"，《全辽志》收录嘉靖时曾代理兵部尚书职的范鏓撰《增建河东七堡记》，对筑河东七堡事亦记"巡台（按）御史张铎按治兹镇"时所为②。由此可知，铁岭的彭家湾堡、李屯堡以及辽阳迤东敬羊峪、险山等五堡的修建，是由辽东巡抚於敖奏请，实际工作应如《明实录》所记，由总兵官张凤负责，备御官韩承庆参与设计规划。作为"代行天子巡狩"的监察官员、巡按御史张铎可能总揽其事。

五、展边"弃地" 成梁遭劫

明虽然增筑散羊峪、一堵墙和险山等处墩堡，但辽阳东南一带的守备形势依然并不乐观。都御史王之诰奏称：

惟此（指辽阳）东南一隅，幅帧千里，深山广谷，遁逃渊薮，居民散处，孽畜繁素称乐土，而全镇命脉，实于此中寄之。但迩年以来，虏患充斥，而沿边城堡兵力单寡，莫能捍御。辽阳副将又相去阻远，贼入然后驰报，报至然后发兵，山路崎岖，奔驱数日，贼已饱掠出境，而我兵竟不得一遇，士马徒劳，无济实用。故大入则大掠，小入则小掠，甚至掠去而地方官隐匿不报，上司竟不得与闻者，以其僻远而人迹罕至耳。

为加强对此守备，王之诰建议：

宜于前项适中之处，添分守参将一员，募兵三千，分驻各城，以扼虏之咽吭，因以弹压海邦（海邦，指朝鲜），销其邪心，以弭将来未形之患。……必得材勇有

---

① 《明世宗实录》卷三百一十三，嘉靖二十五年七月甲戌，史语所校印本，第5868页。
② 《全辽志》卷五，《艺文志》上，《辽海丛书》第一册，第651页。

守谙练老成参将一员，令其统领前项募军，驻扎险山，分守瑷阳地方，就拨瑷阳守备所辖一十二城堡，与新修媳妇山宁东堡，俱令统属。①

王之诰"又以（瑷阳）其地不毛，欲移置宽甸，以时绌不果"②，但他关于在险山堡增设参将的建议得到朝廷采纳，嘉靖四十二年（1563）设立参将驻镇险山堡③，但展边的建议因朝廷经费不足（时绌）而作罢。

万历元年（1573），兵部侍郎汪道昆至辽东阅边，辽东总兵李成梁"献议：移建孤山堡于张其哈剌佃，险山堡于宽佃，沿江、新安（等）四堡于长甸、长岭诸处。仍以孤山、险山二参将戍之，可拓地七八百里，益收耕牧之利"④。李成梁的建议获得汪道昆首肯，于是汪道昆上《辽东善后事宜疏》奏称：

臣阅辽阳迤东，据总兵官李成梁揭议移建六堡，其一为孤山堡，其五皆属险山。夫孤山去瑷阳堡百里间，……去堡东三十里又沃土一区，地名张其哈剌佃子……请以孤山堡军移建于彼，则南赴瑷阳仅五十里，北赴碱场仅三十里，非惟声援易及，重以肥衍可耕，则皆戍守之利也。险山最为极边，东南接宁东堡、江沿台，东接大佃子堡，东北接新安堡、瑷阳、洒马吉，先任巡抚王之诰，建议特设参将驻守险山，由是虏患少纾，诚为得策。顾五堡亦皆内地，地乃不毛，军无可耕，难与持久。出险山一百八十里，亦得沃地五区，曰宽佃子，曰长佃子，曰双墩儿、曰长岭，曰散等，皆为边冲塞外地。……请仍以险山参将部军，移建宽佃子，以扼松子岭、干滩子二冲；江沿备御部军，移建长佃子，以扼短错江，仍以守堡官领军百名，应接朝鲜贡道；宁东堡军移建双墩儿，以扼十岔口、青崖子、文大人营三冲；新安堡移建长岭，以扼锅儿听；大佃子堡移建散等，按应长佃子。各堡互相联络，远者七八十里，近者五六十里。凡此，昔则林箐幽翳，虏可蔽形，出没无时，远戍莫能追捕；今则门庭御寇，其险与我共之，且土地饶，军食可渐给，视旧五

---

① 王之诰：《题为议处东南极边要害添设兵将控扼虏冲预防外患以永安重镇疏》，《全辽志》卷五，《艺文志》上，《辽海丛书》第一册，第660—661页。

② 《明史》卷二百二十二，列传第一百十《张学颜传》，中华书局点校本，1974年，第5855页。

③ 《全辽志》卷二，《边防》《辽海丛书》第一册，第563页。

④ 《明史》卷二百三十八，列传第一百二十六《李成梁传》，中华书局点校本，1974年，第6191页。

堡，尤为得所依焉，加以孤山则六堡矣。①

汪道昆、李成梁的展边之议得到朝廷的批准，于是在佥都御史、辽东巡抚张学颜和总兵李成梁的主持下，从万历元年（1573）至万历四年（1576），完成了六堡的展筑工作。

六堡自北向南依次为：

1. 孤山新堡：位于今本溪满族自治县东营房乡新城子村。堡城始建于万历二年（1574）五月二十一日，万历三年（1575）八月三十一日竣工。按原计划，本应将孤山堡移建于距孤山堡东北三十里的"张其哈剌佃子"（在今东营房乡大阳村附近），但督修此堡的清河守备王惟屏"惟畏惮劳，伪呈不便，在孤山堡东北十里建今堡"，为此，明廷"因（王惟屏）有违原议，坐惟屏以罪，各官俱不与赏"②。堡城东约百米有太子河一支流自北向南流过。堡城整体保存一般，东、北、西三面墙相对保存较好，墙基大部分保留。平面为矩形，东西宽295米、南北长310米，周长1210米。其中东墙存长310米，墙基宽6—8米。墙基为条石砌筑，上以砖包土垒筑。四周角台平面为方形，边长约3.5米。城有南、北二门，南门现宽8米，有瓮城，据《创筑孤山新堡记》载：孤山新堡城墙高二丈五尺，底宽二丈，顶宽一丈。门角敌台九座，俱用砖石包砌，城内有井二眼，有营房173间。

2. 新奠堡：原为长岭，又名赫甸，位于今凤城市石城乡政府东约500米处的新安堡军移驻于此，称新奠堡，故址在今宽甸满族自治县青椅山镇赫甸城村。堡城地处高敞，视野开阔。堡城墙体保存较好，平面为正方形，边长约300米。城墙底宽9—11米，顶存宽3—5米，残高1—5.5米，墙体以石条包砌，内填土。青砖一般长37—38厘米、宽15—17厘米、厚9厘米，为典型的明砖。城四角有角台，东、北、西三墙中间各有马面；南墙有一门，宽5米，门外有瓮城。该城万历四年建成，名新奠堡，为新安堡（在今凤城市石城乡石城村）移建于此。据刘谦调查，曾在村中学校发现一块残碑，上有"守新奠堡定辽中卫指挥□□事□□□李万良"

① （明）汪道昆：《辽东善后事宜疏》，《明经世文编》卷三百三十七，《汪司马太函集一》，第3617—3618页。
② 《创筑孤山新堡记》，参见刘谦：《明辽东镇长城及防御考》，文物出版社，1989年，第130—133页；另参见辽宁省文物局：《辽宁省明长城资源调查报告》，文物出版社，2011年，第277—278页。

字样[1]，证明此城为新奠堡无疑。

3．宽奠堡：险山堡移建宽佃，万历初年建成，称宽奠堡，故址在今宽甸满族自治县政府驻地宽甸镇内。

4．大奠堡：旧大佃子堡境外120里地名"散等"（《明实录》称"建散"），万历（1575）三年三月十日"定立堡基""移大佃子堡于此"，十月二十日堡成之日易以"大奠堡"之名。《创筑大奠堡记》碑保存完好，对移建情况载录详细。堡城位于今宽甸永甸镇坦甸村,《创筑大奠堡记》碑已被公布为"省级文物保护单位"，村中建碑房并雇专人保护。

5．永奠堡：原名双墩儿，宁东堡移建于此，万历三年建成，堡址在今宽甸永甸镇永甸村。

6．长奠堡：原名长佃子，万历末年江沿台堡移于此，万历三年（1575）建成。据宽甸满族自治县档案局资料记录："门有面额，上刻'长奠堡'三个大字，下款刻'万历三年朔日'字样"[2]，堡址在今宽甸长甸镇政府驻地长甸村。

考古调查结果证明，此次"展边"，并非是将明嘉靖以前所筑辽东边墙东段全线向外扩展。

2007年开始的辽宁省明长城资源调查，对这段辽东六堡的调查，并未发现当年在六堡之外有新的墙垣修筑迹象。据此认为，万历元年至万历三十七年对辽东边墙的"展边"和重新修缮，重点是对重要堡城、关城、路台、烟墩的补修，这与"展边"带有拓展边镇与军事屯田双重意义的屯戍性质是相吻合的。也就是说，所谓展边，是到边墙之外重建堡城，形成六处据点，扩大了守御范围和防御纵深，而不是将整段边墙向外展扩。

展筑后的六堡所控区域，南北长约400千米，东西宽约100千米，周围"四山环抱"，中间"土脉肥美""宽平膏腴"，非常适宜屯田农耕，对解决守边军士粮食问题大有裨益。更为重要的是，六堡的展扩，将辽东边墙的防御前沿，推进至建州女真西边大片区域，扩大了边墙守军的防御纵深，增强了防御能力。但六堡的展筑，压缩了建州女真的生产与生活空间，侵夺了其切身利益，造成不良后果。

在展筑六堡的同时，万历元年（1573），又对辽东镇内的边墙全部大修一

① 刘谦：《明辽东镇长城及防御考》，文物出版社，1989年，第133页。
② 刘谦：《明辽东镇长城及防御考》，文物出版社，1989年，第136页。

次，计修"城堡一百三十七座，铺城九座，关厢四座，路台、屯堡、门角、台圈、烟墩、山城一千九百三十四座，边墙二十八万二千三百七十三丈九尺，路壕二万九千九百四十一丈。俱各坚固，足堪经久"①。但由于此次施工仓促草率，第二年各段边墙即出现倒塌现象。

万历二年（1574）二月，蓟镇督抚刘应节上表请求再修"辽东、西台墙共七百九十一里"，兵部决定"先修宁前西接石门一带，次及锦义、广宁以东"②。在今葫芦岛市绥中县高甸子乡顺山堡东台山烽火台石壁上，曾发现"庚辰（万历八）岁建"的刻字，是万历初年对辽东边墙进行维修的明证③。

在李成梁展筑辽东六堡30年后，万历三十一年（1603），李成梁以"地孤悬难守"为由，进行缩边，放弃了先前向外扩展的部分防御区及军民屯田所开垦的大部良田，"尽徙居民于内地，民恋家室，则以大军驱迫之，死者狼藉"④。展也成梁，缩也成梁，这种前后不一的轻举妄动，给明在辽东的守备造成不可估量的严重后果。

李成梁的强制缩边之举，遭到了兵科都给事中宋一韩和巡按御史熊廷弼的严词弹劾。宋一韩斥辽东巡抚赵楫、总兵李成梁"以三百里新疆拱手遗虏……临边一带旧疆，又阴予之……从来割地媚虏者，何代蔑有，未有如赵楫、李成梁之巧者也"⑤。万历三十六年（1608）初，熊廷弼巡按辽东，查勘李成梁弃地之事。万历三十七年（1609）二月，他向朝廷上《勘覆地界疏》，列举赵楫、李成梁八宗罪，认为二人当斩：

其罪一。不徙民实塞下，而反劫归塞下六万余人，以至于殍死，杀陛下之生灵。其罪二。以车价买贡不得，复以疆界买贡，长夷酋之桀骜，损陛下之威灵。其罪三。中国与属夷歃血盟誓，从古未有。况镌夷碑，悖语诟词傅丑万世，使陛下受城下之辱。其罪四。边地弃，即以内地为塞，刊山凿道，开门揖寇，以贼遗陛下东顾之忧。其罪五。遣人教夷索我土地，逐我人民，辜陛下之恩，而外向夷狄。其罪六。向也，地属我而不赏，今则地入虏而赏之；向也，虏修贡而不赏，今则虏阻贡

① 《明神宗实录》卷十五，万历元年七月丙申，史语所校印本，第461—462页。
② 《明神宗实录》卷二十二，万历二年二月丁卯，史语所校印本，第589页。
③ 《辽宁省明长城资源调查报告》，第665页，彩图176。
④ 《明史》卷二百三十八，列传第一百二十六《李成梁传》，中华书局点校本，1974年，第6191页。
⑤ （明）宋一韩：《抚镇弃地啖虏请查勘以正欺君负国之罪疏》，《明经世文编》卷四百六十七，第5124页。

而赏之；向也，以时讪而不赏，今则时愈讪而赏之，盗陛下之府库以贿夷狄。其罪七。不胜一念贪功之私，遂致丧地辱国，而犹内外通同，务为欺罔，以冒陛下之秩荫。其罪八。①

接着，他又向朝廷报告称：

而河东起东昌，历辽、沈、开、铁、清河、宽甸、镇江近边一带，长亘千数百里尽成瓯脱。近山者巢居穴处，或数里而见一二家，是屯寨如此其寡少也。

沿边墩台大半坍塌，虽有存者，又低矮，且泥土半砌，一掘即倒。每虏入，必诫台军曰："尔勿举烽，举则杀尔，举早亦杀尔。"台军无以自恃，而畏见杀，往往待虏抢毕，而后敢举。开原起庆云堡至柴河堡三百余里，墩台一百二三十座皆弃不守，其砖石，虏皆拆去为板升（板升，源于蒙语，即"房屋"之意），而存者，虏反据之以侦我。抚顺、清河、宽奠迤东墩台亦弃去十余座，余多石堆木架，哨军不敢住。壕堑皆淤平，不复挑浚。而所至城堡更倾圮，甚且城多无门。又城上不能行，人行则扶，睥睨而足半垂外。②

自成化五年（1469）辽东镇东段边墙始筑以来，到万历末年熊廷弼巡按辽东，140余年，辽东边防之颓败，竟到如此不堪地步。然而这种状况的出现，并非李成梁等辈造成，它是明朝大厦将倾的累积结果。学者刘明研究认为，"尽管被斥责'弃地啖虏'，但从后来的史料记载看，李成梁、赵楫仅是将生活在宽奠六堡周边的居民强行迁徙至故土，而在军事防御上并没有弃守"。其一，统辖宽奠等六堡的军政长官——宽奠参将、负责宽奠本城防御的宽奠游击等官职并未撤销。万历三十六年（1608）六月，"允辽东督抚会题，革宽奠参将伊添爵任，下巡按提究，以李泽补其缺"③。转年十一月，又"以克军殃民罪革宽奠参将李泽任，仍行巡按御史提问"④，"以镇清参将王杲为宽奠参将"⑤。万历四十三年（1615）十月，"命宽奠参将

① 熊廷弼：《勘覆地界疏》，《熊廷弼集》卷二，第52页。
② 熊廷弼：《论辽左危急疏》，《熊廷弼集》卷二，第62—63页。
③ 《明神宗实录》卷四百四十七，万历三十六年六月己未，史语所校印本，第8471页。
④ 《明神宗实录》卷四百六十四，万历三十七年十一月戊寅朔，史语所校印本，第8747页。
⑤ 《明神宗实录》卷四百六十四，万历三十七年十一月乙未，史语所校印本，第8760页。

倪承勋实授宁远参将……刘士英量升职衔管宽奠游击事"[1]。在明金萨尔浒之战中，"东南以宽奠为一路，从凉马佃出边，以总兵刘綎为主将，管宽奠游击事都司祖天定……等隶之"[2]。其二，明朝从未放弃对辽东长城东段宽奠六堡的城堡、墩台等设施的修葺。万历三十六年（1608），授熊廷弼檄令，宽奠参将李泽，"新包大奠、草河堡城二座，宽奠城南关一座"[3]。还有，萨尔浒之战，明军刘綎是率部从宽奠出发的。由此可见，明军显然没有弃守宽奠六堡，刘明的结论十分正确[4]。

六、熊廷弼最后维修东段边墙

万历三十七年（1609），身负重任的熊廷弼补充额军、购买马匹、凑集银两，亲率军民修筑边墙。从这一年的开春起到六月止，维修了墙壕，到十月底，完成了边堡的维修。年底，熊廷弼向万历帝上疏奏称：

臣奉命按辽，自出关以来，造得辽东边面，非有岗峦之阻、关隘之塞。所恃者，不过城堡以容兵众，墩台以明瞭望，壕墙以制冲突，非有它缪巧也。河东沿河一带，虏众驻牧，出没无常，其于防御尤为吃紧。迩来台堡坍塌，间有存者，低矮易跻，且系泥砌，一掘即倒，又无壕堑阻挡，虏骑鞭稍一举，顷刻数十里，以致时时攻劫屯塞，抄掠道途，民废耕种，人阻往来，千里膏腴鞠为蓁莽，东北一望，良可寒心。

臣又东踏疆界，起自东州堡，经马根单、散羊峪、清河、一堵墙、碱场、孤山、洒马吉、叆阳、新奠、大奠、永奠、长奠一带，城垣多系乱石堆垛，原无灰汁灌砌，年久开裂，人足一震，石辄累累自下，所至倒塌。都城漫坡，门瓮俱无，旦存缺口，人皆野住，不敢进城。问之，则云："有虏之时，便语腾山逃命。"似此城

① 《明神宗实录》卷五百三十八，万历四十三年十月甲子，史语所校印本，第10224页。
② 《明神宗实录》卷五百七十九，万历四十七年二月乙亥，史语所校印本，第10963—10964页。
③ 熊廷弼：《惩处贪将疏》，熊廷弼撰：《按辽疏稿》（明刻本）载四库禁毁书丛刊编委会：《四库禁毁书丛刊·史部》第九册，北京出版社，1998年，第532—540页。
④ 刘明：《明辽东长城东段变迁考》，参见张连兴主编：《沈阳考古文集》第6集，科学出版社，2017年，第262页。

无坚垒，人无固志，若不修理，而建酋一动，东边十数城非我所有也。

面对如此局面，熊廷弼采取的措施是：

牌行分守开原、海、盖三道，督同各该将领，分别极坏、次坏工程，逐堡、逐台、逐丈明白估议去后。续据各道查覆，除次坏工程尚待后举外，其应修极坏工程，并所用物料、人夫、军夫、盐菜、银两备细造册呈详到臣，批允修理……通计挑筑过壕墙六百八十五里，包砌过墩台九十九座，清河、一堵墙、草河、瑷阳、长奠、大奠、熊岳堡城七座，补修碱场、孤山、散羊峪、马根单、威宁营城堡壕墙五处，遂使东路城堡雉堞云连，即建酋一旦缓急，皆可屯守。而东昌、汎、懿、开、铁一带田地，向所离城四五里、十余里不敢种者，今且开拓二三十里。自入秋以来，民狎于野，莫不安意收割，而并无一虏一骑踰墙抢掠者。①

这是有史可查的辽东边墙最后一次大修。从这以后，文献中不见明廷拨付专款对辽东边墙进行维护的记载。这期间，明廷不乏在辽东增调兵员、减免赋税、调整军吏，以至修炼兵器，但边事却愈加危急，到明末万历四十年（1612）以后，辽东边墙附近更是四野荒芜，城垣倾圮。不但边墙如此，临边的边堡有的也仅存堡名，蒙古、女真人进入抢掠如履平地。至此，辽东边墙已形同虚设了。

【作者简介】肖景全、金辉、邹静，抚顺市博物馆。

---

① 熊廷弼：《修边举劾疏》，《熊廷弼集》卷四，第171—178页。

基于文化价值的沈阳市长城国家文化公园（辽宁段）建设保护应对策略

刘忠刚　郝梦桐　梁嘉文

党的十八大以来，习近平总书记多次对长城保护作出重要指示，明确指出"长城凝聚了中华民族自强不息的奋斗精神和众志成城、坚韧不屈的爱国情怀，已经成为中华民族的代表性符号和中华文明的重要象征。要做好长城文化价值发掘和文物遗产传承保护工作，弘扬民族精神，为实现中华民族伟大复兴的中国梦凝聚起磅礴力量"。①

为进一步坚定文化自信，充分彰显中华优秀传统文化持久影响力、社会主义先进文化强大生命力，2019年7月，中央全面深化改革委员会第九次会议审议通过《长城、大运河、长征国家文化公园建设方案》，做出建设长城国家文化公园、打造中华文化重要标志的战略部署，明确了时间表、任务单，组建了由中央宣传部部长任组长的工作领导小组。2021年10月，国家文化公园建设工作领导小组印发了《长城国家文化公园建设保护规划》，开始全面推进长城国家文化公园建设。同年辽宁省印发《长城国家文化公园（辽宁段）建设保护规划》，确定长城国家文化公园（辽宁段）建设"两带、四区、多点"总体空间格局，其中沈阳市仅有沈北新区石佛寺段明长城被确定为长城国家文化公园（辽宁段）建设保护的重点。为此，沈阳市在落实国家、省关于长城国家文化公园建设任务的同时，更重要的是深入发掘展示沈阳境内长城文化内涵与价值，凸显沈阳作为东北地区国家历史文化名城的重要地位，充分发挥长城国家文化公园建设保护在坚定沈阳振兴发展、促进文化自信方面的重要作用，进而带动文旅融合与乡村振兴发展，促进区

---

① 2019年8月20日，习近平总书记于嘉峪关考察时的讲话。

域性文化创意中心与文化强市建设，探索新时代长城文物和文化资源保护传承利用的沈阳路径。

一、沈阳市域范围内长城的文化价值

（一）长城文化价值概述

长城主要分布在我国北方农牧交错地带，是我国乃至全世界体量最大、分布最广的具有线性特征的文化遗产，也是我国首批世界文化遗产。最初作为部分诸侯国之间的防御墙体，长城始建于春秋战国时期，历经秦、汉直至明、清等朝代，持续建设了2000多年。在秦汉时期和明代，因农业和游牧两大文明之间的冲突，促成历史上两次最大规模长城兴建活动，并在明代形成由墙体和敌台、关堡、烽火台、卫所、都司（镇）等共同构成的防御体系。现存各时期长城墙体、壕堑/界壕、单体建筑、关堡、相关设施等各类长城文物遗存共计4.3万余处（座/段），分布在15个省（区、市）的404个县（市、区）。各类长城历史文化资源，不仅见证了我国古代农耕与游牧民族的融合发展，还为抗日战争、红军长征凝聚了精神力量，在中华文明史和中华传统文化发展史上具有不可替代的重要价值与地位，具有突出文化价值。

（二）沈阳市域范围长城建设发展概况

沈阳地处中国东北地区农耕、渔猎、游牧民族的交接地带，是古代中原政权与周边民族交往、冲突、融合发展的代表性区域。沈阳境内长城建设主要包括燕秦汉、明两个历史时期。

公元前300年前后，燕国开疆拓土至辽东后，为抵御东胡侵扰，修建了从造阳到襄平的长城。据考古调查，燕长城大体从今法库叶茂台镇入沈阳，自浑南王滨沟出境。之后秦、汉也在沈阳境内修建了长城，其西段基本延续了燕长城走向，现存秦、汉长城遗址也基本与燕长城遗址重叠，遗址类型以夯土烽火台和城址为主。

明长城大体从今辽中茨榆坨镇入沈阳，自法库依牛堡子乡出境，长城的修建主要是为防备蒙古部落的侵扰。明代沈阳作为九边重镇之一、辽东镇的重要组成部分，在辽东镇（今辽阳）的管辖下形成由卫、所、堡、台等共同组成的长城防御体系。沈阳境内现存长城遗址类型也十分丰富，有城墙遗址、烽火台遗址，还有十方寺堡、蒲河城等城址，其中城墙和烽火台依然以夯土为主，部分夯土与青砖结合。

（三）沈阳市域范围长城文化价值

沈阳长城的建造作为沈阳城市建设的起点，至今已有2300多年的历史[①]。沈阳长城自春秋战国开始修建，秦、汉基本沿用，明重建成为我国东北军事防御体系的重要组成部分，与沈阳建城与发展密切相关，在沈阳历史文化名城保护中具有重要地位和价值。同时，沈阳境内长城作为中国古代民族关系发展、社会进步以及中华传统精神升华在沈阳的实物见证，体现了中国民族文化、地区文化的多样性特征，包含着丰富多样的文化内涵，代表着我国文化传统在当代的延续和发展[②]。

1. 博采众长、交融共生，沈阳的长城是中国东北地区多民族文化在沈阳交融发展的实证

沈阳长城不仅是古代中国东北农耕民族防御渔猎、游牧民族的军事设施，同时也是中国东北地区民族交融发展的实证。明代沈阳城由土城改为砖城，并修建了明长城，同时还在沈阳周边设置了开原、广宁、抚顺三大马市，与蒙古、女真等民族间的交流进一步加强，也因此极大带动了这一时期沈阳城市经济社会发展。

2. 就地取材、依山就势，沈阳段长城是中国传统人地共生营造理念的实证

受自然地理环境影响，沈阳境内燕秦汉长城走向与山前地貌变化相结合，明长城走向与辽河走向大体一致，依山沿水，因地制宜、就地取材，充分体现了人地和谐共生与互动发展的中国传统营造理念。具体以夯土为主，有平原、滨河临水、低

---

① 《史记·匈奴列传》，"燕有贤将秦开为质于胡，胡甚信之。归而袭破走东胡，东胡却千余里。与荆轲刺秦王秦舞阳者，开之孙也。燕也筑长城，自造阳至襄平，置上谷、渔阳、右北平、辽西、辽东郡以拒胡。"1993年，沈阳市在沈阳故宫北侧考古发现了一处战国时期城址，据考古学家证明这是与燕长城同期建设的军事城堡、斥候所，也是汉代设置的候城县，沈阳城市建设的起点，由此确定沈阳具有2300多年的建城史。

② 按照《中国文物古迹保护准则（2015）》，"文化价值包含了文化多样性、文化传统的延续及非物质文化遗产要素等相关内容"。"文化价值则主要指以下三个方面的价值：1. 文物古迹因其体现民族文化、地区文化、宗教文化的多样性特征所具有的价值；2. 文物古迹的自然、景观、环境等要素因被赋予了文化内涵所具有的价值；3. 与文物古迹相关的非物质文化遗产所具有的价值"。

山丘陵等不同地貌特征的长城资源，自然与人文景观类型十分丰富。

3. 中原边疆、民族交接，沈阳的长城是中华民族爱好和平、坚韧自强精神实证

长城是以维护中华民族古代边疆和平共处、保障人民生产生活安全而修建的防御性设施。沈阳境内的长城既是燕秦汉时期农耕文明开拓和文化传播的见证，也是明代守土护民、协同蒙古等民族和平发展的见证，同时也与解放战争等重大历史事件密切相关，蕴含了中华民族爱好和平、维护和平的崇高思想和民族精神。同时沈阳境内的长城作为古代中华民族在世界上创造的伟大奇迹之一、中国长城的组成部分，充分展现了沈阳人民不畏艰难险阻、坚韧不屈、顽强拼搏、吃苦耐劳的中华民族精神。

二、沈阳市域范围长城资源及相关资源概况

（一）沈阳市域范围长城资源概况

经国家文物局认定，沈阳市现有长城资源 79 处。其中 36 处被公布为省级文物保护单位。在建设年代上，包括燕秦汉长城资源 10 处、明长城资源 69 处；在资源类型上，包括明代墙体 1 处、城堡 12 处（燕秦时期 1 处、燕秦汉时期 1 处、明代 10 处）和烽火台 66 处（燕秦时期 2 处、燕秦汉时期 6 处、明代 58 处），沈阳市的长城资源以夯土遗址为主。

在保存状况上，地表可见的 44 处，其中城堡 9 处（存明显遗迹 3 处、残存遗迹 4 处、仅以地下遗址为主 2 处），本体在不同程度上受到乔木、灌木、耕地和村民住宅影响，周边均为待开发用地和城市道路、河流等；烽火台 26 处（本体基本完整 6 处、本体局部可见 16 处、严重损毁仅残存土丘 5 处），本体受乔木、灌木、坟丘、构筑物、耕地等影响，周边主要毗邻农田、民宅、厂房、城市道路等。其他 35 处地表不可见，基本为明代遗址。

在空间分布上，沈阳市的长城资源主要分布在沈阳城市建设用地外东、西、北三个方向的村镇地区，并且呈分散式点状布局，在沈北新区石佛寺村、浑南区浑河

两侧相对集中。沈阳城市建设用地西侧长城资源基本沿用历史上明长城走向布局，东侧长城资源布局松散。

（二）沈阳市域范围相关资源概况

1. 自然生态资源

沈阳市地处中国东北辽东山地与下辽河平原过渡地带，东部、南部为长白山、千山山脉，西部是医巫闾山，北部是科尔沁沙地，西南是下辽河平原。自古以来，沈阳就是农耕、渔猎、游牧民族交接的重点地区。沈阳市长城遗迹以明长城为主，大体呈南北向布局，跨越辽河、浑河。自西南向东北，由辽河平原入辽东山地，由山前平原到低山丘陵，地貌变化多样，且跨越浑河、蒲河、辽河，与水环境关系密切。长城沿线气候变化明显，土壤植被资源多样。

2. 相关文化资源

中华优秀传统文化资源：长城沈阳市沿线拥有历史文化名镇、传统村落、文物保护单位等多种类型的优秀传统文化资源，具体包括1个中国历史文化名村、2个中国传统村落、1处世界文化遗产及24处各级文物保护单位、3处历史建筑，此外还有大量非物质文化遗产。这些传统文化资源涉及从战国时期至近现代的各个历史时期。

近现代红色文化资源及其他史迹：长城沈阳市沿线有谢荣策烈士墓、马刚烈士陵园、雷锋生活旧址等革命文物，此外在石佛寺村还有大量解放战争时期遗迹。

社会主义先进文化资源：长城沈阳市沿线有湿地公园、森林公园、自然保护区、风景旅游区等生态旅游资源，具体包括2个湿地公园、3个森林公园、3个自然保护区、1个风景名胜区和1个城市公园。此外还有植物园、森林动物园、东陵公园等30个国家A级旅游景区，5个博物馆展示馆和4个文化产业基地（产业园）。

（三）沈阳市长城国家文化公园建设保护面临的问题

1. 景观特征不突出且保护管理有待提升

沈阳市现存长城资源地表可见的以土遗址为主，空间形态相对单一，建造技术与艺术特征不鲜明。在《长城国家文化公园（辽宁段）建设保护规划》中沈阳市的79处长城资源仅有石佛寺地区6处长城资源被列为二级区段，其他长城资源均为四级区段以文物保护和日常管理为主、暂不列入传承利用对象。

同时，沈阳市现存长城资源本体保护以自然保存为主，风化、雨雪等自然侵蚀现象明显，同时长城资源本体上耕种、取土取砖、建坟、建市政设施等现象普遍，部分长城资源周边山体地貌破坏现象突出，本体修缮及周边环境保护管控有待强化。在日常管理上，人员配备数量、质量及响应的管理机构均有待加强，保护界桩等有待进一步完善。

2. 合理利用及经济社会发展基础较薄弱

沈阳市长城资源保护利用刚刚起步，整体上处于待利用状态，交通可达性有待加强，缺乏历史文化展示牌、配套休闲设施、公共服务及基础设施等，相应的历史文化价值研究与阐释不足，同时与周边历史文化、旅游、文化产业资源互动性不足。

整体上沈阳城市与乡村经济社会发展不均衡现象突出，沈阳市长城资源主要分布在经济社会发展基础薄弱的村镇地区；文旅产业发展基础薄弱。同时，沈阳市整体面临人口老龄化、生育率降低等问题，长城资源相关的村镇地区，人口迁出和空心化问题尤为严峻。

三、沈阳市长城国家文化公园建设保护应对策略

（一）加强长城文化价值核心承载空间保护

长城文物本体是沈阳长城文化价值的核心承载空间，是沈阳中华文明多元一体融合发展在实物空间上的具体表现，也是沈阳长城国家文化公园建设保护的基础。保护长城文化价值核心承载空间，就是要注重加强长城文物本体修缮与日常看护工作，同时完善落实周边建设工程管理制度实施。

1. 实施长城文物本体保护修缮

重点是加强长城文物本体日常维护，结合当前保存状况，按照最小干预原则实施修缮工程、抢险加固工程，保障文物本体安全，完善保护标志牌，真实、完整地保存并延续沈阳长城的整体价值和历史信息。在全面设置现存烽火台、墙体、城址说明牌，保护标志的同时，结合长城文物本体保存状况，重点实施以下四类工程：重点对马门子长城墙体和白家台、柳蒿台、苏家台烽火台进行本体修缮，增设维护设施；对偏堡子、四方台、二马东山、七间房东山等烽火台本体上的高大乔木等植物进行整理；对茨榆坨、下马北山等烽火台本体上的建（构）筑物、墓地进行迁移；对偏堡子等烽火台本体周边的工厂进行整体搬迁整治。

2. 落实长城属地管控及看护

对长城资源本体及环境实施严格的保护与日常管控，确保既有保护及管理要求能够积极落实，保障文物本体和周边环境安全。认真执行《中华人民共和国文物保护法》《中华人民共和国文物保护法实施条例》《长城保护条例》等法律法规，重点实施以下三类工程：根据属地化管理原则，完善地方保护规章制度，严格落实长城文物保护范围和建设控制地带管控要求；市级统筹，区县落实，在全市长城分布乡镇街道统一招聘"长城保护员"，同时加强人员日常培训管理；定期排查上报重要点段的险境险情，及时实施抢险工程。

（二）构建沈阳市长城文化价值空间建设保护网络

沈阳的长城文物本体以明长城为主，自西南向东北，从今辽中茨榆坨镇入沈阳，跨越辽河、浑河，自法库依牛堡子乡出境；燕秦汉长城资源则散点分布于沈阳东部丘陵地带，周边自然景观丰富。沈阳长城遗址类型以夯土烽火台和城址为主，长期以来受风化、雨雪等自然侵蚀现象明显。结合沈阳长城资源文化价值特征、保存情况、开放利用程度等因素，对长城文化价值核心承载空间进行空间整合，构建"一主两辅、两带多点"的建设保护网络。

1. 建设长城文化价值集中展示区

识别沈阳境内具有国家文化名片和沈阳市标志性意义的三个长城文物和文化资源富集区，作为长城国家文化公园沈阳段的主体建设利用承载区，空间上形成"一主两辅"的文化价值集中展示区。

建设明长城核心文化展示区。在明长城资源分布较为集中且类型最为丰富的沈北新区兴隆台街道石佛寺村建设主体展示区。对长城本体资源进行整体保护利用，对周边相关资源进行整合提升，构建由长城墙体、烽火台、关堡与北侧辽河、七星山共同组成的明长城体系及人地和谐的空间形象。重点实施以下两类工程：完善游客集散、导览导游、休憩健身、旅游厕所等公共设施，安全、消防、医疗、救援等应急设施，推进宾馆、饭店和文化消费等必要商业设施建设；贯彻落实长城国家文化公园建设保护标准化体系要求，加强游客管理、安全管理、投诉服务、环境卫生等管理，构建完善的医疗服务、紧急救援等服务体系。

建设燕秦汉长城生态文化展示区。在沈阳东部生态资源密集区，以青桩子城址及上伯官汉魏墓群为核心，突出燕秦汉长城烽火台、城堡与浑河、长白山余脉棋盘山共同构成的特色长城空间形象，整体保护利用长城本体资源、整合相关资源。重点实施长城国家文化公园周边景观提升、道路建设等基础设施工程。

建设长城文化产业展示区。基于长城文化产业发展现状，在保护好长城本体资源的基础上，整合相关资源，在辽中区茨榆坨镇划定文化产业展示区，以突出长城资源保护利用与现代文旅特色产业融合发展为目的，鼓励相关文化旅游及特色产业发展。重点实施以下两类工程：培育开发长城文创研发基地，建设文化旅游创意商品生产基地，引导开发长城文化旅游产品，搭建文化旅游创意商品展销平台；培育规模以上文化和旅游企业以及新增文化和旅游企业。

2. 连通长城文化价值集中展示带

通过集聚沈阳市现存长城资源本体及相关传统文化资源、革命文化资源、自然景观资源等，在沈阳城市建设用地西、东两侧分别连通长城文化价值集中展示带。

明长城文化带，在沈阳城市建设用地西侧，沿沈阳境内明长城走向，串联沿线长勇堡、长营堡、静远堡、上榆林堡、十方寺堡、马门子长城及众多的烽火台遗址等明长城资源，整体展示辽河沿线明长城风貌，重点展现古代农耕文化同渔猎、游牧文化的交流融合成果、明代历史人文特点。重点实施以下三类工程：实施标识展示；完善观赏步道、景观道路等基础设施建设；策划建设主题旅游线路。

长城生态文化带，在沈阳城市建设用地东侧，沿沈阳东部、南部山区，以城子顶城址、蒲河城、青桩子城址、八家子城址、奉集堡、虎皮驿长城资源本体为主，整合东陵公园、鸟岛、棋盘山风景旅游区、国家森林公园、白清寨自然保护区等生态旅游资源，突出沈阳城东部、南部山区独特的山水环境，整体展示与山水紧密结合的长城生态文化。同样实施标识展示、景观步道建设以及主题旅游线路策划建设工程。

3. 打造长城文化价值集中展示点

将与长城历史事件存在直接关联以及具有文化景观典型特征的多个标志性长城点段、关堡卫所等，作为长城文化价值集中展示点，即"多点"。

长城形象标识点，包括燕秦汉及明长城现状保存较好、便于展示利用的烽火台和关堡卫所遗址，涉及茨榆坨烽火台、偏堡子烽火台、四方台烽火台和青桩子城址、蒲河城、十方寺堡等 26 个展示点位。重点实施长城资源点位观赏空间规划建设工程。

（三）推进长城文化价值创造性转化、创新性发展

1. 深入挖掘阐释长城文化价值

从战国时期沈阳境内开始建设燕长城一直到明朝辽东长城的建设，历经近2000 年的长城建设发展史为沈阳留下了丰富的遗产资源和深厚的文化内涵，在已知的长城文化资源外，还有很多未知的物质文化遗产和优秀的传统文化。伴随研究的深入和史料的丰富，长城文化资源的调查、价值挖掘也是一个持续深入的过程。

对沈阳长城文化价值的挖掘可以包括空间载体和文化内涵两个方面。在空间载体上，首先是对已知长城遗址的勘探调查、清晰沈阳境内长城建造构成，深挖建筑技术与艺术价值；其次是对未知长城遗迹的调查、长城建设历史文献的研究，明晰长城建设历史走向、长城建设空间体系构成，深挖墙体和敌台、关堡、烽火台、卫所等长城整体保护价值；再次是对长城相关山水环境、历史文化空间的调查，厘清长城与周边环境的关系，深挖长城建设发展影响因素。在文化内涵上，首先是对长

城建设发展历史背景、历史名人、事件的挖掘整理，其次是对长城周边人类活动、生活习俗的挖掘整理，再次是对长城相关历史文化空间的历史名人、事件、人类活动及生活习俗的挖掘整理。

沈阳市域范围长城作为全国的一部分，也是中华优秀传统文化的重要组成部分。沈阳境内长城文化价值的阐释既要坚守中华文化立场，又要突出地方特色，在全国长城文化价值体系下提炼沈阳精神标识和文化精髓，构建沈阳境内长城叙事体系，讲述沈阳境内长城故事，展现下辽河流域山前平原长城文化形象。

2. 探索多途径宣传展示方式

以长城资源保护、文化价值挖掘与阐释为基础，长城文化价值的创造性转化、创新性发展更重要的是唤醒人民的保护意识，展示长城文化价值内涵，让沈阳境内长城资源保护与长城国家文化公园建设融入现代沈阳人民生产生活之中。

首先在唤醒沈阳人民的长城保护意识上，重点是畅通市民与专家学者、保护机构的交流渠道，让长城保护深入民心，对长城保护相关法律法规、保护价值与意义、典型案例宣传和保护知识进行科普。具体可以利用网络、广播、电视、报纸、自媒体等媒体，在社区、村委会宣传栏，进行日常性、主题日科普宣传；也可以通过设置宣传标语、保护标识牌、警示牌等方式，举办社区文化活动，通过长城文化进社区、进校园、进企业等途径，营造全社会共同参与的良好氛围，不断夯实长城保护的社会基础。

其次是在长城文化价值内涵展示上，重点是搭建长城价值与内涵全景展示平台，利用传统和现代数字化技术手段，通过文化场馆、社区公共空间等，深入展示长城建设发展历程、历史人文典故、长城精神，讲述长城故事，传播长城文化。具体可以是出版相关书籍、建设专题博物馆或展示馆，也可以是举办文化会议、主题展览、专题讲座，进行专题研学实践等。

再次在融入现代人民生产生活上，重点是创造长城文化价值体验机会与体验空间，通过引导全社会参与长城保护、提升空间文化品质、植入相关文化产业，将长城保护传承全面融入城乡建设发展。可以通过招募文物保护志愿者与志愿讲解员，聘用业余文保员和长城保护员的方式，引导公众参与长城保护；建设文化标识体系、长城遗址公园、主题文化广场或文化公园、文化游览线路、特色文化旅游景点

（区）、文旅融合区等丰富长城文化体验空间；通过传承非物质文化遗产、开发长城文化特色旅游产品、植入文创产业、举办主题文化活动或节庆活动带动产业经济发展。

四、结语

历史上沈阳作为燕秦汉、明长城沿线的重要城市，农耕民族、游牧民族长期在此融合发展，沈阳境内现存长城资源虽然技术与艺术价值不突出，但在文化价值上充分见证了中华文明多元一体融合发展的过程，在长城国家文化公园建设中占有重要地位。本文以文化价值为引领，通过分析总结现存资源特征与问题，提出了加强长城本体保护、统筹构建"一主两辅、两带多点"文化价值空间展示网络、多途径推进长城文化价值创造性转化和创新性发展的应对策略，在深化落实国家、省长城国家文化公园建设四类主体功能区、五大工程的同时，探索了新时代长城文物和文化资源保护传承利用的沈阳路径。

· 参考文献 ·

［1］范熙晅，张玉坤，李严．明长城军事防御体系规划布局机制研究 [M]．北京：中国建筑工业出版社，2019.

［2］张玉坤．中国长城志边镇·堡寨·关隘 [M]．南京：江苏凤凰科学技术出版社，2016.

［3］张柏，等．中国长城志 遗址遗存·上 [M]．南京：江苏凤凰科学技术出版社，2016.

［4］长城、大运河、长征国家文化公园建设方案，2019 年.

［5］长城国家文化公园建设保护规划（2020—2023），2021 年.

［6］长城国家文化公园（辽宁段）建设保护规划，2021 年.

【作者简介】刘忠刚、郝梦桐、梁嘉文，沈阳市规划院设计集团有限公司。

辽阳明代长城调查

朱 江

2007 年 5 月我有幸参加了辽宁省文化厅组织的长城资源文物调查工作，被编入"考古调查一队"。一队由 8 名分别来自沈阳、辽阳、铁岭、抚顺的考古工作者组成，主要任务是调查抚顺、铁岭、沈阳、辽阳一线的明代长城走向、现状、分布、构成、遗址、遗迹自然环境等情况，并建立文物档案。通过一年多的野外考古调查和资料整理，我对明代辽东长城有了系统的了解。下面就此次调查后，现今辽阳境内明代长城的走向、现状、历史沿革做以介绍和浅析。

一、明代长城起止地点及"九边"防御

明王朝修筑的万里长城举世闻名，它犹如一条巨龙，东起鸭绿江边绕经渤海之滨，蜿蜒于黄河岸边，翻越巍峨群山，直到西北戈壁横断浩瀚的沙漠，此次全国长城资源调查测得明长城最新全长约为 8851 千米。明长城以工程浩大、气势雄伟，被誉为世界一大奇迹。不少人认为明长城"东起山海关西到嘉峪关"，其实，它还不是明长城的全部，在它的东端，还有 2000 多里的辽东长城。但由于山海关至嘉峪关的这一段长城修筑得十分坚固并保存较好，至今仍有完整宏大的关城，因此人们误认为明长城是从山海关到嘉峪关。因而这一段辽东长城也就常在人们的印象中淡忘了，实际上它也是明代长城的重要组成部分。

明长城是庞大系统的军事工程和防御体系，与之配套的城堡、敌台、烽火台遍布长城内外。明长城的修筑始于明王朝建国之初。在洪武元年（1368），朱元璋派大将徐达修筑居庸关等处长城。洪武十四年（1381）又修山海关等处长城。《明

史·兵制》载："元人北归，屡谋兴复。永乐迁都北平，三面近塞。正统以后，敌患日多。故终明之世，边防甚重。东起鸭绿，西抵嘉峪，绵亘万里，分地守御。初设辽东、宣府、大同、延绥四镇，继设宁夏、甘肃、蓟州三镇，而太原总兵治偏头，三边制府驻固原，亦称二镇，是为九边。"直到万历时，前后经过 200 多年的时间，明长城的修筑工程才基本完成。而个别的关堡直到明末还在继续修筑。总之，明王朝的 200 多年里，从没停止过对长城的修筑工程。

二、明代辽东长城历史溯源

辽东镇是明代"九边"中最早设置的，为"九边"之首最东一镇，镇治今辽宁省辽阳市，后移治今辽宁省北镇县。管辖山海关外北方军事防御。据《九边图说》写道："辽东全镇，延袤千有余里，北拒诸胡，南扼朝鲜，东控福余真番之境，实为神京左臂。"

明代辽东长城又称辽东边墙，全部在今天的辽宁省境内，其经路线呈 M 形，从东到西贯穿辽宁全省。它东起丹东虎山鸭绿江畔经凤城、宽甸峻岭进抚顺重山走开原、铁岭丘陵之地，过沈阳、辽阳、鞍山、盘锦的平原，再入黑山、北镇义县、锦州群山抵山海关于蓟镇长城混为一体。此次长城资源调查辽东长城全长约为 1040 千米。明辽东长城的建造始于永乐，止于万历年间，前后修造了将近 200 年。按时间、地域大体可分为辽河套长城、辽河西长城、辽河东长城三大部分。

明辽东长城始建年代，据《明宪宗实录》载："自永乐中罢海运后，筑边墙于辽河之内，自广宁东抵开原七百余里。"又据《读史方舆纪要》载引有成化二十年（1484）边将邓钰言："永乐时，筑边墙于辽河内，自广宁东抵开原，七百余里。"此段应为辽东长城最早修筑的第一段长城应在永乐中期。因这段长城修筑于辽河以内随河套而行被称为辽河套长城。按以上记载明代辽河套长城应始建于永乐年间，起于今北镇经盘锦、鞍山、辽阳、沈阳、铁岭抵开原全长 700 余里。当时主要用以防御兀良哈、鞑靼等蒙古部落以保卫都司和重要卫所。

辽河西长城修建于正统年间，据《全辽志·宦业志》载："巡抚王公翱，荐毕有文武才，由百户举升流官指挥佥事。图上方略，开设迤西边堡墙壕，增著烽墩，兵威大振，虏人畏服，进署都指挥金事。"又据《明史·王翱列传》载：王翱于正统"七年冬，提督辽东军务。翱以军令久弛，寇至，将士不力战，因诸将庭渴，责以失律罪，命左右曳出斩之。皆惶恐叩头，愿效死赎。翱乃躬行边，起山海关抵开原，缮城垣，浚沟堑。五里为堡，十里为屯，使烽燧相接"。上文可以看出此段应为辽东长城的第二次大规模修造，修于正统七年（1442），由巡抚王翱和都指挥金事毕恭主持修建。起自山海关抵开原。"开设迤西边堡墙壕，增著烽堠"，这句话应理解为在辽河套长城以西修建边堡墙壕，因此段辽东长城修建于辽河以西被称为辽河西长城。此时辽河套长城得到了重新修葺，使辽河套长城和辽河西长城连成一气，此时辽东长城主要用于拱卫京师和保卫辽东以免遭瓦剌、兀良哈、鞑靼蒙古部落袭扰。

辽河东长城的修筑，是从成化年间开始，由辽阳副总兵韩斌和开原守备周俊等，先后督率建成。据《辽东志》载：成化三年（1467），"自抚顺而南四十里，设东州堡；东州之南三十里，设马根单堡，马根之南九十里设清河堡；清河之南七十里，设碱场堡；碱场之南一百二十里，设叆阳堡，烽堠相望，远近应接，拓地千里焉"。此时，辽东边墙从开原"镇北关"至"凤凰堡"鸭绿江一段的辽河东长城才初具规模。此后又有开原兵备道黄云增设开原"永宁堡"，铁岭"镇西堡""彭家湾堡"和"白家冲堡"连接四堡的边墙继200余里之后于明万历元年（1573），巡抚张学颜、总兵李成梁又一次大规模地修建。《明神宗实录》载：万历元年兵部批复了阅视传郎汪道昆移建孤上等六堡。至此辽河东段长城基本完成。辽东长城最后一次较大规模修缮是在万历四十七年（1619），熊廷弼以兵部右侍郎兼右金都御史经略辽东的时候。熊廷弼一直认为防边以守土为上，他还专门为此写了缮垣建堡十五利，上奏皇帝。至此明朝修筑的辽东长城才基本完成，此时防御重点是女真的内犯。

三、辽阳境内辽东长城走向及现状

今辽阳境内的辽东长城始建于永乐年间，应属辽河套长城的一段，总体走向为东北—西南，全部在辽阳市辽阳县境内。东北与沈阳市辽中区肖寨门镇七台子村隔沙河"相望"，西南经我市小北河镇兴隆台村、张家村、黄泥洼乡河公台村、二弓台村、三弓台村、四弓台村、五弓台村、六弓台村、八号台村、柳壕镇南边墙子村、高力城子村、唐马寨乡谷家台村、乔家台村、陈家台村、穆家乡喜鹊台村、南台口村、大台子村进入鞍山市境内。全长约为54.2千米。长城沿线查到烽火台20座，关堡两座。分布清晰构戍了完整的军事防御体系。如今辽阳境内的长城墙体保存现状较差，几乎没有痕迹。烽火台可见少量毁坏严重的台基和明代青砖。境内有关堡两座分别是长安堡和长定堡。长安堡：位于黄泥洼乡所在地，四至不详，地面遗迹无存，仅见少量青砖残块。其城原来的规模，据《盛京通志》卷之十五《城池》记载："黄泥洼城，城（辽阳）西五十五里，周围二里，一门。"《辽阳县志·古迹·名胜》也有记载："黄泥洼城，城西北五十九里，九区界黄泥洼村，故址尚存，已平夷。"长安堡设有"空"。"关""空""口"都是长城设施，是出入长城内外的要道和关卡。据《全辽志》卷二《边防·长安堡》所记，有"大虫泊南空、虎北南空、黄泥洼南空、沙锅儿南空、菱角泊南空、团湾儿南空"。这也说明长安堡是辽东长城重要地理要冲，是少数民族与边民往来的要道之一。长定堡：位于今辽阳市柳壕镇高力城子村高力城大队。堡城保存差，地面遗迹无存，仅见少量青砖残块。该堡城建筑年代，据《全辽志》记载，为明正统七年。其方位《读史方舆纪要》卷三十七记载："长安堡在司（辽阳）西北五十里，其西为长定堡。"又有《全辽志》卷二《边防志·长定堡》条下有"船城大台"的记载，根据其地理位置及当地人所传，推定"船城大台"即是长定堡城。以上为辽阳市境内现今辽东长城基本现状。

此次考古调查辽阳市一段辽东长城损毁严重，面目全非，但通过踏查、走访、资料分析也可以清晰地标注出关堡、敌台、烽火台及长城墙体的详细坐标。现场调查的第一手资料以及整理后的完备档案，将会为今后国家或我省对辽东长城的保护利用开发提供有力依据。辽东长城是明朝东北边民劳动与智慧的结晶，是历史长河中农耕民族与游牧民族交锋与交融过程中的产物。虽然它不能阻挡改朝换代的脚步，但在明朝的200多年中确确实实起到了"拱卫京师、保境安民"的作用，也同时见证了明王朝与蒙、满少数民族这一时期的兴衰历史。

【作者简介】朱江，辽阳博物馆。

鞍山地区明代辽东镇长城的兴、废、毁

郭东升

　　中国长城是一个规模庞大的军事防御工程体系，它自西向东横贯于包括辽宁省在内的北方 10 余个省、自治区、直辖市境内。鞍山地区境内的明代长城，是明代九边之首的辽东镇长城的重要组成部分，其地理位置十分重要。在从始建至今共 570 多年的时间里，鞍山境内的明代长城经历了一个由兴修（明朝时期）、废弃（清初）和毁坏（清中期至今）的过程。根据 2007 年长城资源的调查实践，现不揣浅陋，略谈一下对鞍山地区明长城的初步认识。

一、明辽东镇长城的兴建

（一）兴建背景

　　兴建辽东镇长城的重要原因是防御蒙古、女真人对明朝统治地区的袭扰，具体说来是主要针对朵颜三卫及瓦剌贵族的不断侵犯。《明史·兵志三》开篇记曰："元人北归，屡谋兴复永乐迁都北平三面近塞。正统以后，敌患日多，故终明之世，边防甚重。东起鸭绿、西抵嘉峪，绵亘万里，分地守御。初设辽东、宣府、大同、延绥四镇，继设宁夏、甘肃、蓟州三镇，而太原总兵治偏头，三边制府驻固原，亦称二镇，是为九边。"这里的"九边"即九镇。由此可知，明成祖朱棣于永乐十九年（1421）正月迁都北京后，面临东、北、西三面均遭元朝遗部侵扰的局势，在他最初设置的"四镇"中就有辽东镇，治所在今辽阳，镇守着东到鸭绿江西岸，南至山海关西北吾名口的大部分地区，拱卫京师的东部，其重要的军事意义是显而易见的。另据《明史》卷二百十六《列传》载："朵颜、福馀、泰宁，高皇帝（即明太祖朱元璋）所置三卫也。……自大宁前抵喜峰口，近宣府，曰朵颜；自锦、义历广宁至辽河，曰泰宁；自黄泥洼逾沈阳、铁岭到开原，曰福馀。独朵颜地险而强，久之皆叛之。"因此，蒙古族兀良哈部朵颜、福馀、泰宁的三卫是南侵的主要危险。该部主要活动于辽河平原地区，掠夺这一带的牲畜和耕地资源，成为明辽东镇长城防御的重点。至明后期，蒙古族各部被后金女真统一后，辽东镇长城又成为抵御后金入侵的一道强有力的军事防线。

辽东镇长城的建筑年代，因时间和地段不同而划分成东西两段。鞍山境内长城属西段工程，约始建于明正统二年（1437）至成化五年（1469）之间，主持者为辽东巡抚王翱，设计者是辽东都指挥佥事毕恭，这是第一次大规模修建时期。第二次大规模重新修建是在明万历三十七年（1609）在辽东巡抚熊廷弼的主持下完成的，前后延续有 170 余年。

据《全辽志》卷四《宦业》：毕恭字以谦，前屯卫籍，其先、山东济宁人。曾经巡抚王公翱的举荐，由百户举升流官指挥佥事。为御边患，他"开设迤西边堡壕墙，增置烽堠，兵威大振，虏人畏服。晋署都指挥佥事，奉敕守备宁前地方。在任五年，边鄙宁谧，寻擢掌都司事"。毕恭从明正统二年（1437）开始，直至景泰三年（1450）前后病卒为止，经略辽东镇长城约 13 年。

关于熊廷弼，《明史》中有传。据载，熊氏为江夏人，明万历年间进士，曾"授保定推官，擢御史。（万历）三十六年（1608）巡按辽东"。他"有胆知兵，善左右射"，曾根据东昌（今海城西南鄨马地方）以北至庆云堡（今开原西 20 千米）以南"数河横出"的实际情况，提出了"引水灌入濠"的御敌之法，这样，"入春、夏、秋间，边骑难越。冬间冰结，墙土凝固，又不可挖掘而入"。他认为"东靖关（即镇南关），迤东南至鸭绿江一带，边临海，山林从薄，似亦不可无濠一道"。为此，他甚至逐台、逐里、逐丈地进行估议。在修建工程的组织和实施上，极险、极坏的地段由辽东镇负责修建，其他地段则由各卫进行修建。修建期间，面对敌人不断的干扰和破坏，他亲自架梁，设置东营，举行军事演习，以掩护施工的民夫和军卒。这样，用了一年多时间，从山海关到鸭绿汇全线竣工，其长达 2100 余里，共砌筑墩台 90 座，其中经他亲自主修的长城有 685 里、堡城 7 座，使城有坚垒，军威重振，凭借新修建的长城有效地阻止了后金的南侵。遗憾的是，天启五年（1625），他被奸臣魏忠贤所冤杀。

再据《全辽志》卷一《图考》记载："海州卫城（按：今辽宁鞍山海城市），洪武九年（1376）靖海侯督同本卫指挥刘成等修筑，周围六里三十八步。……门四：东镇武，南广威，西临海，北来远……"可见，在明辽东长城修建史上，曾督建海州卫城的刘成是继毕恭、熊廷弼之后的第三位重要人物。

（二）鞍山地区长城的走向

据《辽东志》记载：长城的防御体系逐级可分为镇城，即辽东镇都指挥使司城（今辽阳）和辽东镇广宁分司城（今北镇）、路城、卫城、所城、堡城和关城及下辖的各段长城。筑城时就地取材，因地制宜，在山地则用毛石砌石墙，平原则用土垒墙。鞍山地区的长城分布于台安县和海城市境内，该境内皆为平原，并且河流密布，由西到东共有辽河、浑河、太子河三大河流。因此，境内之长城基本为土墙，其外侧凭河为壕，并以这样的防御体系御敌南侵。

据笔者实地勘察和查阅《辽东志》《全辽志》等资料可知，长城从黑山县入鞍山台安境，自桑林镇的蒋坨村开始，至西向东经四泡子、柴家屯、三台子、双台子、马仗泡至东边上，这一段属镇武堡（今盘山县高升）管辖；向东经三台子、二台子、龙凤台、三台子、四台子、五台子、七台子和八台子，向南至傅家庄（今富家庄）河口九台子止，这一段属西兴堡（今台安县富家庄镇）管辖；接下来由四方台、韭菜台直至位于今三岔河（指辽河、浑河、太子河汇集处）西岸的三岔河关（今盘山县古城子庙岗子）。然后，长城由此折向东北方向，以太子河东岸为墙，以河为壕，一直到今海城市新台子镇珍珠门，最后从这里向北出鞍山境入辽阳县境。从四方台至新台子珍珠门这段长城有两座堡城：东昌堡城（亦即马圈子城，位于今海城市四镇八家子村马圈子）和东胜堡城（亦即新开城，位于今海城市新台子镇西开村）。据前人实地踏察，20世纪70至80年代，这里就已经没有明显的长城墙体可寻了，只能依据多已成为路堤的堤坝作大致推测：鞍山境内的明长城总长度约为90千米[①]。

（三）鞍山地区长城的历史作用

鞍山境内长城属土墙，外侧依河为壕，历史上起到了重要的防御作用。《明

① 刘谦：《明辽东镇长城及防御考》，文物出版社，1989。

史·熊廷弼列传一百四十七》上多次出现"三岔儿""恃三岔河为阻"等记载。"天启元年（1621）十月初五日，抚臣又欲以轻兵袭牛荘（庄），夺马圈守之，为明年进兵门户。时马圈无一敌兵，即得牛庄。我不能守……"这说明鞍山境内长城十分重要。它在春夏秋三季以太子河、浑河、辽河为天险阻敌；而在冬季河流封冻之时，长城土墙则又被冻得十分坚硬，同样可以发挥御敌的作用。

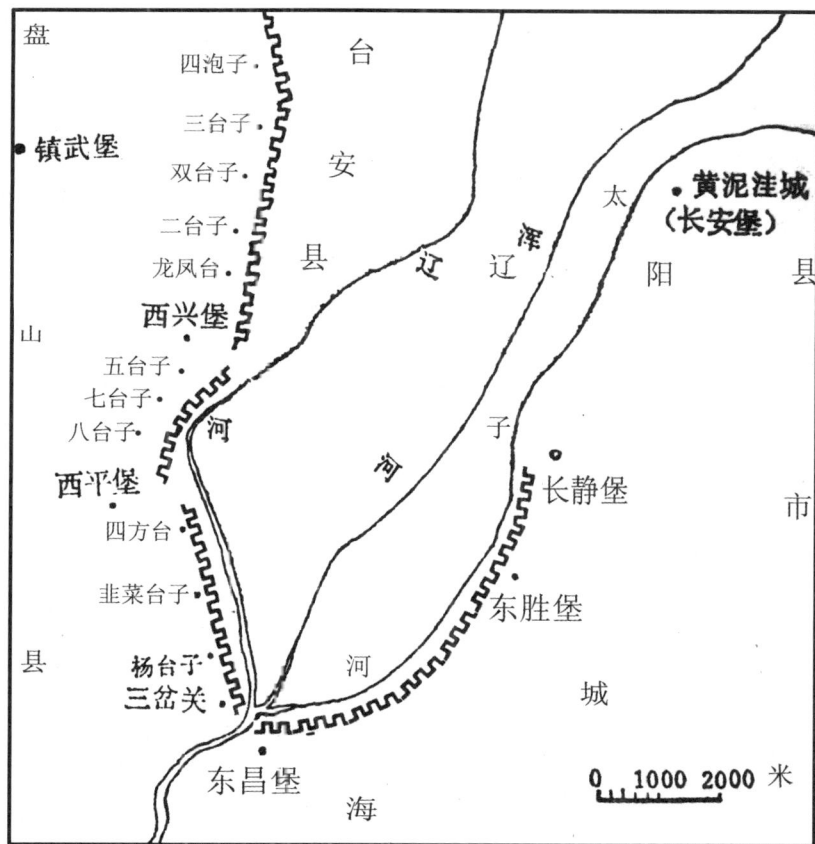

鞍山地区明长城走向示意图

二、明代辽东镇长城在清朝的废弃

（一）辽东镇长城防御对象的变化

16 世纪末，世居东北地区建州女真猛哥帖木儿的六世孙努尔哈赤乘势崛起。

他凭借武力和出色的指挥才能，经过 30 多年的努力，到 1613 年统一了女真诸部。后于万历四十四年（1616）在赫图阿拉（今辽宁省新宾满族自治县永陵镇）即位称汗，国号大金，史称后金。在经过萨尔浒之战、宁远之战后，明朝在山海关外的要地尽失，自战国时期到明代以来一直被长城所要北拒的"胡人"开始越过长城入主中原，辽东镇长城没有了可御之敌，便退出了军事防御的历史舞台。

（二）清朝以后柳条边的兴起与鞍山境内长城的废弃

东北地区的盛京、吉林是满族聚居的地方，被视为龙兴之地。在清政权建立之初，为巩固东北地区这个大后方，清政权采取了一些固基护本、垄断东北的封禁政策，修建柳条边就是其中的一项重要措施。据《柳条边纪略》（杨宾著）记载："今辽东皆插柳条为边，高者三、四尺，低者一、二尺，若中土（指中原地区）之竹篱，而掘壕于其外，人呼为柳条边，又曰条子边。"这便是柳条边。值得注意的是，当时的柳条边虽利用了辽河平原东、西两侧山地上的明长城，但却废弃了辽河平原上的明长城。据清《读史方舆纪要·舆地图》上载：清柳条边自黑山县北白土厂门处直接向东至彰武台门，再经法库门直奔开原而去。可见，在清代起着边墙作用的柳条边不再经过鞍山地区，遂使这一地区明长城的历史命运走向终结。

（三）清朝政府对辽东镇明长城的刻意抹煞

在清朝官修的《盛京通志》《读史方舆纪要》和康熙二十六年（1687）编修的《会典》等史籍中，都只提长城东端为山海关，并有意略去了辽东镇长城，一味强调柳条边的作用，企图通过在思想意识中的弱化和现实环境中的废弃来逐渐消除辽东镇长城的历史影响。

三、明辽东镇长城的毁坏

（一）自然因素——辽河泛滥造成的破坏

如前所述，鞍山地区长城所在的辽河平原大河密布其中，水患尤为严重。据清末立于台安县境内的《辽河冷家口开浚城河碑记》上记载："……辽河累岁向上递浚，水之就下，逾迅而三岔河并未加宽，上流之屡决势所必旋溃旋堵，即旋堵旋决，终不可以。"可见，辽河经常泛滥，受灾的既有百姓，也有以土为墙体的长城。因为它就建在河边，故很容易直接受到水浪的冲击。

（二）人为因素——近现代的生产、生活造成的破坏

辽河平原是土地肥沃的地方，农业生产活动十分频繁，因耕种而毁坏长城土墙和堡城的现象非常普遍，长城土墙被平掉了，还有许多以青砖砌成的堡城也被当地农民拆下来用于建房。历经沧桑400余年，鞍山境内的明长城，包括墙体和堡城在内幸存下来者寥寥可数。

（三）鞍山境内明长城目前的状况及保护对策

现今对长城的重视和保护，主要始于20世纪80年代以后。而在此之前，当长城失去其历史作用之后，随着风雨剥蚀、生产和战争破坏等自然、人为因素的不断增多，加上疏于对长城的维护，使其保存无多，状况堪忧。如海州卫城（即今海城市）的城墙等建筑均已消失，仅存的那一点南城墙根也在上个世纪末被扒掉建居民住宅楼了。至于长城土墙，由于前面提到的原因，地表几乎已无迹可寻。如今可以见到者仅有台安县的柴家村头台烽火台、马杖子烽火台和四台子屯烽火台等几处，均为高不过3—4米的土丘，地表散布一些明砖碎块，仅此而已。

尽管如此，鞍山境内现存的长城遗迹的历史价值仍十分重要。首先，市、县文物管理部门和乡镇政府应共同携手做好有关长城知识的宣传教育工作，使当地群众了解长城的历史和长城保护的现实意义；其次，作为本地区的文博工作者，我们更要多拿出时间和精力，关注长城动态，补充长城资料的不足，不断完善长城的档案管理；再次，在条件允许时，将现有的城堡和墩台进行必要的修复，逐步落实"四有"措施，以期达到对长城遗迹和资源进行长久保护和永续利用的目的。

【作者简介】郭东升，鞍山市博物馆。

历史文化名镇——牛庄

刘 鹏

牛庄镇，隶属于辽宁省鞍山市海城市，地处海城市西部，背靠太子河，东临海城河、北依鞍山市区、西接盘锦市、南与营口市接壤，行政区域面积 49.9 平方千米。2007 年被省政府命名为省级历史文化名镇，省级特色旅游乡镇；2008 年膺升为中国历史文化名镇；2009 年被省政府定位为全省 33 个新市镇之一。2010 年，牛庄古城旅游风景区被晋升为国家 AAA 级旅游风景区；2019 年 10 月，牛庄镇入选"2019 年度全国综合实力千强镇"。

一、明代驿站与长城卫城

牛庄历史悠久，文化厚重，是东北地区著名的河港古镇，也是古代沟通辽东、辽西的重要城镇之一。牛庄建城始于明朝初年。当时朱元璋挺进山海关以后，即刻挥师东进，一举收复辽东全境。之后，先在牛庄建立了驿站。牛庄驿同鞍山驿、海州驿一起成为明代辽东地区著名的三大驿站。建设驿站的同时，明朝政府还着手在牛庄修筑城池，经过 200 多年的发展，到万历天启年间，牛庄城已初具规模。

牛庄卫城因处于辽河、太子河、浑河交汇之处，自古防御作用尤显突出。据《三国志》记载：238 年曹魏派司马懿领兵讨伐公孙渊，水路大军就是由山东登州航海至辽南的金县，再沿海岸北上至辽河口，由此上溯至三岔河，就必须经过牛庄港，然后经太子河直达襄平（今辽阳）城下；明朝初年朱元璋建都南京后，遣 10 万大军长期镇守辽东，其军粮运输大多是从海路运来，而从明代辽东海运情况看，这条海路运输线还附有一条陆路交通运输线作为辅助，牛庄则是这条陆路运输线的重要转运码头。因此，明代典籍中但凡记述辽东海道情况的，其终点多在牛庄。茅元仪（1594—1644）的《武备志》就记载道："牛庄港出杨子江开洋，到深房口，入三岔河，收牛庄码头泊。"这也就是说，在明朝时期，牛庄就作为辽东最大的海运码头和"水陆商埠"演绎过辉煌的历史，同时这也是明朝政府决定在这里建筑城池和设置驿站的原因。

明正统年间以后，为防止女真和蒙古各部南下，辽东都司开始在北部修筑长城，也称辽东边墙。边墙西起山海关北"吾名口"，东至鸭绿江西"江沿台"。边墙到广宁以后，进入地势低洼的辽河平原，由于当时人口很少，居民大多生活在驿路附近的各个据点里，所以初修边墙的时候，就顺着驿路北边修筑，因为驿路是"凹"字形或"U"字形，所以辽河套长城也就成为"凹"字形或"U"字形，从而把边墙以北的大片土地留给游牧部落驻牧。辽河套长城西起广宁，在镇武堡（高升）南折向东南，过三岔河，经牛庄北，沿着太子河的东岸向北，然后再沿着浑河东岸、蒲河东岸，至开原东北的威远堡。沿着边墙的内侧，每隔20—30华里，修筑一个边堡，作为屯兵之所。海州卫境内先后修筑6座边堡，分别是平洋堡（台安新华镇城子）、西兴堡（台安富家）、西平堡（盘山沙岭）、西宁堡（大洼西牛古城）、东昌堡（海城牛庄）、东胜堡（海城开河城）。

牛庄城除了是海州卫西部的一个驿站外，更是明长城在海州地区的一个重要卫城。按《辽宁古长城》资料记载，海州（今海城县城）地方共有长城墩台31座，瞭守官军155名。腹里接火台17座，瞭守官军50名。管辖自西宁堡起，至东胜堡止，共7130丈，合47.5里的长城线。

2006年，国家启动长城资源调查工作，经认定海城明长城总长为33000米，起于新台子镇老墙头村东北，止于西四镇八家子村北。走向为东北—西南—西北。东北与辽阳县高力城子长城相接，西北连盘山县八家子长城。截至目前，海城境内的长城遗址地面已无迹可寻，经过调查只认定了东昌堡、东胜堡、长静堡和牛庄卫城（也有学者认为，东昌堡即是牛庄城）。2020年12月，国家文旅部在秦皇岛召开了长城国家文化公园建设推进会，会议印发了《长城国家文化公园建设保护规划（2020—2023）》，规划中，海城牛庄城确立为多个"万里长城"形象标志点之一。

2021年，海城市启动牛庄长城国家文化公园建设计划，项目拟投资2500万元，主要建设内容有：一是历史文化街区环境整治。整治改造历史文化街区道路1000 延长米，改造供水管线约 2000 延长米、供暖管线约 1000 延长米，改造排水管网约 2000 延长米，建设保护性标识及亮化，环境卫生整治及公卫设施等工程。二是重要节点空间或传统街巷沿街立面和路面整治改造。对牛庄镇主街 280 户商户沿街门市外立面进行挑檐、换仿古砖、外墙改色、统一匾牌等改造，立面仿古改造约 2000 延长米。三是历史水系整治和环境绿化。整治建设古护城河带状公园 2000延长米，包括护城河清淤 10 万立方米，植树 1000 株，种植草坪面积 2 万平方米，安装景观灯 100 盏，慢道建设 2000 延长米，改造桥涵 3 处等。

二、清代商业发展和历史沧桑

天命八年（1623）七月，清太祖努尔哈赤遣乌纳哈赖、叶古德等重修牛庄城垣，青砖砌筑，城上增设腰台、垛口、城围二里九十三步，有东、西、北三门，分别称之为德胜门、外攘门、福胜门。原西门门楼上有"外攘门"石额，右下小字"大金天命癸亥年十月吉旦立"。东门石额为满文，经金毓黻先生考释为"德胜门"，款识与"外攘门"相同。二方石门额新中国成立前尚在，现已无存。另外，原海城公园曾发现牛庄铁铸云版一块，上铸"大金天命癸亥年铸"字样，应与门额为同代之物，现陈列于沈阳故宫十王亭内，系当年老罕王重修牛庄城的重要历史证物。重修牛庄的原因是明朝部队屡由辽河来犯，所以修筑牛庄城以抵御强兵。历史上的牛庄地理位置远比现在重要，因为此地是进入关内的必经之路。由此可见，牛庄的商业繁荣以及战乱频仍也是情理之中的事情了。

据《海城县志》记载，牛庄城内原建有"来佛寺""贞武庙""药王庙""财神庙""观音寺""马神庙""天妃小姐庙""关帝庙""地藏寺""火神庙""天主教堂"等 20 多座庙宇，均为明清时期所建，现早已无存。唯东门外护城河上的明代建筑"五孔石桥——太平桥"尚存，保持完好，至今仍在使用。

牛庄古城作为水陆商埠，曾有过辉煌的历史，也曾有过屈辱和血泪的经历。

清初，牛庄设掌印章京驻防，康熙二十一年（1682）设三岔河巡检。城防守尉的管辖范围曾包括整个辽河下游地区。尤其清嘉庆、道光年间，牛庄口岸连同中外、海外或关内各省船只渡海来辽东者，皆由三岔河进入牛庄港登陆，以牛庄口岸为中心，运转贸易。1858年，在英国政府"船坚炮利"威胁下，腐朽的清王朝同英国缔结了屈辱的《天津条约》，其十一款写道："……牛庄，登州、潮州、琼州等府城口、嗣前，皆准英商亦可任意与无论何人买卖货船，随时往来。"牛庄口岸的开放，使牛庄成为国际商港，一时间轮声帆影，万船鳞集，车水马龙，络绎不绝。古城牛庄开始繁华了，名声远播海内外。

牛庄的繁华首先在于它是一座古老的商城。由于水陆交通的便利，早在400多年前，那些河北、山东、山西、河南一带的商人就把目光投向了这里，据史料载，到乾隆时期，全城的大小商号已达280多家，鳞次栉比，幌杆如林。每年正月初六开市时，仅鸣放鞭炮的纸屑就达几寸厚，铺满了大街小巷。由于牛庄城内商贾云集，一些河北、山东、江苏的商人，像山西人在海城设立"山西会馆"一样，集资建立了冀兖青商业会馆，原坐落在牛庄城内的商业会馆二层大殿，雕梁画栋，雄伟壮观，每当重阳佳节，各地商人便登楼聚会，举行庆典。海城市内的山西会馆尚存，而牛庄城的会馆则早已名存实亡了。

商业的繁荣，也带动了牛庄工农业，特别是手工业的发展，其制酒业尤为突出，清光绪年间，牛庄隆泉烧锅规模宏大，占地1.3万平方米，有8个大粮仓，每年产酒72万斤，仅储粮达180万斤。郅隆泉酒当时被誉为关外第一酒。1911年曾参加巴拿马国际博览会。此外牛庄大葱、大枣、苇席、河鱼等地方特产，就如今天的"名牌"一样享誉海内外。有史料记载，牛庄集市，仅一个早上便可销售河鱼万斤以上，而苇席则达数千片。当时牛庄是东北大豆的集散地，从这里转运海内外，一时牛庄竟成了我国沿海诸省二十万商民船工的生命线。更令人惊奇的是，由于商业繁华，人口密度大，牛庄的中医药业也十分发达，除了转运东北山参、虎骨等名贵药材以外，1909年牛庄名医王耀东创办了著名的中医学校，并得到了奉天督军的支持，共培养医生150余人，使牛庄成为当时东北地区医生最多的地方。从民国初年到1945年，牛庄地区曾接连发生几次严重瘟疫，由于此地医生如云、医药及时，令人毛骨悚然的霍乱竟被遏制，牛庄成了人们逃避瘟神的去处。

牛庄的地理位置和牛庄的繁华，也为其带来了不可避免的灾难，使其成为历代兵家的必争之地。

《明太祖实录》记载：洪武六年（1374）十一月，元朝旧将纳哈出寇辽东，兵袭牛家庄，烧毁仓粮十万余石，军士陷没者五千余人。清光绪二十年（1894）中日甲午战争，日军由丹东、岫岩、析木城一线进逼海城、牛庄。淮军、湘军等牛庄军民英勇抵抗，战况惨烈，城内百姓曾多遭日军杀戮。1900年，为反对法、俄等帝国主义的侵略，鞍海地区人民爆发了声势浩大的义和团运动，并公推牛庄齐凤仙为"武穆岳元帅"，焚教堂、拆铁路，与外国侵略者武装对抗。六月初十将高大的牛庄天主教堂付之一炬，并当众打死了法国传教士大司铎。1904年的日俄战争中，俄军在旅顺口败北，退经海城牛庄时，烧杀抢掠，无恶不作，曾将数十辆牛庄中国商车纵火焚毁，商人死伤无数。

1931年的日本侵华战争开始后，牛庄古城又燃起了抗日烽火，牛庄人纷纷拿起武器，以"绿林英雄"的面目同日本侵略者进行了殊死搏斗。同年10月，牛庄人曾活捉日本军官一人，当即铡下人头。11月李洪川等农民英雄率抗日队伍同日军交锋，烧毁汽车多辆，打死日军一人，当时令日军闻风丧胆的"抗日救国义勇军"将领"老北风"，即是活动于牛庄地区的著名绿林英雄。1942年，由山东老解放区派遣的共产党员高永久来到牛庄，建立了海城地区第一个党支部。

古城牛庄，不仅有着悠久的商埠历史，而且始终保持着关东人民反抗外来侵略的民族精神和气节。

牛庄古镇的崛起，源于商埠码头的建立，而牛庄古镇的衰落，亦起因于商埠码头的停滞。1864年，因太子河道日渐淤塞，营口开港之后，牛庄港便为营口港所取代，而牛庄城也自此逐渐走向了衰败。可笑的是，营口港开港之后，有些外国人居然指鹿为马，仍固执地称营口为"牛口"，足见牛庄的历史影响是何等深远。

三、近代文化的繁荣和发展

近代的牛庄古城，像一颗璀璨的明珠，镶嵌在辽南大地上。它印记着鞍山人民世世代代辛勤开拓的身影，也铭刻着外国侵略者的铁蹄蹂躏践踏的累累伤痕，几经沧桑，几经磨难，终于获得了真正的繁荣昌盛。

牛庄的非物质文化遗产十分丰富，闻名中外的东北高跷就发源于牛庄，已被国家定为非物质文化遗产。风靡全国的二人转，它的前身就是喇叭腔，也是牛庄固有的文化瑰宝，牛庄的老爷庙大戏楼，初建于康熙年间，杨豆包子戏园子、胡家馆子戏园子、楼头戏场、天主教堂戏院、牛庄剧院，每逢庙会节日，戏曲连天，好不热闹。牛庄的小吃也享誉国内，其中最有代表性的"牛庄馅饼"，驰名国内外，已经是辽宁省级非物质文化遗产。

牛庄的郑隆泉非常有名。历史上牛庄的制酒业犹为突出。山西人最早选中了这座水草肥美的城镇，在清朝乾隆年间办起了烧锅，光绪二十五年（1899），资本家郭家楷、经理人王占魁投入资本金 6000 元，选址太平桥东，又雇用 60 多个店伙计，占地 20 亩，用今郑隆泉井酿酒。据说当时的郑隆泉酒厂规模不小，拥有厂房、曲房、柜房、客房、大小厨房、仓库等 77 间房舍；货仓 8 座，年储粮 180 万斤；东南西北各有炮台，水井 3 眼，年储曲种 19.8 万公斤，每日三班，每班 6 人，一次投料达 1000 公斤，出酒 400 多公斤，年产白酒 36 万公斤。这样规模的酒厂，即便在今天也是不太多见的。

【作者简介】刘鹏，鞍山海城市文化旅游和广播电视局。

边海重卫——鞍山市域长城资源空间特色研究

王　鹤　罗艳秋

鞍山是长城国家文化公园辽宁段的重要组成部分，市域内长城资源以明代辽东镇长城防御系统为主，包括长城本体和附属设施。根据已公布的辽宁省省级文物保护单位（长城类）统计，鞍山市域范围内的长城资源分布于"一市、两区、两县"行政区域，即海城市、铁东区、千山区、台安县和岫岩县，包含12处明代长城遗址遗存，共计89处文物点。

鞍山市域长城资源分属明辽东都司广宁卫（卫治于今辽宁省锦州市北镇市）、海州卫（卫治于今辽宁省鞍山市海城市）、盖州卫（卫治于今辽宁省营口市盖州市）等管辖，对应现代行政区划集中在鞍山市的台安县、海城市和岫岩县境内。此三卫是明代辽东镇长城防御体系的重要构成，是衔接辽西、辽南、辽东防线的关键性"陆—海""边—海"转换节点，也是边海防系统向防御中枢"辽阳镇城"传递的关键性区域。鞍山市域长城资源分布的地理环境多样，西邻渤海辽东湾、东至黄海北岸，辽东丘陵南北横贯，是辽河平原、辽东丘陵山地交错过渡地带，形成了长城资源赋存的多样性空间。

一、以海城市为中心——辽东防线边海防转换点

海州卫为明辽东镇二十五卫之一，亦是金、复、盖、海"辽南四卫"之最北建制，处于辽东半岛海防、边防系统承接转换区域。《全辽志》记载海州卫置于明洪武九年（1376），隶属辽东都指挥使司，附牛庄驿、耀州驿、沙岭驿，领东昌堡、东胜堡及边台31座，腹里接火台17座，障塞（土墙）一道。明代海州卫城即为今

海城市区内老城区所在范围，海州卫所辖范围大致与今海城市市域范围相当，已公布文物"明长城—海城段"，包括的长城资源^①主要为长城附属设施烽火台（代码353201）18处；堡（代码353102）3处（长静堡、东昌堡、东胜堡），未公布的长城资源还包括土筑城墙（障塞，地表大部已消失）、卫城及相关遗存等。

明代辽东镇东部防线由海防系统、边（陆）防系统组成，该线南起旅顺口经金州卫、复州卫、盖州卫、海州卫等经辽阳，北止于开原路镇北关，承担辽东半岛沿岸至辽东腹地之防御重任。在地理格局上海州卫处于辽东丘陵山地向中西部辽河平原过渡的台阶地带，整体呈东高西低倾斜地貌，东部丘陵山地平均海拔300米以上，西部为辽河、浑河及太子河冲积平原及洼地、海拔5—15米。在防御布局上卫城向北距辽阳镇城、向南距盖州卫城均为70千米，处于两者间驿路的中心位置。城址高程为18—25米，东侧十余处烽火台布置在丘陵山地边缘，距卫城平均约10千米，高程在50—150米之间，平行于驿路走向向北汇聚于鞍山驿（明代属定辽前卫辖）；西侧近10处烽燧台群布置于太子河、浑河及辽河沿岸，距卫城平均约15千米，高程在6—10米之间，亦平行于驿路走向向西汇聚于牛庄驿，形成东高、西低的两翼空间布局。明代以海州卫城为中心，与相邻的广宁卫、盖州卫衔接，完成了辽东半岛、辽西地区海防、边防、陆防讯息向辽阳镇城的转换和传递。

二、以台安县边台障塞为中心——辽东湾边海一体防线

台安县境内已公布文物"明长城—台安段"包括：长城墙体——土墙（代码382101）3处、墙体设施——敌台（代码352101）22处、附属设施——烽火台（代码353201）4处；堡（代码353102）2处（平洋堡、西兴堡），基本可对应《全辽志》《辽东志》记载的边台、障塞（土墙）与堡。以边台障塞（局部土筑长城城墙）为主要构成的台安县长城文物是鞍山市长城资源类型较为丰富的区域。

明辽东镇长城（边墙）沿辽河西岸段大致呈东北向西南走向，至牛庄驿北侧东小村后急转北折接广宁卫长城防御系统，因此形成了辽东镇长城最为显著的"转折

---

① 《长城资源要素分类、代码与图示》（WW/T0029-2010）。

段", 现今该段长城约四分之三位于台安县境内、四分之一位于海城市境内。该段长城横跨太子河、浑河、辽河等, 赋存环境地势平洼、河网纵横, 呈典型的"辽东湾沿岸河口水系长城段落"景观形态, 其转折点为明代三岔河之上游, 即辽河、太子河与浑河的交汇点处, 此处自唐代即为水陆交通要道和军事争夺焦点。至明代更是海路由辽东湾经辽河口进入辽东腹地的战略要冲, 辽东镇长城在此钩转之意图为控制通向辽阳的内河航运入口、构成边海防线。

明代此段长城防御系统中包括西兴、平洋（阳）、西宁、西平①等堡, 统领沿线边台要冲。据《全辽志》载西兴堡: 堡南地势平漫临境堡南清泉铺可按伏死鱼湖空通贼道路海州城兵马可为策应……载西宁堡: 堡东布花堡可屯兵堡西河湾空可按伏高墩铺通贼道路海州城兵马可为策应……载西平堡: 堡南地势平漫临境堡东南高墩铺可按伏小河口空通贼道路海州城兵马可为策应……通过记载可发现以"明长城—台安段"为中心的边台障塞多处于"地势平漫、按伏（通贼）道路"环境, 具有守备辽东湾—辽河口边海防线的重要职能。

该段长城处于辽河平原滨海湿地范围（史称"辽泽"）, 多河入海造成了地势低洼、河网纵横、港汊交错的地形特点, 这也是此段长城资源保存不佳的主要原因之一。"明长城—台安段"呈线性分布保存有长城墙体（土墙）、墙体设施（敌台）、附属设施（烽火台）和堡城, 清晰地展现出明代辽东湾北岸长城防线、南北衔接盖州卫海防线和广宁屯右卫海防线、向东连接辽东边防至中枢辽阳镇"边海一体"的战略布局。

三、以岫岩县烽火台群为中心——黄海—辽东都司传烽区

岫岩满族自治县（以下简称"岫岩县"）在明代为岫岩堡（绣岩城）, 属盖州卫所辖, 初于明洪武元年（1386）设立, 明中后期多加整饬扩大, 是辽东丘陵大洋河流域至黄海重要的防御中心。已公布的"明长城—岫岩段"包含 27 处文物点, 均为附属设施——烽火台（代码 353201）。这些烽火台遗址分布于大洋河（明代称

---

① 西宁堡、西平堡属盘锦市域范围。

五重河）、哨子河（明代称杓子河）沿岸高峰险岭之上，高程通常在 150—380 米之间。

由于受到横贯南北的辽东丘陵阻隔，明代黄海沿岸的警报讯息传递至辽东都司的线路并不顺畅。辽东丘陵的东部山区海拔多高达千米，山势逶迤、地形险峻，东北向西南绵延 500 余里，阻挡了人员、物资和讯息向辽南驿路和辽东都司的传递。岫岩堡向东南距黄海大洋河入海口约 70 千米、西北距海州卫城约 80 千米，在空间上基本处于黄海沿岸至辽南驿路的中点位置。明代黄骨岛堡（今大连市庄河市黑岛镇）是黄海沿岸重要的一座海防要塞，其西至归服堡（今大连市普兰店区城子坦镇）、东至大洋河口（今丹东市东港市孤山镇）之间的海岸线与辽东都司最为便捷的传烽线路即沿大洋河、哨子河流域达岫岩堡后经海州卫再抵辽阳镇，这也是明代黄海沿岸通向辽东中枢最重要的"传烽区"之一。作为"传烽区"的中心，岫岩堡亦同时接收传递由归服堡至岫岩堡、定辽右卫（明凤凰堡，今丹东市凤城市）至岫岩堡的传烽讯息，从而形成了黄海—辽东都司"传烽区"的中心。

由黄海各前哨经岫岩堡向海州卫、辽阳镇腹地递送的传烽系统，有效地衔接了金州卫海防线（黄海）、盖州卫海防线（渤海）与辽东边防线的联络通路，以岫岩堡为中心形成了黄海—辽东都司边海防讯息传接区。

四、结语

鞍山市域内的长城资源包含了明代从辽西至辽东的三卫的统辖范围，从渤海辽东湾跨辽河平原、越辽东丘陵至黄海北岸，形成了纵横 300 余里的范围，也形成了多种形态的长城文物遗存。有明一代，辽东镇防务始终不可避免地交织着边防、海防、陆防因素，辽宁明长城的设置更受到渤、黄二海的影响而凸显复杂形态。辽阳镇城作为明朝辽东军政首脑中枢所在，其西、南、东百余里分布的广宁卫、海州卫、盖州卫如都司的前端屏障，构成了战略防御的点、线、面。从今天长城国家文化公园辽宁段的布局审视，鞍山市长城资源也确处于明代辽东镇长城防御系统的空间"十字交叉点"：西南接盖州卫海防、西北接广宁屯右卫海防和辽西边防、东南接金州卫海防，向东北则直通辽东都司所在辽阳镇，完成了明代辽东边、海防的转换和传递，具有"边海重卫"的空间形态特征，在长城的保护和展示中应注重对其特有空间形态的保护和展示。

·参考文献·

［1］（明）李辅，高凤楼修. 全辽志 [M]. 上海：书店出版社，1994.

［2］辽海丛书. 辽东志 [M]. 沈阳：辽海书社，1985.

［3］刘谦. 辽东镇长城及防御考 [M]. 北京：文物出版社，1989.

［4］辽宁省文物局. 辽宁省明长城资源调查报告 [M]. 北京：文物出版社，2011.

［5］中国长城建筑与地理信息数据库（v1.3 版）。

【作者简介】王鹤，沈阳建筑大学设计集团有限公司。罗艳秋，鞍山市文化旅游广播电视局。

大连市辽代长城文物资源构成及展示利用研究

吕海平　马保恒

根据《辽宁省燕秦汉长城资源调查报告》和《辽宁省明长城资源调查报告》，辽宁地区的长城史迹从公元前3世纪战国燕长城开始，历经秦汉、辽金至明代边墙历代都有修筑。辽宁省是中国北方长城史迹分布和保存最丰富的省份之一。

两本辽宁长城调查报告中均未提到位于大连市的辽代长城。早在20世纪30年代日占时期，日本学者岛田好在田野调查和史志资料的基础上撰文《哈思罕关考》，就提到过这个辽代长城上的关隘。新中国成立后，我国学者展开田野调查，研究成果在20世纪80年代末陆续发表，2009年《辽宁辽长城调查报告》明确了目前国内唯一的辽代长城的基本情况。辽代长城为辽宁省长城资源和文物增添了新的、独有的特色和魅力，了解其文物资源的构成和现状，在大连市长城国家文化公园建设中展示利用好这一独有的长城资源。

一、大连市辽代长城概况

辽代长城位于辽宁省大连市甘井子区，建于辽太祖二年（908），常简称为"辽长城"。辽长城北距大连市金州区约8千米，横亘于辽东半岛南端之"金州地峡"，是连接渤海金州湾和黄海大连湾的人造长城，全长约5.8千米。其南起后盐村黄海岸边，向西北经过前关村、后关村，北止土城子村西侧渤海岸边，呈东南—西北走向，为土石混筑的辽代军事防御设施。

（一）辽长城历史沿革和修建目的

根据《辽史·太祖本纪》记载，太祖二年（908）冬十月"筑长城于镇东海口"，该长城后世一般称之为"哈斯罕关"，契丹语为"木栅栏"之意。辽兴宗时期曾于今辽东半岛北部置苏州（今金州）、扶州（今复州），因关址距苏州距离较近又称之为"苏州关"。至金代辽苏州已降为化成县，"苏州关"亦改称"化成关"。元代沿用此关，称"合斯罕关"（或曷撒军西）。明代置金州卫下辖三关，分别为哈斯罕关、萧家岛关和旅顺口关。至清代该关渐废，荒毁呈断续的凸出地隔，俗称"土岗子"。

辽朝设置哈斯罕关及长城的目的，根据《宋会要辑稿·番夷》记载，宋淳化二年（991）女真首领罗野里鸡说："契丹贡中国，去百里，置三栅兵三千绝其贡献之路。"《契丹国志·本纪》也称："辽圣宗统和九年（992）冬，女真以契丹兵隔其宋之路，请宋攻之不许，自是遂属契丹。"根据上述文献分析，辽灭渤海国后，东北地区的女真部族、渤海国旧民等仍与中原宋朝保持经济往来、向宋进贡，辽朝"虑女真为患"意图"分其势，使不得相通"，强制此地的女真部族、渤海降部等北迁到复州—熊岳一带，设怀德军节度；置苏州设安复军节度。然辽河、松花江一带的女真部族仍通过海路与宋朝保持往来，辽为绝其与宋的"朝贡之路"，故于苏州南侧"地峡"之地修筑关墙并派兵士防守。金代设曷苏馆女直大王府、置苏馆路予以管理，主要目的为控制与中原王朝的海路联系、收取关税。

（二）"辽长城—甘井子段"文物名称和文物构成的确认

自20世纪初以来，国内外学者对辽长城进行过多次考古及调查研究，取得较为丰厚的成果。通过历史文献研究整理，明确了此段长城为辽代初期所建，根据现存长城所在行政区划命名为"辽长城—甘井子段"（16—1），包含墙体和哈斯罕关，明确了该段长城的黄海、渤海端点，确定了两端点之间的长城走向及其保存状况，厘清了文物的历史沿革。

通过考古调查确定了保存较为完整的辽长城中段，即土城子长城1段和土城子长城复墙，确定了哈斯罕关关址的位置；确定了辽长城的基本建造材料及工艺构造，明确了辽长城甘井子段的基本文物构成和原始形制。

（三）辽长城文物构成和管控范围

1.辽长城文物构成

目前，大连市辽长城主要由两大部分构成，即地面遗存段落和地面消失段落。地面遗存段落有辽长城—甘井子段、哈斯罕关址和前关烽火台，目前均已申报为各级文物保护单位，其中辽长城—甘井子段为省级文物保护单位，包括土城子长城1段（210211382102140002）和土城子长城复墙（210211382102140004）。长城墙体基础以块石掺和白灰加固，墙体为土石混筑，断面呈梯形。现存完整部位底宽6.3米。哈斯罕关址为市级文物保护单位，位于甘井子区大连湾镇土城子村。关门设在关址中间部位，门宽5.8米，南北排立一行大圆木，底层东西向横牵小圆木。关门南250米有望台遗址，残高约8.4米、宽约20.5米。关址东南有瓮墙，瓮口在关门东北。地面消失段落有土城子长城2段和前关长城遗址。

辽长城南段有两座烽火台，其中之一为区级文物保护单位"前关烽火台"，位于甘井子区大连湾镇前关村。烽火台外侧设置在原台子山上，内侧设置在原前关村内（今罕关北路与关厢路交口处），为石砌方形墩台，根据考古调查报告附近发现有居住遗址。

（1）土城子长城1段；（2）土城子长城复墙；（3）哈斯罕关址；（4）前关烽火台
（a）辽长城黄海端点；（b）前关长城遗址；（c）土城子长城2段；（d）辽长城渤海端点

大连市辽代长城文物构成示意图

2. 辽长城文物管控范围和展示利用要求

根据文物档案和《省级文保单位辽长城—甘井子段保护范围和建控地带专家指导意见》《辽长城—甘井子段保护范围和建设控制地带测绘图》，辽长城—甘井子段保护区划范围如下：

保护范围由墙基外沿向东、西外扩 50 米，面积约 97294.2 平方米。墙基为土城子长城 1 段（北端坐标：X=4325235.131，Y=41579.320 南端坐标：X=4324639.695，Y=41874.670）、土城子长城复墙（北端坐标：X=4325301.279；Y=41598.514 南端坐标：X=4324660.496，Y=41920.641）、外侧墙基延长线。南、北两方向范围为现有墙基连线，不进行外扩延伸。保护范围面积为 97294.2 平方米。建设控制地带由保护范围向东、西外扩 100 米为Ⅲ类建控地带。建设控制地带面积约 129326.0 平方米。

根据《关于文物保护单位的保护范围及建控地带的说明》（辽政发〔1993〕8号附件 2）规定：保护范围内除因特殊需要必须兴建其他工程，拆除、改建或迁建原有古建筑及其附属建筑物时，须经省人民政府和国家文物局的同意。Ⅲ类建设控制地带为允许建高度 9 米以下建筑的地带。这一地带新建筑的性质、形式、体量、色调都必须与文物保护单位相协调。其建筑设计须征得省文物主管部门同意，城市规划部门批准。

根据《关于划定和公布大连市市级以上文物保护单位保护范围和建设控制地带的通知》（大文物〔2003〕第 1 号），哈斯罕关址的管控范围已并入省级文物保护单位"辽长城—甘井子段"的范围之内。根据《甘井子区人民政府关于公布区级文物保护单位保护范围和建设控制地带的通知》（甘井子区人民政府，2021 年 7 月 23日），区级文物保护单位"前关烽火台"保护范围为烽火台台体整体保护，无建设控制地带。

二、大连市辽长城现状和展示利用条件

（一）保存状况和影响因素

辽长城—甘井子段全长约 5.82 千米，自黄海岸边起包括前关长城遗址（地表消失段落）、土城子长城 1 段（含复墙）和土城子长城 2 段（地表消失段落），至渤海岸边止。各段现状情况如下（表 1）。

表1　辽长城文物构成现状信息一览表

名称	长度（km）	起上点坐标/高程（m）		保存状况	占比	备注
前关长城	3.59	E121° 39′ 8.52″ N39° 01′ 32.82″	3.0	地表呈断续凸起，大部分段落消失	62%	未列入不可移动文物名录
		E121° 38′ 16.2 N39° 03′ 21.3″	50.0			
土城子1段	0.68	E121° 38′ 16.2 N39° 03′ 21.3″	50.0	呈消失、遗存和地表现存三种形态	11%	省级文物保护单位
		E121° 38′ 5.2″ N39° 03′ 39.2″	43.0			
土城子复墙	0.73	N39° 03′ 18.1″ E121° 38′ 19.0″	50.0	呈消失、遗存和地表现存三种形态	——	省级文物保护单位
		N39° 03′ 40.0 E121° 38′ 5.7″	43.0			
土城子2段	1.55	E121° 38′ 5.2 N39° 03′ 39.2″	43.0	地表呈断续凸起，大部分段落消失	27%	未列入不可移动文物名录
		N39° 04′ 27.6″ E121° 37′ 46.1″	7.0			
合计	5.82	——	——	——	100%	——

土城子长城1段南段

土城子长城1段北段

土城子长城1段中段

复墙南段

复墙中段

哈斯罕关址

前关长城遗址（地面消失段）

土城子长城2段（地面消失段）

前关烽火台

大连市辽长城各文物构成现状照片

结合现场勘察情况，为便于统计将辽长城—甘井子段遗存段落（土城子1段、土城子复墙）保存状况划分为"地表现存""地表遗存""地表消失"三种。"地表现存"指辽长城在地表以上保存有明显的构筑物的区段；"地表遗存"指辽长城在地表以上构筑物不明显，仅以低矮、断续的轻微隆起状态保存的区段；"地表消失"指现有地表以上无明显构筑物的保存状态，分别统计状况如下（表2）：

表2　辽长城—甘井子段遗存段落保存状态一览表

名称	保存状态	长度（m）	占比（%）	存高（m）	存宽（m）	材质
土城子长城1段	地表现存	34.0	5%	3.92	15.6	土石混筑
	地表遗存	358.8	52%	——	6.5	同上
	地表消失	287.2	43%	——	——	——
合计		680.0	100%			

名称	保存状态	长度（m）	占比（%）	存高（m）	存宽（m）	材质
土城子长城复墙	地表现存	122.2	17%	0.5-1.2	2.4	同上
	地表遗存	399.2	55%	——	6.4	同上
	地表消失	207.2	28%	——	——	
合计		728.6	100%			

总体来看，辽长城文物本体保存状况较差，能较为清晰辨识的地表现存长度仅为 5%—17%。根据现场勘察发现，影响辽代长城保护的主要因素为以下五点：

（1）自然因素。经历 1000 年风霜雨雪的侵袭、生物侵害，导致辽长城—甘井子段破坏。

（2）特殊地理位置因素。辽长城所处地理位置恰为辽东半岛南端的最窄"地峡"处，是连接大连市主城区、旅顺口区的交通咽喉要道。自 20 世纪以来，铁路、公路、高速公路、高速铁路均在此通过，导致辽长城被交通线路切割，形成不连续的段落，导致辽长城的整体保护极为困难。

（3）城市发展速度较快。辽长城—甘井子段所在区域近年来已经调整为城市建成区域，黄海沿岸进行了大面积的填海造地，原有自然环境变化剧烈。文物区域已进入快速的城市化进程，用地的功能调整、人口变化都导致对辽长城保护困难，人为破坏因素不易消除。

（4）研究不足。辽长城—甘井子段在公布为省级文物保护单位之前，文物保护级别较低、文物本体相对模糊，尽管进行过多次田野考古调查，但始终未进行较为系统的考古发掘和研究，对文物的构成、价值等认知有待进一步明确，由此导致对文物的保护措施实施不利。

（5）文物自身因素。辽长城墙体为土石混筑和木栅栏，均为不耐久建筑材料，长城墙体结构和材料容易消弭在自然环境中。

（二）文物展示利用条件

辽长城—甘井子段的文物展示利用劣势条件非常突出，总结起来主要有 3 点：

（1）劣势条件一：该段长城因多条铁路及公路的切割，造成难以逆转的破碎段落，为辽长城的完整展示利用之最不利的条件。

（2）劣势条件二：近年来大连湾、金州湾的填海造地，极大地改变了辽长城黄海、渤海端点处的景观风貌，形成了不可逆转的自然和人文环境的改变。为辽长城的真实展示造成不利的影响。

（3）劣势条件三：被分割成破碎段落的辽长城受城市建设影响较大，多存在建设和生产占压情况且难以在短期内改变。

辽长城—甘井子段文物展示利用的优势条件也很突出：第一，大连市辽代长城目前为全国唯一，填补了辽代少数民族建造长城的空白，文物价值很高。第二，省级文物保护单位土城子长城1段、土城子长城复墙保存较为完整、遗址集中，所受扰动相对较小，具有较好的集中展示利用条件。第三，辽长城分布沿线已建成城市绿地条件较好，形成较好的点状展示条件。如原长城渤海端点处的妈祖庙绿地与前关烽火台毗邻的前关湿地公园和原长城黄海端点处的振连广场城市绿地，都为辽长城的展示提供了良好的基础。

三、基于不同保存现状的辽长城展示和利用

（一）辽长城地面消失段的展示和利用

辽长城地面消失段落及相关人文遗存是辽长城重要的组成部分之一，不能因为看不到、见不着就认为它们不存在。长城在地表消失不等于地下没有遗存，例如土城子长城2段和前关长城地下仍有城墙基础，它们虽然没有被纳入文物本体中来，但是通过考古探查等手段，发现其物质遗存只是时间问题。对辽长城—甘井子段进行考古勘探、发掘，明确辽长城的走向、规模和遗存特征等。重点明确地表遗存段、现存段的文物信息，地表消失段的走向及规模等。通过考古技术手段为辽长城特色展示带提供实物例证。

以此为基础，结合国土空间规划和城乡发展情况，在合适地点把辽长城地面消失段落作为"公众考古预备基地"或"城市绿廊+健步廊"进行适度展示和保护，有条件的情况下可以把遗址纳入省级文保单位辽长城—甘井子段的文物构成中。

根据辽长城—甘井子段实际情况，选择辽长城—甘井子段中具有突出意义的

相关遗存作为特色展示点，以弥补该段长城文化资源相对不足的短板，并可以充分利用现有城市公共绿地资源，把文物资源与城市建设紧密结合，赋予城市应有的文化底蕴。例如结合妈祖庙绿地设置辽长城渤海端展示点、结合前关湿地公园设置前关烽台展示点、结合振连广场绿地展示辽长城黄海端展示点。

相关辽长城特色展示点结合城市绿地展示利用

（二）地面遗存段落作为辽长城主题展示区

辽长城地面遗存段落目前均已纳入各级文物保护单位的范畴内，文物保护范围内的文物本体的展示利用是辽长城的主题展示区，是展示利用的重点和难点。重点是因为辽长城的核心物质遗存在保护范围内，难点是展示利用时协调好文物本体与展示设施的关系，或者说展示设施对文物本体不能破坏或形成安全隐患。

主体展示区范围重合辽长城——甘井子段各级文物管控保护区，利用相对集中、保存较完整的土城子1段、复墙和哈斯罕关址为展示核心，形成主题展示带和展示带上的主题展示点。主题展示带是辽长城长城国家文化公园的核心范围，展示方式以原状展示、遗址展示和模拟展示三种方式为主。

原状展示重点展示现存于地表以上、保存较为完整的长城段落，主要为土城子1段、复墙的地表现存部分。遗址展示重点展示现存于地表、保存不完整的长城段落，结合考古发掘进行墙基解剖、墙体断面等考古研究的实物展示。考古解剖的局部段落在露明保存状态下，可增设棚罩进行展示及保护，哈斯罕关址遗迹展示亦采取此法。模拟展示则重点展示已消失的长城段落，通过考古研究确定其宽度、地表走向等信息，通过地面标识、铺装、指引说明等设施进行展示。

遗址展示路径以围绕展示对象选址，且距对象本体距离保证文物安全距离。展示路径应能够具有良好的引导性、可达性和便捷性，展示路径为环状符合一般展示

原状展示

遗址展示

模拟展示

长城文物本体展示利用三种方式意向图

120

区内路径的设置原则。在展示的重点点段，如墙体、考古断面、重要遗址区域等，设置可安全停留的场地，以满足观赏需求。观赏区域的设置应保证与文物的安全空间距离且满足一般展示区场地的设置原则。除在公园内的一般平视视角外，还在展示区北区和南区的连接人行天桥上提供可俯瞰辽长城—甘井子段的高位视角，将公园全貌作为遗址展示的一部分。

为了更好地实现对辽长城文物本体的展示，根据文物现存状况对文物本体及保护范围有序实施以下保护工程，方能达到展示利用的效率。

1. 辽长城本体保护工程

本体保护工程以消除威胁辽长城结构安全隐患为主要目标，保证长城结构稳定，保护长城遗存的真实性、完整性和延续性。在现状勘察的基础上，根据辽长城—甘井子段结构特点，保存现状和结构稳定性评估结果，选取适应性技术措施，确保保护措施的可行性和可操作性。针对不同保存现状的辽长城本体实施不同的保养维护、修缮和加固工程。该项工程是辽长城—甘井子段保护工程的重点，主要是恢复辽长城结构的稳定状态，防止进一步恶化导致严重后果。对辽长城遗存的现状勘察应结合考古工作成果进行，且考古应先行。

2. 保护性设施工程

保护性设施是为了消除辽长城—甘井子段潜在的自然和人为破坏因素而实施的保护工程。所实施的保护性设施不得作用在辽长城文物本体上，工程主要包括：保护性围栏（于管控保护区范围设置）、保护棚罩（结合考古发掘及展示局部设置）、截排水设施（局部低洼地段排除地表积水，防止侵袭本体）、文物"三防"设施。保护性设施的实施范围为管控保护区内。

3. 环境整治工程

该项工程是保证辽长城文物安全，展示辽长城文物古迹环境原状，保障合理利用的综合措施。工程主要包括：调整、拆除或置换有损辽长城景观风貌的房屋及构筑物，清除可能引起灾害的杂物堆积，制止可能影响辽长城文物古迹安全的生产及社会活动，清除荒草杂树及违规种植的作物。环境整治工程的实施范围为管控保护区内。考虑到历史环境保护区范围较大，区域内生产及生活活动复杂，暂不进行环境整治工程，未来结合后关村的搬迁和改造进行。

4. 长城国家文化公园建设工程

该项工程是在辽长城—甘井子段长城文物展示和利用的综合性工程。公园选址按管控保护 I 区划定，因受罕关北路的通行影响，公园分为北区、南区两部分。公园的对外交通通过罕关北路联系。因公园处于省级文物保护单位的保护范围内，公园内除步行参观通道、参观平台及跨越长城遗址的平台桥外不设置其他构筑物。参观通道为砂石路，平台为轻质钢木材料可逆构造，以降低对文物的扰动。公园的围栏设置位置重合管控保护 I 区界限，并后退罕关北路道路红线 3 米。

5. 基础工程建设应当避让湿地

无法避让的应当减少占用，并采取必要措施减轻对湿地生态功能的不利影响。确需占用或临时占用一般湿地的，参照《中华人民共和国湿地保护法》相关法条执行。

（三）辽长城周边作为传统利用区的展示和利用

大连湾街道后关村地处街道辖区中部，东接毛茔子村，西临拉树房村、后盐村，北靠土城子村，南连前关村，沈海高速公路、202 国道由辖区境内穿过。后关村在册户籍 367 户、常住人口 736 人、暂住人口 1400 余人、企业 30 余家，村无集体产业。行政管辖区面积 2600 余亩，主要有耕地、林地、村庄用地等。

结合后关村的搬迁、改造，选取保存较好的连片民居作为未来辽长城—甘井子段国家文化公园的支撑服务功能区，适度发展餐饮服务、文化旅游、特色生态果园和酒文化展示等，包括游客服务中心、停车场和辽长城文化展示馆。

游客服务中心规划用地面积 1200 平方米，包括服务建筑和集散广场。游客服务中心建筑利用现有厂房改造，建筑面积 500 平方米，包括游览咨询、导览导游、休息服务及卫生间等功能。停车场建设分为小车停放场地、大巴车停放场地，规划用地面积 3500 平方米，小车停放 51 台、大巴车停放 4 台。

大连市辽长城文化展示馆将使参观者能够看到辽长城的研究成果，包括其历

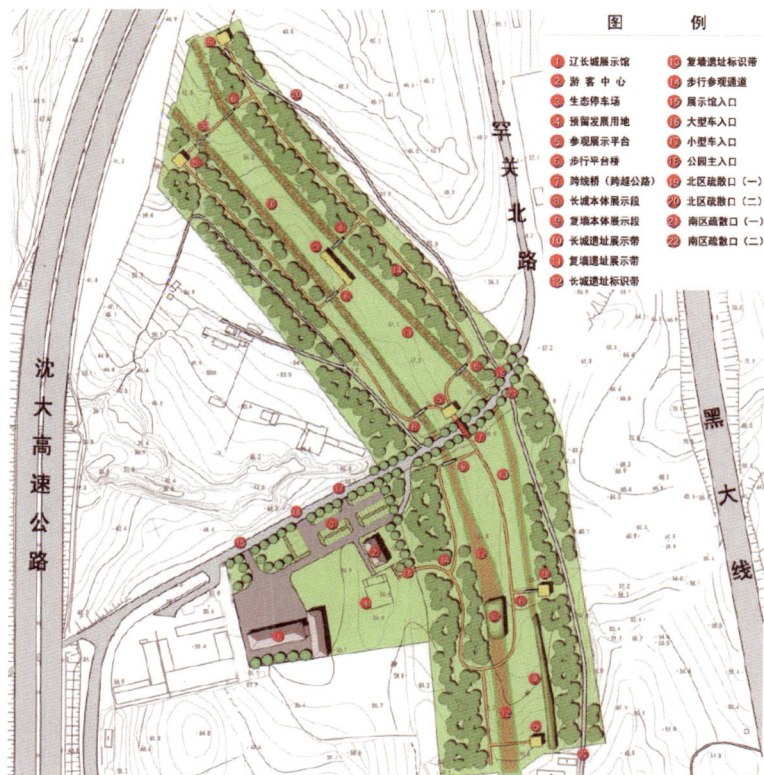

图 例

① 辽长城展示馆　⑬ 复墙遗址标识带
② 游 客 中 心　⑭ 步行参观通道
③ 生态停车场　⑮ 展示馆入口
④ 预留发展用地　⑯ 大型车入口
⑤ 参观展示平台　⑰ 小型车入口
⑥ 步行平台桥　⑱ 公园主入口
⑦ 跨线桥（跨越公路）　⑲ 北区疏散口（一）
⑧ 长城本体展示段　⑳ 北区疏散口（二）
⑨ 复城本体展示段　㉑ 南区疏散口（一）
⑩ 长城遗址展示带　㉒ 南区疏散口（二）
⑪ 复墙遗址展示带
⑫ 长城遗址标识带

大连市辽长城国家文化公园规划设计图

史、考古和文化等多方面的科技信息。目前规划用地面积 6500 平方米，包括广场、主楼和辅楼。展示馆主楼、辅楼利用现有厂房改造，建筑面积分别为 900 平方米、550 平方米。

　　目前，大连市辽代长城资源已编制"长城国家文化公园（辽宁段）大连市建设保护规划（2020—2035）"。根据文化公园的建设目标，大连市辽代长城分为三个阶段即"重点建设阶段（2020—2023）""全面提升阶段（2024—2025）"和"远景展望阶段（2026—2035）"。在重点建设阶段，主要完成辽长城本体保护和保护性设施建设工程、周边环境整治工程，以明确文物信息、建设保护性设施、周边环境整治、游人参观步道为主，以现状保护为主对文物本体不做过多干预，同时加强日常防护，保持遗存的原真性。在全面提升阶段和远景展望阶段，完成辽长城国家文化公园建设、主题展示区建设和传统利用区建设等。以辽宁独有的辽代长城文物本体为根基，利用周边城乡环境现状和发展契机，在城市织补和微改更新的原则下，让城市建设和发展呈现出地域独有的突出的文化品质。

· 参考文献 ·

［1］辽宁省文物局. 辽宁省燕秦汉长城资源调查报告 [M]. 北京：文物出版社，2017.

［2］辽宁省文物局. 辽宁省明长城资源调查报告 [M]. 北京：文物出版社，2011.

［3］王宇、张志成、丁岩、任树德：《辽宁辽长城调查报告》，2009 年 3—6 月，内部材料。

［4］陈仲远. 试述哈斯罕关址的若干问题——兼谈曷苏馆诸名称及其来源 [J]. 大连文物，1986.

［5］张清廉. "镇东关"址初探 [J]. 大连文物，1993.

［6］张清廉. 辽"镇东海口"长城初探 [J]. 大连文物，1993.

［7］王绵厚. 辽金元"哈斯罕关"和"哈斯关长城"若干问题的断想 [J]. 旅顺博物馆学苑，2009.

［8］冯永谦. 大连辽代长城调查考略 [J]. 大连文物，2001.

［9］张志成，丁岩，刘金友. 哈斯罕关建筑年代及相关问题的再探讨 [C]. 辽金历史与考古国际学术研讨会论文集（上），2016.

【作者简介】吕海平，沈阳建筑大学。马保恒，大连市甘井子区文化和旅游局。

盘锦境内明长城及其文化效能

杨洪琦　杨　易

边墙

作为一种重要的防御性军事工程，辽东边墙也是传统意义上的长城，为明长城的一部分，"边墙"只是其别称。盘锦境内的明边墙是辽河西部边墙的一部分，始修于明正统二年（1437），由时任监军都御史王翱、辽东都司定辽前卫指挥金事毕恭倡议并指挥设计修筑。

辽河西部边墙全长 430 余千米，整体走势呈"U"字形，盘锦这部分属其左段，全长 59 千米，于境内两过两出：从西北方的北镇过来，于盘山县胡家镇黑于村进入本境，到太平镇过绕阳河，经得胜镇四台子村向西南延伸，过得胜村、二台子村，抵高升镇（明镇武堡城），再经高升镇东三台子村进入鞍山市台安县境；然后经台安县西南部的四台子村出境，再次进入本境，往东南抵达盘山县沙岭镇（明西平堡城）。接下来继续向西南行走，经古城子镇古城子村（明西宁堡城）直抵三岔关，最后由三岔关过辽河，进入鞍山市海城县境。

此边墙遗址发现于 1982 年全国第二次文物普查期间。当年保存相对完好的是大荒至高升一段，长五六千米，残墙仍高出周边地表 1 米多；其次是高升东三台子村的一段，虽长度不足 2 千米，却仍于地表有明显暴露；再次是三岔关一线，尽管已看不出边墙模样，却也仍为高台地。余者有的已被推土机推平而辟为农田，有的已被当地人就势筑成路堤，使之成为道路，辽东边墙因此被沿途村屯年长者俗称为"老边道"。又由于边墙外围通常还挖有壕堑，注上水，以使边墙更难跨越，故而当地人也多将其称为"边壕"。

成书于民国二十三年（1934）的《盘山县志》对辽东边墙于盘锦境内的走向有

翔实记载，其描述与今天的考古发现相符。这说明至迟在民国二十三年之际，这段边墙尚保留有相对完好的残迹，以至于可以让人对其走向一目了然。

　　辛苦筑就并严密防范的辽东边墙，是明代边疆收缩政策的一个体现，若干年中也确实在一定程度上阻止了北方游牧民族的持续南下，保证了明廷于辽东地区行使皇权的彻底性，并使边内居民获得了相对稳定的生产与生活环境，对地方发展起到了积极作用。

边堡

　　作为明代辽东边防体系的重要组成部分，堡城是用以屯兵卫戍的军事城堡，均筑于边墙内侧，各负责一段边墙及其所属墩台的防务事宜。整个辽东边墙沿线计有堡城98座，其中有3座位于盘锦境内，即镇武堡、西平堡、西宁堡。三个堡遗址在1982年全国第二次文物普查期间也均已发现。在这三座沿边军堡之外，盘锦境内还发现了两座海防边堡，即铁场堡、西安堡，亦均于1982年发现。

　　五堡之中，以镇武堡为首，1982年还在此堡附近发现明代残碑一座，当地人称"得胜碑"。经考证，此碑立于万历二十三年（1595）八月，是为纪念时任辽东总兵官董一元的"镇武大捷"所立，为"纪胜碑"，目前已妥善保存于得胜街道。

　　西宁堡也以西宁堡之役而被史册隆重记取，那是一场后金挑战明政权的战役，发生在明天启二年（1622），也是一场惨烈的血战，双方士卒有3万余人丧生在此，到20多年后的清康熙年间，旧战场的沙草间还仍然白骨纵横。当年有位法名心月的和尚，曾募集资金雇人捡拾地表骸骨，明明骨已捡完，但雨后却又累累遍野，以至于将近数年工夫，每天不下数十人寒暑无间地捡拾，始将遗骸捡尽，分别制冢掩埋。1982年全国第二次文物普查期间，仍于西宁堡遗址周边发现了以青砖、白灰砌筑的明墓葬多座。

边墩·边关

边堡以下的防御设施为边墩、边台，即俗称的"烽火台"。史料显示，盘锦境内的 3 座边堡共领边墩 37 座，其中镇武堡领 15 座，西平堡领 13 座，西宁堡领 9 座。1982 年全国第二次文物普查期间，于镇武堡附近（今盘山县高升镇境）发现墩台遗址 10 处，于西平堡附近（今盘山县沙岭镇境）发现烽火台遗址 8 处，于西宁堡附近（今盘山县古城子镇境）发现烽火台遗址 7 处。计 25 处。余者均已无存。

物质的痕迹虽已被岁月抹去，历史的印痕却还深深拓在这片土地上，显著表现是盘锦至今还保留着众多因墩台而命名的地名，如"二台子""五台子""九台子""光正台"以及"兴隆台""双台子"和"田庄台"等。

与此相类的地名还有更加著名的"三岔关"。三岔关是明代辽东边墙沿线的关城之一，坐落于三岔河。地理位置使然，三岔河在明代向来被视为辽东镇的要害，早在成化十二年（1475）就造有"辽东浮桥"，并"遣兵护守"，后来又在东西两岸各筑一座关城，俨然一扇对开的大门，形成了独具特色的过河关城的防御格局。这就是"三岔关"，为辽东边墙沿线的总计 11 座边关之一。三岔关的西城旧址位于盘锦境内，在盘山县古城子镇境，可惜早已被改道的浑河冲毁而淹没于河水之中，地表遗迹已经无存。

边马场高平苑

2009 年全国第三次文物普查期间，盘锦取得了一项重大考古成果——于境内发现了明代辽东沿边的牧马场"高平苑"的遗址。

作为九边之首，辽东在明代防御任务最重，意外状况最多，导致操骑马即战马的使用量和损耗量都很大。为保障战马的足额供应（原额 46068 匹）和及时补充，明代于建国之初就相继于辽东设置了两个马政机构：一是设于洪武三十年（1397）的辽东行太仆寺；二是设于永乐四年（1406）的辽东苑马寺。

苑马寺是隶属兵部的一个三级机构,分寺、监、苑三级,每寺辖6监,每监管4苑,共24苑。各苑均有"拨定之草场、水泉,地方坐落,四至分明。苑分上、中、下三级,各养马万匹、七千、四千不等"。辽东苑马寺辖升平、新昌、辽河、长平、安市、永宁6监,高平苑为其中安市监所辖的4苑之一,后不知荒废于何年。

目前已确定其遗址在绕阳河与西沙河之间地带,横跨盘锦与北镇两市。

通过初步考察,可知高平苑当年应筑有围墙,这既为保证其四至分明,亦为防止邻近屯垦士兵及当地农民对草场的盗耕蚕食。苑墙的构筑方式与辽东边墙相同,亦属夯土墙,筑于边墙内侧,且北面借助于边墙,与其相扣呈"U"字形。其轮廓今仍依稀而见——东部起点在盘山县大荒镇四台子与三台子之间的辽东边墙上,然后西南行走,经得胜镇得胜村、三道村、后鸭子厂村,过陈家镇后腰村,再拐向西北,经太平镇张家村过绕阳河,进入胡家镇境,取道田家村、刘家村、黑鱼村,过西沙河进入北镇市境。接下来西北方向行走,呈漫弧形向辽东边墙逐步趋近,过赵屯镇,入青堆子镇,并在此与辽东边墙汇拢。整个走势呈半椭圆形,全长约43千米。

其中得胜镇得胜村至后鸭子厂村的一段,长达5000余米,现为柏油村路,宽约5米,高出周围地表1米左右;胡家镇黑鱼村内的一段,现为农用道,宽约4米,与周围地表持平;黑鱼村边缘的西沙河一段,现为防洪堤坝,仍可见夯土墙痕迹。西沙河河床上也还暴露有一段苑墙,高出周围地表0.5米至1米,宽约3米,很早即被村民当作"老边道"且一直沿用至今,冬天河枯以及夏天河水干涸之际,当地村民多经此道去北镇。

从《全辽志》所列的"平川等一十二苑草场顷亩四至"中可知,这12苑中以高平苑的草场面积最大,为550顷43亩,约合36.7平方千米。不曾精确勘察这段长约43千米围墙所圈之地的具体面积,只是做了一个粗略估计:若当其为正方形来计算,面积是46.2平方千米,鉴于其为半椭圆形,故而实际面积要小于46.2平方千米,即与36.7平方千米的数值相近。这是判断其为高平苑旧址的重要依据之一。

重要依据之二,在于苑墙沿线各村屯中的年长者,一致认为这块被"边墙"围起来的地方,古时是官方养马的所在,不约而同,又各有依据。胡家镇田家村的赵福庆老人说,绕阳河与西沙河之间地势平坦,水草丰富,水源充足,古时候就是牧马场，解放后也还在此设过畜牧场；黑鱼村的孙世权老人说，儿时曾听老辈人讲过，"老边道"里头原是牧马场，不让人耕种，也不让人住，废弃后人们才住进去，并有以马场命名的屯子。大荒镇后鸭子厂村的常国喻老人证实了这一说法，说"圈地"之内现在还有一个名叫"小马场"的自然屯。

对于这一推断，还另有三个不可忽略的佐证：一是高平苑内迄今没有明代聚落址的发现，而苑墙外围则已发现多处；二是据史学家张士尊考证，高平苑所在地"即今（北镇）冯赵屯村附近"；三是《盘山县志》中有这样的记载："边壕，在（盘山）县城西北第五区管界内，相传清乾隆年间官府修筑。西起杜家台河，经太平庄、么路子、小糖房等村北，长约二十余里，为牧厂、民地之界限，壕南为殖民开垦之地，壕北为牧厂荒野之区。"

总之，通过慎重的田野考察以及翔实的村民采访，再结合文献记载，并参照明代卫戍设施及驿站在盘锦境内的分布，我们最终确定这块被长墙圈围起来的地方，即为明代辽东苑马寺安市监所领六苑之一的高平苑。这是盘锦市在全国第三次文物普查期间的一大新发现，也是最令人欣喜的一大收获，对今人了解盘锦于明代的文化经历有着重要意义。

边墙文化

明代以前，盘锦地区一直处于政治与权力的边缘，社会环境较为单纯；步入明代之后，随着边防重地之地位的明确，其社会情境也日趋复杂，居民生活亦随之繁复起来了。这种生活环境的复杂化虽是明代辽东地区的普遍现象，对盘锦地区而言却是前所未有的转变，而且这种变化对盘锦地域文化的面貌产生了深远影响。

实际上在终明一代，盘锦地区产生了至少两个引人注目的文化现象。

一是目前于盘锦境内发现的85处明代聚落址，在分布上呈现着以卫戍设施为核心的外向辐射。如果说史前本境居民对居址的选择是以靠近河流为必需前提，秦汉隋唐尤其是辽金元时期，人们对居址的安排是以尽可能向政治、经济和文化中心靠拢为标准，那么到明代，辽东边地所特有的军政气息，则已使本境居民选择居址的坐标被再度刷新，转而向卫戍设施靠拢了。这种新的居址选择坐标，大致缘于三个因素：一是卫戍区相对安全；二是很多人口系随军家属，遂以防军驻地为其安家之所；三是相对更重要的一点，即卫戍设施如边堡，通常也是经济更发达的所在，道路修筑得更好，生活设施也建设得相对更完备，能为人们的生活带来很多便利。也就是说，人们对卫戍设施的趋附不仅是自愿的，且是会切实受益的。

二是在明代以前，盘锦地区始终处于政治的边缘，虽也偶被世人提及，亦不过蜻蜓点水或余光一瞥。至明代，辽东防边与驿递之路的地理优势，方使中央政权的触角触及了本境的每一个角落。这种历史性变化体现到文化方面，就是使中原的主流意识形态得以在这方土地深度渗透，使诸如孝慈、妇德等汉文化传统观念，在本境获得了不被注意却又不遗余力的全方位贯彻。防军及其家属的入驻，则又使本境以汉族人口占据了绝对优势，汉民族的生活习俗亦由此得到同步传播与普及，尤其使儒家的伦理纲常及抚老恤幼等价值观念均受到了推广与尊崇，以致风气渐开，民智渐启，进而使汉文化得到了大发扬并终成主导。

总之，盘锦的文化面貌因明边墙或说明长城的建筑与永驻而得以改观与发现，并极大地作用于历史的悠悠岁月中。在新时代的今时今日，盘锦人也始终在竭其所能竭尽全力地保护着这份无比宝贵的文化遗产，并期待她能在此次长城国家文化公园的建设中再放异彩。

【作者简介】杨洪琦，辽河口文化研究会。

清风明月本无价，近水远山皆有情
——阜新明清长城

武长春

阜新是一个有着悠久历史的地区。这里在 8000 多年前就孕育了有着"中华第一村"之称的查海文明。除了查海文明之外，阜新还有着其他独特的历史文明遗迹。其中的古长城遗迹很有特点。因为阜新有着为数不多的燕秦汉明清五个历史时期的长城遗迹，它也因此被称为长城奇观之地。这其中遗迹最多的是明长城和清代柳条边墙。

一、阜新明长城

阜新的明代长城长近 60 千米，位于前沿的是卡拉山口和魏家岭山口。当年后金和蒙古骑兵攻打明朝时，这两个山口是必经道路之一。据考证，阜新明长城是万历年间，辽东镇总兵李成梁为抵御元军和后金进攻而修筑的，是明代的重要北疆防线。

洪武元年（1368）朱元璋建立明朝，当时阜新地区仍被元朝统治。一直到洪武二十五年（1392）正月，明军收复辽东，阜新才开始归明王朝管辖。明王朝在东北废州、县制，和全国其他地方一样实行卫、所制。洪武二十六年（1393），废懿州城（今阜蒙县塔营子）设广宁后屯卫（今北镇），隶属辽东都指挥使司（治防今辽阳市），辖广宁以北大片地区，包含今阜新市全境。同年，明朝又在阜新境内西北部设营州左屯卫（今朝阳），隶属北平都指挥使司。永乐元年（1403），营州左屯卫迁至顺义县（今北京顺义县）。永乐八年（1410），广宁后屯卫又迁至义州（今义县），阜新地区因此成为蒙古兀良哈部游牧之地。

明朝初期，元朝残余势力企图重新入主中原，于是不断进攻明朝。为确保辽西走廊和辽河套的安全，明朝因地制宜，有的编木为墙，有的以木石交构作沟墙，有些地段挖深壕，山岭地区多以山险为边，建起被称作辽东边墙的军事防线。

广宁后屯卫在旧懿州驻防 18 年，为防元朝势力侵扰，依地势之便沿防区边界修筑了一道边墙。这道边墙东起今彰武县东北，西至今阜新蒙古族自治县塔营子乡与务欢池镇的交界处，全长 40 多千米，有墩台遗迹 9 处。这些墩台以彰武县五峰镇高山台烽火台为中心，向西北方向分布。沿边墙所建边堡现有两座：一座位于高山台西南 0.5 千米的王家屯古城址，城址南北长 170 米，东西宽 240 米，城墙坍宽 15 米，残高 3.5 米，为辽、金、元时期驿道上的重要城堡和站赤（元代驿站的译称），明时仍沿用此城为边堡，用以屯兵储粮。另一城堡距王家屯古城址南 1.5 千米，即彰武县西六家子蒙古族满族乡烧锅坨子村后四方城屯，为长宽各 160 米的方城，残高 6 米，城址遗物丰富，青砖规格为 41×18×11 厘米，与高山台烽火台所用青砖规格相同。这一城堡当为广宁后屯卫在四方城新筑的管理屯田的军事机关驻在地。边墙向东南折向沈阳中卫屯境内，将辽河套封闭以确保辽阳、广宁的安全。随着永乐八年（1410）广宁后屯卫撤销，屯田户迁徙义州，边墙和边堡也随之废弃。广宁失去了后屯卫边墙这一重要屏障，蒙古骑兵进入辽河套如入无人之境。从此，辽东地区屡遭劫难。

阜新明长城高山台烽火台

　　到了明朝中期，东北的女真族兴起，开始威胁明朝的安全。为了巩固北方的边防，英宗朝的辽东提督王翱将简易的边墙改建成坚固的长城。王翱"起山海关抵开原、缮城埠浚堑。五里为堡，十里为屯，使烽燧相接"，使之具有了长城的规模。"依山形，随地势，或产削，或垒筑，或挑堑，绵引相接，以成边墙。"辽东边墙也是明代万里长城的组成部分，一般称辽东长城，东起鸭绿江虎山，西至山海关外绥中铁场堡，与蓟镇长城接防，长980千米。辽东长城按其地理位置和修筑年代，可分为三部分，即辽西边墙、辽河流域边墙和辽东东部边墙。此后，明朝对长城进行多次改造和修缮，在阜新地区形成了多条长城并行延伸的奇特现象。据考证，阜新地区的明长城属辽西边墙，从山海关外铁场堡吾名口台起至阜蒙县国华乡与黑山县交界的白厂门（即明镇远关，也称镇静堡）止，长达435千米。这段长城始筑于明正统七年（1442），经兴城、葫芦岛，到义县，然后分为主复两线进入阜新市清河门区，入医巫闾山。主线长城由义县高台镇老黑山东北坡进入阜新市清河门区，经大清堡（清河门老街）、细河堡入阜蒙县伊吗图镇康土营子、卧凤沟乡三家子村，沿三家子村北侧一条自西南向东北伸展的山脉，到北镇市魏家岭，经镇边堡（北镇大市堡镇）伸向黑山县白厂门镇。复线长城由阜新市清河门区西山、后窑、朱家屯，经阜新蒙古族自治县卧凤沟乡翻身屯、新民镇卡拉房子、国华乡二道岭、十家子，到黑山县白厂门镇，与主线长城相会合，长约60千米。两道长城之间是一条沟通辽东与辽西的古道。

　　明辽东长城军队驻扎的地方，即屯兵城，根据不同的级别，有大小之别，大则有镇城、路城、卫城，小则有所城、堡城。辽东镇（明长城由九镇戍守，最东一镇为辽东镇）有镇城2座：一是辽东都指挥使司城，即辽阳；二是辽东广宁分司城，即北镇。还有路城3座（义州，开原，前屯路城位于绥中），卫城9座，所城12座，堡城121座，还设有进出长城的关口13个。堡城，属第五级屯兵城，是保卫长城防线的主要军事机构。每座堡城负责一段长城及其临近的烽燧台防务事宜。阜新地区明长城的堡城，在清河门区有镇夷堡、大清堡。镇夷堡遗址在今清河门区乌龙坝镇细河堡，堡城建在细河右岸的台地上，为主线长城重要堡城之一，下属墩台13座，驻守官军501名，堡城东西宽100米，南北长200米，西墙烽火台坍高约4米，东墙建在细河岸的岩壁上，残高约7米，南北墙坍高1.5—2米，城址内辟为农田，遗址保存基本完好。大清堡在今清河门区河西镇原清河门镇老街，位于主线长城在清河门折向医巫闾山的突出处，驻守官军519名，堡城外围是军垦户和手工匠人的居住区，是明朝在阜新地区与蒙古兀良哈部开展贸易的商贸集镇。

为加强辽东长城的边防，明太祖朱元璋于洪武二十三年（1390），又在辽东地区置关，名叫"镇远关"。后又兴建广宁城（今北镇）。镇远关下辖六个堡城：镇夷堡（今清河门区细河堡）、镇边堡（今北镇市大市镇）、镇静堡（白厂门）、镇安堡（今黑山县八道壕镇苇城子）、镇远堡（今黑山镇）、镇宁堡（在今大虎山南蛇山子）。镇静堡在镇远关南0.5千米处，城以砖修筑，现已被拆除，只存基址。遗址经专家测量，原城平面为梯形，南窄北宽，当地人称之为碑城。北城墙长350米，南城墙长250米，东、西两城墙各长500米。土墙基残高2米，底基宽5米。镇静堡是个重要堡城，下属墩台17座，下属长城，西起镇边堡（大市）东山，向东至八道壕。镇静堡设守备官1名，驻守官军骑兵500名。镇远关总管的今阜新、北镇至黑山县长城沿线六个堡城，共屯兵4010名，管辖自义州卫大清堡（今清河门老街）界起，东至镇宁堡（大虎山南）界止，共114千米的长城线军务。

到了明成化三年（1467），明王朝面对瓦剌和鞑靼不断南侵的局面，采纳了辽东都指挥使毕恭的建议，陆续加筑了镇远关至义县九宫台门一带的长城。从明隆庆二年至明天启元年（1568—1621），隆庆总兵王治道，万历总兵李成梁、张承荫，巡抚张学颜等，在镇远关一带边陲加强防务，增修城堡墩台，使其渐趋完备。明天启二年（1622）元月，努尔哈赤率后金大军攻打西平堡（今盘山东南35千米），两军鏖战西平。由于内奸孙得功的里应外合，后金大军迅速占领广宁，巡抚王化贞弃城西逃。二月二十四日，镇远关参将刘世勋率镇静堡守堡臧国祚、镇远堡守堡徐镇静、镇安堡守堡郑维汉等人降清，至此结束了明王朝在此地的统治。阜新明长城在历史上的军事防卫作用也就此结束。

二、阜新清代柳条边

清代没有修筑长城，而是修筑"柳条边墙"（柳条边墙是清顺治五年始分段修筑，至康熙中期相继完成，是一条柳树篱笆状的防护边墙）。清朝都城由盛京沈阳迁都北京后，清朝统治者认为辽沈地区是自己的心腹之地，也是夺取全国统治政权的根据地。为了保护这一地区，清政府便在此修建了"柳条边墙"，将此地划定为特殊地带，禁止柳条边墙内的人自由进入辽沈地区，也禁止柳条边墙内的民众自由进入到柳条边墙外的皇族围场和产人参、豹皮、珍珠等重要特产的禁区里采伐，以防止损害清朝统治者所谓的"龙脉"。

在阜新市境内的柳条边墙全长 157 千米，修建有 3 个边门。它西起阜新市清河门镇即清河边门的西山，与九宫台边门的东柳条边相连接，即大凌河东岸的羊耳山，至清河边门。与其附近相连接的是白土厂边门（属黑山县与阜新市相毗邻处），再东过养息牧河至彰武边门，沿大道东去至法库边门，全长不过 300 里。3 个边门地带分别是：

1. 建在今天阜新市清河门区的北部的清河边门。原来是明长城大清堡城所在地（称堡城），清王朝在建柳条边门时，将大清堡城的北墙拆除而建筑的。门宽 6 尺，门内设立哈喇章京衙门一处。现存清河边门牌子一块。

它的柳条边墙起于西山，尚有残石垒墙及瞭望台一处，由边门南去即至医巫闾山的山脚，沿山脚多是土垒边，至魏家岭东侧，尚有石垒的瞭望台一座，这一段柳条边墙长 60 余里。

阜新清河边门匾额

2. 建在明辽东长城镇远关之处的白土厂门边门。边门建在镇远关城之内，地点为今黑山县与阜新市接壤地方，属黑山白厂门镇。

边门只存遗址，宽约 6 米。这个边门所辖的柳条边墙，西从清河门东魏家岭瞭望台起，沿北宁市大市堡乡东山而至白土厂边门西侧，柳条边墙在山上的遗迹只存一条土墙，柳条已见不到。东部的白土厂柳条边墙经边门东南起至头台再至二台，有砖石建筑的瞭望台一座，较为完整，也是柳条边墙中最好最完整的一座。它呈圆形结构，基座为石条垒筑，高 2 米，在一石座之上建有墙身，高 4 米。顶部有瞭望的垛口墙一周，高 1 米，虽然如明代的形式，但是其砖的规格比明朝的砖小。

建在老县城的北门的彰武边门（也称养息牧边门），宽约 6 米。彰武台边门柳边西起彰武台。台是方形的砖造的，高约 6 米，已经开裂，每边宽 8 米。这座台子原建于一个相当于新石器时期的遗址之上，就是养息牧河西岸的台地之上，经地面可拾到细石器，有燧石石片，有的是长条形的，有的是三角形的，还可以拾到手制的夹砂质的红陶片及陶鬲足等遗物，其性质相当于阜新市塔营子对面小土城出土的遗物。出彰武台边门，沿大道东去至叶茂台，为彰武边门之柳条边墙，经秀水河子桥东 60 华里至法库边门。法库边门之外，尚有柳条边墙遗迹。边墙底宽 1.3 米，上口宽 2 米余，在边堑之上尚有柳条痕迹。

阜新明清时代的古长城及柳条边墙不论当初是出于什么目的而修筑的，现在都已经成为阜新的一道独特的历史风景线。这条独特的历史风景线必将成为阜新的一张重要的文化名片，承载着阜新的历史文化传承，继续为后人讲述着阜新曾经的历史。

· 参考文献 ·

［1］罗显明，罗建华. 阜新古长城 [M]. 北京：文化艺术出版社，2009.

［2］罗显明，罗建华，罗周正. 阜新古长城 [M]. 沈阳：白山出版社，2013.

【作者简介】武长春，阜蒙县文联。

长城两边是故乡

李 丹 刘 丹

万里长城，巍然屹立，气势磅礴，纵横 10 万余里，享誉世界。

一直以来，长城在中国人心里占有极其特殊的地位，因为它不仅仅是"伟大的墙"，更是一个意象，一种精神。正如 2019 年习近平总书记在甘肃考察时强调的那样："长城凝聚了中华民族自强不息的奋斗精神和众志成城、坚韧不屈的爱国情怀，已经成为中华民族的代表性符号和中华文明的重要象征。要做好长城文化价值发掘和文物遗产传承保护工作，弘扬民族精神，为实现中华民族伟大复兴的中国梦凝聚起磅礴力量。"

那么，阜新有长城吗？

阜新不仅有长城，而且长城资源丰富！

作为中国万里长城不可分割的重要组成部分，从战国时期的燕国开始，至秦朝，经两汉，一直到明朝，统治者都在阜新这片土地上修筑了长城。

由于历史长河的冲刷，虽然阜新古长城早已不见了曾经的风采，但今天仍可以清晰地看出墙体的垒砌遗迹。"四代"长城齐聚阜新，这在全国也不多见，这是祖先留给阜新的一笔丰厚而又独特的宝贵遗产。

翻开历史地理图册，你会发现，阜新有着独特的时空方位，这里一直是多民族不断碰撞、交流和融合的地带，阜新古长城，恰恰印证了这一点。2000 多年来，生活在这里的人们就在长城脚下，在不断的民族融合中繁衍生息，这里的人们与长城衍生出很多古老的故事，流传至今。

今时今日，当我们再次说起长城，历史已赋予了它新的意义。近两年，阜新市文物部门深入贯彻落实《辽宁省关于贯彻落实〈长城、大运河、长征国家文化公园建设方案〉的意见》，扎实推进长城国家文化公园（辽宁段）建设，对阜新古长城重新实地勘察，逐步摸清"家底"，根据辽宁省的统一规划，结合阜新实际，对阜新古长城的保护利用描画新的图景。

绵亘阜新长几许

阜新境内的长城，历经燕、秦、汉、明，穿越时空，历经沧桑，见证阜新大地的多民族融合与历史变迁。在中国的万里长城中，阜新贡献了多长？都分布在哪里？有着怎样的特点？记者与相关部门工作人员及阜新市考古专家一起，对阜新的燕、秦、汉、明长城进行了多次实地走访。

从阜蒙县化石戈镇到于寺镇、大五家子镇……记者一行人拨开没膝的荒草，去寻找那湮没在岁月中的燕长城。

在阜蒙县新民镇，记者一行人艰难地登上山顶，在连绵的山脊上抚摸明长城的一块块条形石。

据专家介绍，阜新境内的长城，总体分成两大部分，一部分是燕、秦、汉长城，之所以将燕、秦、汉长城合在一起，是因为秦汉时期的统治者只是在燕长城的基础上进行了维护与修缮。另一部分则是明长城，也是迄今保存最好、开发利用价值最高的长城遗迹。

燕、秦、汉长城：从秦开却胡的故事开启

阜新境内的燕长城，保存最好的一段，便是位于阜蒙县化石戈镇老二色村新邱屯东北 200 米至于寺镇北八里村西杖房屯西 2000 米的山脊这一段，全长 3.5 千米，铁于线公路从南侧山坡下通过。该段长城整体呈东南—西—西南走向。北侧山势陡峭，山坡上岩石裸露，石体较大。此段长城便是利用了险峻的山体和山势走向，形成天然的墙体，与其他墙体等组成统一的防御体系。

记者站在老二色村红石砬山一段长城的山脚下，远望 2000 多年前的长城，脑海里突然显现出辛弃疾的名句："想当年，金戈铁马，气吞万里如虎。"

燕、秦、汉三代沿用的这道古长城在阜新市境内有北线、南线两条。北线长城从内蒙古自治区敖汉旗、奈曼旗、库伦旗进入阜蒙县平安地镇的后二十家子自然

屯，然后向东北方向进入彰武县四堡子镇、满堂红镇，向南折向丰田、双庙、五峰、城郊、西六、东六等乡镇，进入沈阳市法库县。据1998年辽宁省长城学会调查的数据显示，该段长城全长114.36千米。

南线长城由牤牛河西岸的朝阳市下辖的北票市进入阜蒙县化石戈镇胡头沟村，向东伸向紫都台、天五家子、红帽子、阜新镇、沙拉、大巴、老河土、泡子等乡镇出阜新境，据1998年辽宁省长城学会调查的数据显示，该段长城全长125千米。

据《史记·匈奴列传》载："燕亦筑长城，自造阳至襄平。置上谷，渔阳，右北平，辽西，辽东郡以拒胡。"战国时期的阜新地区是燕国北界的屏障，是战国时期最后修筑的一道长城。关于燕长城的修筑，还要从秦开却胡的故事说起。

在战国时期，阜新地区是燕国与东胡族毗邻之地。那时的燕国是战国七雄中最弱的一个国家，而作为游牧民族的东胡族则非常强大，军事素质高，作战能力强。因此，当时的东胡战马经常南掠燕国北部地区。

燕王为了保持北部的安宁，被迫向东胡王媾和，并以大将秦开为人质。秦开智勇双全，东胡王很欣赏他，允他行动自由。秦开因此得以了解东胡南部的山川险要、布防情况与军队的活动规律。归国之后，秦开率大军袭击东胡，大破敌军。东胡一直退却到500多千米外的今西辽河上游。

得胜后的秦开站在燕北边地，谋划安定策略。他效法赵国，动员军民大修障塞，于是长达2000多千米的燕国北长城便出现在中华大地上。燕长城曲折蜿蜒，以河为天堑，以山为天险，以夯土墙为屏障，构成了一道天然与人工相结合的军事防御体系。

秦统一六国后，匈奴大败东胡，阜新地区又为匈奴所占据。汉武帝打败匈奴，扶持乌桓人进驻阜新一带。东汉时期从北方崛起的鲜卑族南移到乌桓驻地，大量的鲜卑人游牧于此。479年，北方的契丹族臣服北魏，逐渐南移阜新驻牧，契丹建大辽国后，在阜新建有大量的州城和塔，因此，有了大量的辽代遗存和辽后族的墓葬。

因为长年战事，秦汉统治者也非常重视燕长城的作用，因此，秦汉时期依然沿用燕国长城及构造方法，燕长城在当时得到了很好的修缮。

明长城：阜新境内保存最好的长城

阜新市境内的明长城属辽西边墙，从山海关外起，经兴城、葫芦岛到义县，然后分主、复两线进入清河门区。阜新境内主要是明长城阜新段复线，基本东北走向，从义县高台镇砬子山村老黑山东北坡，进入阜新市清河门区河西镇双山口屯，经后窑村、岭东村、朱家屯村、靠边屯村穿汤头河和细河，因地势原因这段长城采取土夯墙青砖基础，进入阜蒙县伊吗图镇河东屯、卧凤沟乡曹家窝堡屯、周家窝堡屯、三家子屯后，开始进入山区，至新民镇排山楼村南尖山，奔国华镇十家子屯、三家子屯，这段为石砌墙，也有山险墙和劈山墙，经三家子屯至皮鞭子口屯从阜新出境进入黑山县白土厂门二台子屯，总长50多千米。

在阜新境内的明长城遗址，数阜蒙县新民镇卡拉房子村的卡拉山口处保存得最为完整。明朝之所以在当时的阜新境内大量修建长城，最初是惧怕北元势力在这里"死灰复燃"，而后是为了避免农耕、游牧两种经济形态的相互冲突，用长城划定了一条有形的经济带。

在明王朝200余年的统治时间里，先后18次改造和修缮长城，在阜新地区形成了多条长城并行延伸的奇特现象。

据考古专家考证，东北地区的明代长城，历史上曾称之为辽东边墙，全长约980千米，分三部分：辽西边墙、辽河流域边墙、辽东东部边墙。阜新段的明长城属于辽东镇辽西边墙。

提到阜新境内的明长城，还得从明英宗朱祁镇说起。明王朝从他手里走向衰落，而东北地区的明长城修筑却从此时进入高峰。将阜新境内简易的边墙改建成坚固长城的，是明英宗时期的辽东提督王翱。

据阜新市已故史学研究者刘国友所著的《阜新通史》记载，明英宗正统七年（1442），王翱以御史提督管理辽东军务。这一时期蒙古犯边的骑兵达几万甚至十几万之众，许多边墙已无御敌作用。王翱"依山形，随地势，或铲削，或垒筑，或挑堑，绵引相接，以成边墙"。这些举措使阜新地区形成了多条长城并行的局面。

阜新地区的明长城主要由主线、复线、南北老边墙三大部分组成。明长城主线，并没有经过阜新境内，而是从阜新西南和南部边界线上通过。复线长城位于医巫闾山尾峰，是山峦密布地势险要的战略重地，为明北疆的必要防线，由明代大将李成梁修筑。

在阜蒙县新民镇卡拉房子村东南方，一个叫老边沟的地方，有一段石砌长城，方向自东向西又转向南，出阜新辖境，全长约 8.5 千米，称为"南北老边墙"。

城堡和墩台也是长城的重要组成部分。城堡是守卫长城线上驻军的兵营，大小不等，每堡驻军五六百人，少则四五十人，均在靠近长城内侧的坡地或台地上。墩台一般都设在长城上，用于警戒、瞭望、传递军情。

阜新明长城建 40 余处烽火台、敌台、马面，统称墩堠，亦称墩台，形状有圆有方，均为砖石结构。阜新地区辽东长城的城堡集中在清河门区，保存较好的有镇夷堡、大清堡。城堡与墩台的构建，为确保长城沿线的安全发挥了重要的作用。

现如今，新民镇依托明长城遗迹，结合"黄金小镇"建设，欲让古老的明长城焕发新的生机。

燕秦汉里辨烽烟

作为一道承载了 2000 多年历史的记忆之墙，长城好比一个经历了无数沧桑的智者。它的厚度，远远超越我们的想象。因为它的存在，让绵延的历史触手可摸。睥睨天下，舍我其谁？这是一种专属于长城的气场，千百年杀伐征战朝代更迭浸染成的荡气回肠。风吟中，是无数英雄落寞的回响。让我们在燕、秦、汉这段历史中，倾听长城的故事。

阜新市郊的"长城组合"，考古专家认为这里是 2000 多年前的"军区"。

> 断瓦颓垣古戍残
>
> 城头画角忆当年
>
> 边亭驰檄朝传警
>
> 铁马衔枚夜出关
>
> ……

凝望眼前的这座古城，历史仿佛在脑海中定格、回放。

"这儿绝不是一座普通的战国至汉代古城，应该是燕、秦、汉长城沿线上一处具有相当高级别的军事指挥中心。"辽宁省著名考古专家郭大顺激动地讲。

郭大顺所讲的这座古城，是位于阜新市区东北近郊、阜蒙县阜新镇高林台村西的高林台古城，其西北不远处就是八家子山。紧靠古城东侧，是一条蜿蜒流过的小河，因此，方形古城的东侧城墙早已被河水冲蚀残断。

翻开1931年出版的《阜新县志》二卷地理篇："县城西北12里有古废城一座，遗址稍存并被河水冲刷四分之一矣，建自何代无可考。"1982年，在全国开展的大规模文物普查中，人们找到了这座古城。此后，考古工作者多次来到这座古城，试图揭开这座古城的神秘面纱。

考古专家发现，高林台古城不仅占地面积较大，而且城址中先后出土了诸如布纹瓦、绳纹陶片、鬲等大量的汉代文物标本。其中，最令人兴奋的是云纹瓦当的出土，进一步说明当年这里有着极不寻常的相当于宫殿或者衙屋之类的建筑，曾经是"将军"居住的地方或者是"军区"所在地。这一点是在全省境内所有同类古城遗址中罕见的发现。

高林台古城的另一个显著特点，这里的军事设施极为完备。它紧邻燕、秦、汉长城线南侧，不仅面积大、出土文物丰富，而且古城南侧还发现了大片居住址。此外，在古城以北长城线外侧设有7座烽燧，自西向东分列成三组，其位置大体距古城2—3千米不等。第一组1座烽火台，位居长城线北侧一条河流的西岸高地上；第二组共3座烽火台，呈三角形分布，位于上述河流的东岸高地上；第三组也是3座烽火台，位于高林台古城正北偏东方向的一座山顶之上，其间距在100米左右，西北至东南方向"一"字形排开，守卫着东北部山下大片平原沃野。在这些烽道中，有一座燕、秦、汉长城沿线上罕见的方形土石混筑结构遗址，从遗址现状分析，此烽火台底边长超过了20米，不仅其规模首屈一指，而且当年在台上四角处还分别设有4个突出的"守备台"。据长城专家考证，"如此特别的烽火台，目前在整个燕、秦、汉长城沿线所有已发现的烽火台当中也只有这么一座"。

显然，如此"高规格""立体""组合"布防体系，不仅反映出古城地理位置的"险要"，也充分表明了指挥者一定要重兵把守的决心。

考古专家认为，从军事方面看，高林台古城很可能是当年长城沿线上一个级别极高的军事指挥中心。从建筑方面看，它有着行政中心及政权的色彩；从大片居住址及出土的生产用具来看，证明早在2000多年前，这里便是一个城郭相望、人烟稠密的"城市"。它不仅是一个屯兵、生产兼备之所，也是一个各民族相互交流融通的"中心"。

"黑土龙"的背后……

东越牤牛河，置身在阜新西北部的阜蒙县化石戈镇境内，只见远处盘亘的努鲁尔虎山脉高低错落，一条蜿蜒的牤牛河划开了阜新市与朝阳市的辖界，燕、秦、汉长城正是经这里由朝阳市下辖的北票市进入阜新市境内。

从牤牛河东岸开始直至阜蒙县大五家子镇一带，有一条时断时续、时隐时现的"黑土龙"。它翻山越岭、蜿蜒起伏，登高远眺，宛若一条腾跃的黑龙，恣意飘洒地环抱起身后的万里山河。

千百年来，生活在"黑二龙"周边的村民于此放马牧羊、耕种稼穑，看不尽的戎马倥偬，听不完的笛声悠悠。在这"黑土龙"沿线，荷锄的农夫经常捡到成簸箕的青铜箭镞，闲逛的羊倌一不留神竟从土里踢出了将军印章……严谨的考古学家在这一线停停走走，不时陷入旷古追思，眼前浮现的是那一串震古烁今的名字：秦开、李广、张骞、霍去病、汉武帝……而这貌不出众的"黑土龙"，它的名字则令后人屏气凝息：燕、秦、汉长城。

相比已"匍匐"于地面，甚至被"掩埋"于地下的"黑土龙"，1米多高、直径近20米的烽燧遗址给人的印象更加直观。

从牤牛河岸边至大五家子镇这一段近40千米的燕、秦、汉长城线上，共发现烽燧遗址11座。烽燧之间近的只有1千米，远的在5千米左右。

"建造烽火台一般是'以台台相望'为原则。你看这一段长城就是夯土建筑的，而烽火台的设置也是因地形地貌以及战略地位的主次建筑的。比如，眼前的这一段，烽火台就是更重要的防御工事，可以在传递情报的基础上，更便于驻兵把守。"

西营子古城——屯兵戍边的军事要塞

沿着牤牛河东岸至大五家子镇一带的长城线遗迹前行，在大五家子镇大家生村西营子屯南侧，一处建在高地上的"土堡"赫然在目。

身边的考古人员告诉记者，这是目前阜新市境内保存最为完整的战国至汉代古城。2000 多年前，这里不仅是屯兵戍边的军事要塞，而且是一个人烟稠密、非常繁华的地方。

登上古城，只见脚下的古城处在燕、秦、汉长城线南侧，长城在古城的西南角、西北角和东北角几十米外包抄而过，向东南方向延伸而去……眺望四周，再亲手触摸着这历经 2000 多年历史风云的古城墙，眼前不禁浮现出当年的场景：刁斗声声，檄羽飞转。马蹄似雨，杀声震天……

考古人员介绍说，西营子古城的西南角城墙上建有一座烽火台，南侧建有一座养马圈，古城附近还发现了大面积的居住址，说明当年这里不仅大量驻军，城外还有大量人员居住活动，而且所处位置是一片沃野平原。由此可以想象，2000 多年前，这里应该是长城脚下一个城郭相望的繁华之地。

"秦时明月汉时关，万里长征人未还。"试想，在那个战事不断、烽烟四起的遥远年代，在这长城下的古城内外，不知曾上演了多少盼儿回家以及送郎从军的故事。也同样在这长城的脚下，又不知睡着多少当年戍边的将士。

"汉家飞将终尘土，废垒萧萧蔓草间。"

历史的风云掠过，横亘千里的燕、秦、汉长城，如今依然蜿蜒在沃野山岭之间。它亲历了刀光剑影，也目睹了民族融合。如今在这里，各民族水乳交融的和美幸福生活，或许正是昔日那些戍边将士梦寐以求的愿景。

拒北安南大明构

"塞上长城空自许，镜中衰鬓已先斑。"古时，诗人陆游借用长城来表达壮志难酬的情怀；"把我们的血肉筑成我们新的长城"，在民族危亡之际，田汉用长城作为唤起民族觉醒的号角。万里长城，既是中华民族不朽的图腾，也是千千万万戍边将士的化身。长城两边，更成为民族间商贸的交易之地。今日，烽火已不再燃烧，长城的功能发生了改变，不再是防御系统，但仍然是文化景观，防御系统的历史价值，也转化为阐释与展示的文化意象出现在文旅产业中。

阜新"第一关"——镇远关

从阜新市区出发，汽车沿着起伏的公路向南疾驶 1 小时，到了阜新市阜蒙县与锦州市黑山县的交界地，也就是阜新的南大门"白厂门"。

大老远，高高矗立在山梁顶上的两座"大土台"映入眼帘，在夕阳的映照下更显得格外雄伟与沧桑。

"这里是明长城沿线上的一道雄关——镇远关！"同行的考古人员介绍：阜新市境内的明长城属辽西边墙，从山海关外铁场堡吾名口起至阜蒙县与黑山县交界的白厂门镇，即明代镇远关止，长达 435 千米。这段长城始筑于明正统七年（1442），经葫芦岛市，到锦州市义县，然后分为主、复两线进入阜新市清河门区，入医巫闾山。

登临山巅，走近土台遗址一看，这是两个南北对峙、相距约 200 多米、状如小山的土台。土台中间凹，两头高，土台西侧是一条深深的壕沟，土台东侧有一段约 1 千米长的土堵，斑驳的墙上长满荒草，这就是明长城镇远关遗址，两个土台是当时南北两个关门的瞭望台，台为砖砌，填土夯实，如今砖被拆除，只残留夯土。土墙即明长城残墙，壕沟乃长城堑沟。

关，即关城，关塞隘口，是长城沿线出入之孔道，也是敌人主攻方向，因此设有重兵把守。据长城学者调查，镇远关是辽东长城 11 座边关之一。

资料记载，明太祖朱元璋为加强辽东长城的边防，于洪武二十三年（1390），在镇静堡正北置关，名叫"镇远关"。后又兴建广宁城（今锦州市北镇市）。镇远关下辖 6 座堡城：镇夷堡（位于阜新市清河门区乌龙坝镇细河堡村）、镇边堡（位于今锦州市北镇市大市镇）、镇静堡（位于今锦州市黑山县白厂门镇）、镇安堡（位于今锦州市黑山县八道壕镇苇城子村）、镇远堡（位于今锦州市黑山县黑山镇）、镇宁堡（位于今锦州市黑山县大虎山镇南蛇山子村）。镇远关及其下辖的 6 座堡城，共屯兵 4010 名，管辖 114 千米的长城线军务。

镇远关离明辽西重镇广宁仅 35 千米，作为军事前哨，这里曾经战火不断。然而，同样是在明朝历史时期，这里也是长城内外各民族之间互市贸易、交流融通的重要通道。

145

累累椎髻捆载多，

拗辘车声急如传。

胡儿胡妇亦提携，

异装异服徒惊眩。

……

这是明朝成化年间进士李贡留下的一首诗，所描述的是当时马市交易的繁荣景象：一群群女真人、蒙古人携老带幼，阖家前往，他们不但带来了许多名贵皮张、人参、鹿茸等山珍，甚至还带来了鹿、貂、鹰等活物，在临时宿营的帐篷、窝棚旁圈养，留下了狗圈、鹿圈、貉子圈等地名。

自古以来，蒙古族与汉族有着悠久的贸易往来历史，蒙汉互市便成为当年长城内外各民族间经济文化交流融通的重要方式和载体。

明朝与长城外兀良哈三卫以及女真诸部互市，始于15世纪初。明朝统治者一方面严禁辽东人民私出辽东外境，禁止辽东边墙外的各族人民入境；另一方面准许各族人民在指定的地点定期进行贸易，称之为马市。因为在指定的关口进入边墙，在固定场所交易，所以又叫作关市。开始时只是买卖马匹，后来范围逐渐扩大。

明朝政府开放马市的目的是想通过经济联系的加强，进一步巩固政权。而马市实际上也适应了不同经济区发展的客观需要，弥补了各地区、各民族生产发展的不平衡，调节了产品的余缺。

1405年，蒙古兀良哈福余卫指挥喃不花要求到京师卖马，恰好明朝廷缺少军马，就指示辽东都司第二年在广宁和开原两地择水草方便的地方立市，由官府定出马匹的价格进行交易。

永乐四年（1406），设辽东马市二所共有三市，一在开原城南，以待海西女真；一在开原城东；一在广宁，以待蒙古朵颜三卫，各去城20千米。正统十四年（1449）因脱脱不花以兀良哈之众侵犯辽东，遂裁革朵颜三卫互市，后因福余等卫再三请求，于成化十四年（1478）又恢复开原、广宁马市。广宁设一关（白土厂关，即今天的锦州市黑山县白厂门镇）、一市（今锦州市黑山县团山堡，后移至今锦州市北镇市马市堡）。马市每月开市一两次，来市进行贸易活动的多数是蒙古人、汉人，也有女真人。马市不仅买卖马匹，还可以从事粮食、食盐、布匹、绸缎、农具、铁器、人参、兽皮、蜂蜜、蘑菇等农牧手工业产品的交换。

马市的开设与关闭，受明政府与女真、蒙古人之间关系的制约。民族关系缓和时，马市就经常开放，一旦关系紧张，就立即关闭马市。

明穆宗隆庆年间，长城脚下的蒙汉互市达到极盛时期。大约在 1584 年，开市日期不再受限制，几乎成了日市。明代中后期，政治极端腐败，辽东边镇将吏贪婪欺诈，营私舞弊，往往发生减价贱市、偷盗货物等事件。同时，一些女真、蒙古各部首领也往往出于一己之利，故生事端。于是，马市贸易遭到破坏。

马市还是文化集萃之地。汉族商人不仅带来汉地的物产，也带来汉族文化，中原的戏剧、音乐、舞蹈、说唱，使女真人流连忘返。女真人的马术、箭法、歌舞和淳厚的民风也使汉族人耳目一新。甚至，在马市中有临时的学堂，女真人在那里专攻汉语。

专家认为，民族之间的贸易活动，不仅是民族关系史研究的组成部分，也是商业经济史研究的组成部分。

长城外的"长城"

从彰武县境内的高山台向西北，依次有二台子、三台子、四台子……它们都是迄今已有 600 多年历史的同一条"战线"上的军事设施——烽台，而且，它们并不在明代长城线上，而是位于明长城以北。

明朝建立后，认为东北地区"边远偏僻"，只设都、司、卫、所，不置州、县，实行军事化管理。明永乐七年（1409），明朝廷将元时的辽阳行省管辖的东北地区一分为二，在今吉林以北的广大地区设奴儿干都指挥使司；辽东都指挥使司（简称辽东都司）辖境除不含今朝阳市外（当年它隶属于北平都指挥使司），包括今辽宁省境内大部分地区，辽东都司治所置于辽阳（今辽阳市），是辽东地区最高军政机构。辽东都司下辖 25 卫，每卫辖有几个千户所，千户所下辖百户所。

元代懿州（今阜蒙县塔营子镇境内古城）和其他很多州城，因战乱城池被毁，明朝廷"以其地早寒，土旷人稀，不欲建置劳民"为由，放弃这些州城的修复与重建，将其变成军事屯田的卫所。洪武二十六年（1393）正月，广宁（今锦州市北镇市）后屯卫置于旧懿州，是以军垦形式组建的屯卫，为辽东 25 卫之一。

从 1393 年到 1410 年，广宁后屯卫在旧懿州驻防屯田的这 17 年中，为防止北

147

元残余势力侵扰，便利用山势与河流，沿防区界修筑了一道边墙。这道边墙东起今彰武县城东南，西至今阜蒙县塔营子镇与务欢池镇的交界处，全长40多千米，有墩台遗迹9处。

这些墩台以彰武县高山台烽火台为中心台，向西北方向分布，在彰武境内有双庙镇的二台子、三台子，平安镇的四台子和石佛沟墩台，然后是阜蒙县建设镇的杏树洼墩台、三合堂墩台、南台子，塔营子镇懿州城址北侧墩台、广立当北墩台和务欢池下八家子墩台、上八家子墩台。

永乐八年（1410）广宁后屯卫撤销，屯田户迁徙义州，广宁后屯卫的边墙、边堡也随之废弃。

踏遍边关情未老

阜新境内的长城，隐藏在山顶、土丘、田地之中，如果没有向导，普通人很难找到。那么，阜新的长城最初是如何被发现的？是谁实地勘察为后人留下这些翔实的长城资料？在阜新，直接参与长城资源实地调查工作的有4人，他们用自己的脚步丈量出阜新长城的长度。他们就是阜新市专业考古人员赵振生、崔嵩、郭添刚和民间考古学者罗显明。

"我很幸运，从事了一辈子的考古工作，能够在阜新的土地上，访古探源，探出了阜新8000年的历史文化，探出了阜新古长城的脉络走向、历史沿革，为阜新的历史留下翔实的资料。"已经83岁的赵振生，对考古工作依然割舍不下，最喜欢看的杂志还是《考古》。赵振生是阜新考古界的老前辈，因为发现查海遗址而闻名全国。

赵振生说，他是1977年参加工作的，一直从事文博工作。1981年，辽宁省成立考古队，要在全省范围内开展文物普查工作，他被抽调去省里参与这次文物普查工作。"那次省里安排我参与的是朝阳市的文物普查工作，从那时起，我开始实地接触考古这项工作。"也正是因为这次机缘，赵振生专程到辽宁大学历史系深造4年。

自从深入地学习考古知识后，赵振生就对考古工作产生了浓厚的兴趣。他说，考古工作是一种探本寻源的过程，好似民警破案一样，是不断地寻找"证据"进行验证的过程。那么这些"证据"来自哪里？这就需要考古工作者耐得住寂寞，吃得了辛苦，在田野中不断地去寻找，然后把历史的碎片拼接起来，还原历史。

掌握了专业的考古知识后，赵振生多次参与阜新地区的文物普查工作。说起阜新的古长城，赵振生说，早在 20 世纪 80 年代的时候，他就对阜新的古长城有一点了解，因为在进行文物普查的时候，在阜蒙县和彰武县的乡村采集到关于阜新古长城的标本，也发现了战国时期的古城遗址，看到了不同历史时期留下的不同地层。但那时并没有专门针对阜新的古长城进行考古工作。直到 1998 年，已经 57 岁的赵振生与崔嵩一起，受邀参与辽宁省长城学会组织的辽宁古长城阜新段的实地勘察工作，用脚步实地丈量，为阜新古长城留下了第一手翔实的文字资料。

崔嵩：追寻湮没的古长城

"身为一名考古工作者，在我的人生轨迹中，能两次参与阜新的古长城资源勘察，为后世留下翔实的资料，感觉很自豪。"在阜新市考古研究所，副所长崔嵩说。

说起阜新的古长城勘察，崔嵩经历过两次，一次是 1998 年，一次是 2009 年。1998 年 3 月，崔嵩与单位的前辈赵振生受邀参与辽宁省长城学会组织的辽宁长城阜新段资源调查，历时 9 个月，获得了阜新燕、秦、汉长城的初步资料。2009 年，他与同事郭添刚一同参与了全国长城资源辽宁段的调查，历时近 1 年，掌握了翔实而权威的阜新古长城资料。

"雄伟壮观的古长城是人类建筑史上罕见的军事防御工程，它凝结着我们祖先的血汗和大智大勇。1998 年的时候，我只有 20 多岁，能够参与这项工作，我内心是很激动的，而且是跟着当时已经 50 多岁的考古前辈赵振生一起下乡，也学到很多专业知识。"

崔嵩告诉记者，1998 年，阜新市文化部门第一次对阜新的古长城资源进行摸底调查，目的是摸清阜新的古长城"家底"。"当时的条件很艰苦，无论是交通还是饮食，都很难。我们上山就背着一个罗盘，一部照相机。没有车就乘出租车下乡，到村里跟老乡搭车，我们坐过三轮车、马车、驴车。当时的出租车司机很不理解我们，还以为我们是盗墓者呢！"

从阜蒙县化石戈镇到于寺、大五家子、平安地等乡镇，崔嵩背着很有现代感的包，戴着眼镜，在一个个乡镇的山丘、农田里穿梭，他另类的打扮常常引起村民的"怀疑"，曾有派出所民警对他进行盘问，后来才知道这个年轻人是考古工作者，下乡是为了勘察阜新古长城资源。

后来，因为工作需要，崔嵩去吉林大学考古系进修，拓展自己的专业知识。

"等到 2009 年再次勘察古长城资源时，条件就好多了，因为是辽宁段的长城调查，我们和朝阳市的两位同行一起勘察，配了专车，车上装置了 GPS，照相机、录像机都有了，勘察得也就更权威了。"崔嵩告诉记者，长城是生生不息的民族魂，每一块土石、每一座烽火台都凝聚着中华民族的智慧。从 2017 年至今，阜新市考古工作者每年都会对阜新古长城资源进行复查。古人为我们留下了这一宝贵的遗产，我们理所应当要保护好。

郭添刚：阜新古长城的"活地图"

从最初的野外徒步标绘长城，到现在的无人机采集数据对长城本体全面勘察测绘，几十年间，阜新市考古所副所长郭添刚无数次勘察阜新的古长城。燕长城从哪里到哪里，秦、汉长城有什么特点，爬明长城哪里相对好爬，这些他都了然于胸。

在记者几次寻访阜新古长城的采访活动中，郭添刚一直是向导。让记者印象深刻的是，在去阜蒙县于寺镇寻访燕长城遗迹时，在毫无差别的多个农村田间作业路岔路口中，他能准确地找到哪个岔路口是通往燕长城的路。同行的人对他赞不绝口时，他只是谦虚地说，他是学测绘专业的，而且走的次数多了也就熟悉了。

从 2009 年接触调查阜新古长城遗迹工作开始，郭添刚便与阜新古长城结下不解之缘。

"燕长城是阜新境内最早的长城了，之所以现在留下的遗迹已经不太清晰，是因为燕长城在建造时是用土垒砌的，还有的是利用山险。最明显的是阜蒙县化石戈镇的红石砬子山长城山险。古人修长城是就地取材，但我和崔嵩看到长城时还是特别有感触，我们的古人太有智慧了。"郭添刚说，调查长城资源并不是一件容易的事，自古以来，长城都是依据山形地势，居险要之处而建，他们的小分队硬是一路翻山越岭走了过来。

为了见到保存最好的明长城遗迹，郭添刚作为向导，记者和市文旅广电局的工作人员又一次实地寻访明长城。

在阜蒙县新民镇卡拉房子村有明长城的一座山脚下，记者一行 4 人开始爬山。开始攀爬的时候，大家还说说笑笑、停停照照，离山顶还有 200 多米的时候，大家的体力就开始透支，停一会儿，爬一会儿，相互打气。但郭添刚一直走在最前面。用他的话说，这一段长城是最难爬的，真是需要手脚并用，但正因如此，这一段的长城没有受到太多的人为破坏，成为保存最好、最有利用开发价值的古长城。

郭添刚说，越是爬得艰难，他越是感慨于古人的勇敢和坚韧，如此环境，爬山尚且困难，古人又是怎么在山顶用石头垒砌起长城和那两米多高的烽火台的呢？

与郭添刚聊天，他会从奏开却胡的故事开始，与记者讲燕长城，会从古长城留下的遗迹中为记者分析出为什么这一段属于秦、汉长城，会站在山顶讲明长城的单、复线，会从人类的生存、生活、战争的防御以及农耕和游牧民族之间交往秩序等方面阐述长城的作用，让人们更加懂得长城。

阜新的古长城地图，就装在他的脑海中。

罗显明：用双脚丈量阜新古长城

今年 88 岁的罗显明，曾任阜新蒙古族自治县城建局档案室主任，退休后迷上了考古，一干就是 28 年，先后在国内各级报刊上发表考古文章 100 多篇，出版《阜新古长城》等十几部考古专著，荣获省、市科技进步奖 6 项，市社会科学优秀成果二等奖 2 项，被誉为"阜新业余考古第一人"。

说起罗显明痴迷于业余考古的故事，还得从他在阜新蒙古族自治县城建局档案室工作的时候讲起。有一次，他被抽调负责撰写《阜新县城建志》。在编写过程中，他发现有关阜新古建筑史方面的档案记载少之又少，甚至还存在明显的纰漏或错误。罗显明暗下决心：等我退休后，一定在我有生之年编写出一部阜新古建筑史，为后人留下点有价值的东西。

1994 年，罗显明退休了，终于有了时间去完成他的心愿。然而个人从事考古研究可谓困难重重。为此，他买来考古、建筑、摄影等方面的书籍，靠自学和向专家请教，掌握了考古方面的知识，再用打工赚的钱和养老金作为考古启动资金。

罗显明的第一个目标是对海棠山摩崖造像的考察。他手挂一根木棍，头戴一顶白色硬塑头盔，脖子上挂着一部老式相机，一干就是几年，并留下了关于海棠山的两部专著。紧接着，他又背上了那个自制的旅行袋，带上那套考古用具，向着下一目标——阜新境内的明长城进发了，这是他确立的第二个考古项目。

野外考古危险重重。一次野外考察，罗显明只身一人挂在了半山腰，幸好当地向导及时赶到，他才得以脱险。此后，为了在野外考古时有个照应，罗显明叫上女婿做伴儿。一次，在锦州市义县稍户营子镇境内考察，罗显明和女婿正拿着卷尺对一处遗迹作丈量标记，天空突降大雨，四野白茫茫一片。情急之下，两人顶着大雨抱来几捆玉米秸，搭建起一个临时避雨的窝棚。当他们哆哆嗦嗦地躲进窝棚时，全身早已湿透了。

罗显明自费考察明长城的消息，渐渐地传到了省里。有一天，辽宁省长城学会副会长冯永谦来罗显明家了解情况。听完罗显明的介绍，冯永谦感慨地说："老罗不容易呀，考察有理有据，有实物，有照片，有路线图，有说明，资料翔实。"

此后，罗显明受辽宁省长城学会之邀，参加了对阜新境内古长城全面考察的活动。这次，他对阜新境内的燕、秦、汉等所有古长城进行了全面考察。

光阴荏苒。罗显明脸上的皱纹一年比一年增多，头发则一年比一年稀少。他耗费了将近 7 年的时间，饱蘸辛勤的汗水，终于写出了约 30 万字的专著《阜新古长城》。

按理说，结束了古长城的考察之后，年逾 80 岁的罗显明该歇歇了。然而，再大的艰险也未能阻挡他对家乡这片土地探寻的脚步。他动情地说："只要身体允许，我就要发挥余热，为后人多留下一些有价值的东西。"

寻踪探秘话今昔

阜新日报社与阜新的古长城有过两次交集：一次是 2005 年 5 月，由阜新晚报编辑部发起的名为"阜新古长城寻踪"的活动；另一次是 2011 年，由阜新晚报编辑部、阜新新闻网、阜新日报社广告经营中心共同举办的"阜新明长城遗址徒步探秘"活动。十余年过去了，当记者再次采访当年参与活动的市民时，他们依然记忆深刻。用他们的话说，不到长城非好汉，爬过家乡的古长城，让人生多了一次美好的回忆，同时也为家乡拥有这么多的古长城遗迹资源而感到骄傲。

长城，在古代动荡的岁月里，是封建王朝的一道生命防线，而今的长城虽然失去了本身的防御功能，但它所带来的凝聚力却深深刻在中国人的骨子里。

两次探秘活动让阜新古长城走入大众视线

阜新日报社发起的这两次活动，一次是全方位宣传阜新古长城的资源，重在学术，一次是让市民积极参与探秘古长城，重在行动。毋庸置疑，这两次活动都收到了很好的效果。

2005年5月，由阜新晚报编辑部发起的"阜新古长城寻踪"活动，邀请了阜新民间业余考古爱好者罗显明，与市文化部门的同志组成小分队，深入遗存在阜新及其周边地区的燕、秦、汉、明四代长城遗迹，进行了寻踪考察活动。之后，本报记者韩风和刘丹撰写出26篇《阜新古长城寻踪》文章，于2005年5月7日至6月20日连载于《阜新晚报》，受到广大读者的关注。

2011年5月1日—2日，由阜新晚报编辑部、阜新新闻网、阜新日报社广告经营中心共同举办的"阜新明长城遗址徒步探秘"活动，面向社会征集报名，仅两天时间就有350多人报名。最后，由24名探险队员、6名救援队员以及22名后勤保障队员组成的队伍，在阜蒙县新民镇境内成功完成行程15千米的徒步探秘活动，让参与者了解并记录下明长城留给阜新的宝贵遗迹。

回访参与者

当年参与活动的人中，多数为户外运动爱好者。记者通过阜新市登山户外运动协会，找到了几位当年参与活动的户外运动爱好者。

网友"大圣"：有幸为大家保驾护航

2011年，"大圣"是以阜新深呼吸领队的身份参加"阜新明长城遗址徒步探秘"活动的。身为资深的户外运动爱好者，"大圣"在此次活动之前就有过攀爬阜新明长城的经历。

"大圣"介绍：因为明长城遗址是建在山脊上的，所以队员们需要行走在高山之巅。上山的路没有台阶，只有碎石、灌木丛，有的地方坡度达到45°，对于没有户外经历的参与者来说，登山难度非常大，难度级别达到户外难度三级以上（户外运动难度等级分为五级）。当年的活动是5月1日开始的，而4月30日的一场降雨为这次登山探秘活动增添了不少挑战性。不过主办方早有预案，为了参与者的安全，主办方4月19日就派出了先遣小分队去探路，"大圣"就是其中之一。他们将沿途路线中的荆棘砍掉，为大部队开辟出一条路来。

有了先遣小分队的努力，大部队出发后，队员们穿过一人多高的灌木丛，沿着新开辟的山路安全地登到山顶。行走在山脊上，抚摸着古人用碎石堆砌的古城墙遗址，队员们真正感受到那段封存的历史记忆，耳边仿佛响起古战场上那震天的呐喊声。

第一天，经过近6个小时的徒步穿行，队员们来到阜蒙县新民镇卡拉房子村红台洼屯，在这里与后勤人员会合，并支起帐篷安营扎寨。傍晚，在宿营地，省长城学会会员罗显明老人现场将他刚刚出版的书籍《阜新古长城》赠予队员们。随后，队员们还一起举行了露天晚会。第二天清晨，经过一夜的休息，队员们重新整理行装，继续开始了更加精彩的徒步探秘活动。

"寂静的山林"：很幸运能行走在家乡的明长城上

回忆起十多年前的那次"阜新明长城遗址徒步探秘"活动，网友"寂静的山林"很是感慨，那次活动为她留下了美好的回忆。

参加活动时，她刚刚加入户外运动队伍一年多，对家乡的明长城可以说一无所知。她从未想过，自己的家乡居然会有长城，所以当她一看到"阜新明长城遗址徒步探秘"活动报名征集时，一秒都未停顿就去报名，并成功入选。出发前，她还跟朋友借阅了《阜新文史资料第十九辑》，连夜恶补阜新明长城的知识，还借助网络，了解辽东边墙。

"我们的起始点，是新民镇卡拉山口，据说当年这是后金和蒙古骑兵攻打明朝的必经道路，战略地位十分重要。明朝名将李成梁在此修复线边墙，选良将重兵把守，建立了赫赫军功。""寂静的山林"回忆说，这段长城最险处当数烽火台，红台洼烽火台是阜新市境内现存最为完好的一座长城烽火台。站在烽火台上，看长城将南北截然分开，南侧是连绵的医巫闾山群峰，北侧是一望无际的平原，当时我们城市的标志性建筑发电厂大烟囱依稀可见。原来明长城修建于此，真的是有着非凡的军事意义啊！一夫当关，万夫莫开，想那李成梁战功赫赫，这一段的长城，也助他成就了威名。

"寂静的山林"回忆，从红台洼烽火台继续向西南行进，就见到了另一番奇异景象，石墙遇山石处，山墙合一，山险为墙，沿山脊矗立起一道完美的屏障。这山石煞是好看，凌而不乱，为层叠板条状，高低错落，不知这地壳的变迁怎么衍生出这样精致的石头。他们这一队人大多是户外的"老驴"，但是见到这样的山石，都是连连惊叹，欢呼之余举起相机咔嚓咔嚓，尽情地拍下一张张美景。"感谢报社，给我打开了一扇新窗，让我看见了户外更精彩的世界。"

许多：触摸久藏深山的历史

许多，现为阜新市传媒中心（集团）电视新闻部记者，也参与了2011年的明长城探秘活动。

"这是一段久藏深山的历史，是一道穿越数百年风雨的岁月之墙。穿行山脊林间，行走于时隐时现的长城之上，恍如行走在历史之中。这是大多数人从未感受过的别样长城，野趣的山林间，一段段石墙时隐时现，忽高忽低，完全颠覆了以往的长城印象。"回忆起15年前的"阜新明长城遗址徒步探秘"活动，许多人依然感慨不已。

在他的记忆中，那是一段一生难忘的特殊经历。

这里的长城，一如这里的汉子，到处烙印着独属于辽西的粗犷质朴和硬朗。行走于长城故迹，穿行于荆棘之间，那份山野自然中的放松，那片湛蓝高远的天空，更是逃离城市后难得的一种奢侈。一座座好山扑面，一簇簇好花入眼，一丛丛绿色满怀。这一刻，长城是安闲的。寂静的大山深处，脚踏长城之上，似闻刁斗声声，马蹄阵阵，飞箭如雨。长城两侧上演的或悲壮或缠绵的故事，仿佛就在昨天。这一刻，长城是凝重的。

这是他从明长城归来后写下的感受。

作为一名多年沉浸于采访一线的记者，许多对阜新古文化历史充满了感情。在参与撰写拍摄50集电视纪录片《走追阜新》时，他走遍了阜新的田间巷尾、转角街头。那次接受同行的邀约，参与到"阜新明长城遗址徒步探秘"活动中，这段山野间的别样明长城，依然给他带来极大的心灵冲击。"在原汁原味中，咂摸那些曾经的烽火硝烟。其实，这也正是我们此行的最大收获。这些隐没在群山间从未加今人修饰的原生态长城，也让我们更加接近历史的真实。"

参加那样一场难得的长城探秘活动，对于当时的所有人，都是一段珍贵的回忆。多年以后，许多感慨颇多，当年曾经采访过的研究阜新历史文化的老一代学者、专家，或已年至耄耋，或已溘然长逝，物是人非，只能留深深的敬意在内心中，对于阜新历史文化的抢救、传承，依然任重道远。作为一名新闻工作者，除了行程中的感受，更有一种责任在心头，那就是用自己的镜头，去讲述阜新独特的长城故事，让更多的人了解阜新悠远的历史文化。

"长城之约"展蓝图　赓续传承正可期

都说长城两边是故乡

你知道长城有多长？

它一头挑起大漠边关的冷月

它一头连着华夏儿女的心房……

有人说，长城是一部大书，既饱经沧桑，又历久弥新；既沉郁厚重，又轻盈飞扬。

有人说，长城是一个历史大舞台，上下两千年，纵横十万里，留下了各民族迁徙、交流、消长与融合的太多动人故事。

阜新因其特殊的地理位置，让古老的长城多了一些民族融合的文化属性，让我们从一个个历史故事中去发现、去感受吧。

一面是战火，一面是交融——长城脚下的商贸发源地

明朝天启二年（1622）一月，伴随着爆竹声声，生活在辽西边墙之外（今辽宁西部阜新地区）的人们，刚刚度过一年中最重要的节日——春节。

就在这滴水成冰的时节，63岁的努尔哈赤骑上战马，带领后金10万大军攻陷了辽西故地40座城堡，打破了人们辞旧迎新的梦境。被占领的40座城池中，有一个叫清河堡的地方，在努尔哈赤攻陷它时，有记载说"明将熊廷弼尽焚村堡而走"，一把火烧光了清河堡。

村堡燃尽，袅袅青烟里，一座城池的记忆依稀浮现出来。清河堡，也就是今天的阜新市清河门区，自古是辽西故道上的要冲，是兵家必争之地。

明代，有两道明长城（主线和复线）从这里自西向东穿过。长城脚下，边塞内外，常常是兵戎相见，战火不断。然而，同样是在明朝历史时期，这里也是长城内外各民族之间互市贸易、交流融通的重要通道。在"蒙汉互市"的背景下，长城脚下清河堡的商贸活动也日渐兴盛起来。

1633年，雨季就要到了。话说长城之内，明朝唯一的火器营驻地登州（今山东省烟台市蓬莱区），由于各种原因，火器营统领孔有德、耿仲明率1.3万名士卒和当时最先进的火器装备，从登州出发，投靠了皇太极。这如一声惊雷，催促着明朝覆灭的脚步。行军途中，一位名叫张进忠的年轻人回头望了望山东老家，继续跟上队伍，融入了建立清王朝的时代洪流之中。

1638年，顺治皇帝登基，清王朝建立。清代是我国封建社会最后一个王朝，虽没修筑长城，却构建了一道保护龙兴之地的"柳条边"。明代长城脚下的清河堡，此时变成了柳条边上一个边门，被称作"清河边门"。昔日曾跟随火器营离开登州的那位名叫张进忠的年轻人，作为"汉军八旗"的一员和建立大清的功臣，成为"清河边门"的汉军防御官，从此落户在满、汉、蒙、回等多民族杂居交融的清河门一带，张氏子孙也开始在这片土地上开枝展叶。

进入清代，自明代就初见雏形的"清河堡商贸"，以"清河边门"为依托，日渐繁盛。

"我的祖上是1840年前后从直隶滦州迁居到清河门，开了一家'宿染坊'，生意很红火。"年过八旬的清河门区退休干部宿学增翻着手里的《宿氏家谱》对记者讲，如今家谱中记载的宿氏族人已经到了第12代，共有1100多人，遍布长城内外、大江南北。

当宿家染坊生意兴盛的时候，清河门已经是远近闻名的商贸重镇。根据《义县县志》记载："该镇商务发达，日日为市，销路之广，几与县城可匹敌也。"有俗语描述当时清河门的繁荣景象："拉不败的清河门，填不饱的锦义城。"商贸往来，文化交融，形成了清河门地区"尊商重信包容开放"的地域文化品格，也使清河门历史性成为阜新地区商贸业的发源地，被誉为"方圆百里畴，清河第一集"。

打开辽西大门的钥匙——都尔鼻山·都尔鼻城

当我们翻开《中国历史地图集》第八册清代的盛京地图，会发现今彰武县城位置则标着"都尔鼻城"。原来，明朝末年，努尔哈赤在叶赫那拉建立后金，之后迁都沈阳。因为今彰武地域是通向辽西的交通要道，后金政权将这里视为重中之重，并在都尔鼻山下修建一座都尔鼻城。

经考，都尔鼻山，即今彰武县境内的高山台山。古书中记载的"都尔鼻""都尔弼""杜尔笔"均为蒙古语，汉译为"四方"之意。都尔鼻地方是因都尔鼻山得名。这里距盛京较近，中间又有辽河天堑相隔，是会集归附蒙古各部大军征讨明朝最为理想之地。清人张穆在《蒙古游牧记》中称，"太祖征明，大军必由都尔弼入边。"努尔哈赤认为，由都尔鼻方向征讨大明，路直且非常近。"盖我朝未入关前，以此为全辽筦钥矣。"他把战略位置极其重要的都尔鼻城，比作是一把打开辽西大门的钥匙。

努尔哈赤的儿子皇太极对都尔鼻地方的战略地位也非常重视，于崇德二年（1637）三月，"遣达代统每旗护军校一人，每录甲士人一人，携家口往都尔鼻驻防。"并决定在都尔鼻地方建城。"崇德二年八月丙辰，以筑都尔鼻城，命和硕睿亲王多尔衮相度基址，多罗绕余贝勒阿巴泰率甲士夫役，前往兴工。"筑城摊派的民工，当时是每三个成年男人中要出一名民工去修城，还有"护军400人，防卫筑城工役"。崇德三年（1638），"夏四月，竣都尔鼻城工，并改名为屏城"，由皇太极"赐二门额：一曰安边门，一曰广边门"。

今都尔鼻旧城早已无存。经考，学者多认为昔日都尔鼻城之址，即为今彰武县西六家子镇境内的四方城古遗址。

史料记载，从天聪元年到崇德八年（1627—1643），清军到都尔鼻地方就有十多次，可见都尔鼻城的重要性。它不仅为清的统一大业发挥了重要作用，也见证了明朝末年长城脚下那一段激荡人心的烽火岁月。

农耕与草原文化交融的例证——蒙古馅饼

翻阅史籍和地图便可清晰发现，处于古长城脚下的阜新地区，也恰处于草原文化与农耕文化交汇的前沿。因此，草原的、农耕的，历史的、现代的，民族的、宗教的……多元的文化共同在这里交融、碰撞，激荡起绚丽斑斓、异彩纷呈的朵朵浪花。其中，流行于今天北方蒙古族地区的一道美食——蒙古馅饼，就是一个颇具代表性的例证。

相传，蒙古馅饼是明朝末年蒙古贞部落一路东迁定居阜新地区之后创制的。它就是结合了长城以内农耕文化和长城以外草原游牧文化的饮食习俗创制形成。最初的蒙古馅饼，是以当地的特产荞麦面为皮，牛羊肉为馅，用干烙水煎的方法制成。再后来，这一做法传入当地的土默特左翼旗王府，由干烙水煎改为用奶油、牛羊油和猪油煎。再后来，又以白面为皮，豆油煎制。每到蒙古族家庭做客，他们以馅饼作为最好饭食招待贵客。汉族有句俗语："好吃不如饺子"，蒙古族有句常话："好吃不如馅饼"。

从制作方法讲，蒙古馅饼的特点是将面和馅包成后，用手拍，用刀翻。最后还有一个"走油"环节，把烙好的馅饼放在锅内四周，锅底放一勺油，烧热后，将馅饼放入油中，将两面煎黄后，出锅装盘。

蒙古馅饼的特点是面稀、皮薄、馅细，烙制后形如铜锣，外焦里嫩，饼面上油珠闪亮，透过饼皮可见里面肉似玛瑙，菜如翡翠，红绿相间，煞是好看。

"长城文化带"上的阜新

长城是历史上中原王朝为了保护农业文明地域、抵御北方游牧民族南下侵扰而在农牧交错带修筑的具有浓厚军事色彩的大型墙体建筑群系。长城总体上是一种人类活动的产物，它是人类活动对特殊自然地理环境和人文环境做出的一种回应。

"燕、秦、汉、明四代长城'聚首'阜新，这在全国也极为罕见，这是祖先留给阜新的一笔得天独厚的宝贵遗产。"辽宁省著名考古专家郭大顺讲，"四代"长城纵横阜新，数百千米的长城遗址，加上长城沿线考古发现的大批古城遗址，这表明阜新拥有着极为丰富的长城文化资源。同时也充分表明，从2300多年前开始，阜新这块土地上就已经是长城脚下一个人烟稠密、城郭相望的"塞上明珠"，是长城内外各民族经济、文化相互交流融通的一个富庶繁华的"中心"。

阜新，被历史性地放置在上下两千年、纵横十万里的长城文化带之上。

我们所讲的长城文化带，是用长城文化因素的标尺判断、衡量长城地带而形成的一个文化遗产学概念，具有地理空间和文化内涵两个基本层面，还可以理解成是用广义文化的视角审视长城地带，重点关注长城地带的文化内涵。

长城文化带具有地理、经济、民族、政治和文化等五大属性。它们在各个层面、各个角度不同程度地反映了长城的内在文化因素，烙上了长城文化的特色。

长城是冷兵器时代举世闻名的军事防线。长城文化带也是南北两侧历代政权维持其统治的政治、军事平衡界限。长城地带是天然的地理界限，这里分布着不同的民族与群体，历代南北政治实体多兼用军事手段或政治谋略，通过封闭或开放的方式对待和管理长城地带。就阜新地区而言，从战国时期一直到明代，这一特点体现得尤为明显。

从地理上看，中国历史上修建的绝大多数长城主要位于北方山区，这里是更北的高原地貌与中原平原地貌之间的过渡地带，属于侵蚀与剥蚀的山地地貌，是中温带和南温带的过渡区域。阜新境内各个历史时期修筑的长城，恰处于内蒙古高原与辽河平原的过渡地带，也恰好处在南北两个带有明显差异性的地理环境和气候环境之间。当然，这种差异性也促使当地所修筑的长城在形态、风格上与其他地区有所不同。

正是由于地理区位和自然条件的差异，长城文化带的经济生产方式也具有明显的交叉性、过渡性和分界性。以阜新地区为例，这里处于典型的农牧交错地带，既有与北方草原环境相适应的游牧经济形态，又有与南部平原地貌相适应的农耕经济形态。

长城也是区域界限的标志，不同的区域生活着不同的民族，所以长城在一定程度上也是民族区域划分的界限。由于长城地带本身就是一个交流融合之地，因此各民族间在文化上又有较多的融合性和互通性。从民族学来看，长城形成的战国、秦、汉阶段，正是中国古代历史上第一次南北民族大迁徙、大交流从而达到大融合的时期。长城在当时既是"内诸夏而外夷狄"的藩篱，也是南北民族相互消长、交流、融合，并留下了太多动人故事的大舞台。

长城文化带的文化交流与融合，不仅是其内部各区段之间的互动，同时更多的是长城文化带外部南北方更广阔地带之间的文化交流。长城文化带堪称南北文化碰撞、交流的平台，这个平台位于南北两大文化区之间，具有明显的分界作用。长城地带存在传统地理通道的部位通常逐渐发展为文化互动的枢纽，通过这些枢纽交流互动的文化内涵包括物质文化遗产和非物质文化遗产。

"为什么说阜新民风淳朴？为什么说厚道的阜新人个个古道热肠？这是阜新独特的历史地域文化所滋养和决定的。"郭大顺讲，尽管阜新境内的古长城仅存遗址，甚至大多数被淹没在了"脚下"，但数千年的长城文化，则早已深深融入到阜新地域文化的历史积淀。千百年来，处在长城内外这一独特的地理位置，游牧文化、农耕文化、民族文化、宗教文化等多元文化共同在这里交融与碰撞。正因为如此，阜新独特的地域文化才越发色彩斑斓，越发富有历史的层次感与穿透力。它就像一颗瑰丽的宝石，越是历经历史岁月的打磨，就越是散发出璀璨迷人的魅力与光彩。

为阜新长城描画新的图景

千百年来，长城凝聚了无数人的热血与智慧。为了更好地保护它，"长城国家文化公园"呼之欲出。根据省里的统一规划，结合阜新实际，对阜新古长城保护利用，描画新的图景。

经国家文物局认证，阜新地区的古长城资源共 164 处点段，有早期的燕、秦、汉长城和晚期的明长城，其中清河门区 36 处、阜蒙县 123 处、彰武县 5 处。三级区段为长城国家文化公园（阜新段）建设保护主体，四级区段以文物保护和日常管理为主。长城阜新段三级区段为上排山楼—卡拉房子段明长城、阜新段燕、秦长城。

位于彰武县五峰镇高山台村的高山台烽火台，是明代的烽火台，地基为石条砌筑，墙体青砖砌筑，丁条砌筑法，用糯米浆掺白灰砌缝，台高 9.6 米。1997 年，彰武县政府按照修旧如旧的原则，恢复了原来的面貌。高山台烽火台是古代军事防御工程体系之一，有敌入侵时白天放烟，晚上放火以通报军情。2003 年公布为第六批省级文物保护单位。目前，阜新已将高山台烽火台列入省《长城国家文化公园（辽宁段）建设保护规划》特色展示点进行特色展示。除了这一特色展示点外，阜新还规划了其他 8 处特色展示点。

阜新市规划建设的两条集中展示带总长 19.1 千米，涵盖了辽西燕、秦早期长城和明长城。分别为鸡冠山—红石砬山段燕、秦长城展示带和上排山楼—卡拉房子段明长城展示带。

市文旅广电局副局长王立辉介绍，长城国家文化公园阜新段包括 7 个传统利用区，主要有三类，一是原为各时代长城防御体系建制，现状依旧保留特定历史遗存或空间形态的城池关隘聚落；二是依据历史文献及研究认定的与长城修筑或戍守有关的村落；三是规划长城文化遗产廊道沿线具有特色文化、特色产业、生态环境较好的村镇。

阜新市根据阜新古长城展示带、展示点的实际保存情况谋划项目，结合阜蒙县新民镇正在打造的"黄金小镇"，整合上排山楼—卡拉房子段长城展示带、上排山楼 1 号 2 号敌台、二道岭烽火台等长城资源，利用现有道路或防火通道谋划精品游览线路。同时，通过展示保护、演绎传承、活态开发等有效模式，加强地域文化的综合展示和传承利用，实现文旅深度融合。

阜蒙县新民镇党委书记孙善长介绍，结合国家长城文化公园建设和央企助力乡村振兴建设，新民镇着力打造的"黄金小镇发展规划"已纳入阜新市"十四五"规划。

孙善长告诉记者，不到长城非好汉，中国人对于长城有着特殊的情结，为了展示阜新长城文化遗迹，镇里计划修一条登山的路，满足人们打卡古长城的愿望。

"黄金小镇发展规划"中，除了长城国家文化公园阜新展示带，还有黄金文化体验区、黄金知识科普区、蒙古贞文化生态区等板块。游客来到"黄金小镇"后，在打卡古长城的同时，还可以品尝丰富多样的地方特色美食，如蒙古馅饼、喇嘛炖肉、全羊汤等；可以在民俗工艺坊里体验民间工艺剪纸和风筝制作过程；可以在文体游艺园里体验阜新特色文体游艺习俗，如阜新大秧歌、阜新皮影戏、跑黄河等；可以在蒙古贞文化园里欣赏国家非物质文化遗产，如东蒙短调民歌、蒙古剧等，感受蒙古贞文化的魅力；可以在蒙古族文化跑马场体验骑马的乐趣，增加户外运动的经历；可以在都市农场采摘园里采摘，体会果实成熟的喜悦。

未来的长城国家文化公园阜新展示带值得期待。

【作者简介】李丹、刘丹，《阜新日报》记者。

朝阳长城简述

刘子生

长城，是人类历史上伟大的建筑工程，是中华民族精神的重要象征；长城，是屹立在中华大地上的一座不朽丰碑，是镌刻在人类文明史册上的精彩杰作。

辽宁省朝阳市，位于辽、冀、蒙三省（自治区）交会处，坐落在辽西丘陵和内蒙古高原的连接带上，是历史上中原汉民族政权和北方游牧民族交互争占之地，在战略上具有十分重要的地位和作用。朝阳历史悠久，文化底蕴厚重。旧石器时代的鸽子洞远古文化，新石器时代的牛河梁红山文化、与夏朝为伍的夏家店下层文化，东晋十六国时期的三燕文化，都充分说明当时社会文明已经达到了一定高度。

由于地理位置特殊，朝阳经历了复杂的历史变迁过程。但无论文明如何激烈碰撞，政权如何频繁更迭，发展生产、安居乐业，一直是先民们的美好愿望和现实需求。为抵御外族侵扰，谋求边塞安宁，各个朝代开始大规模筑造长城、关堡、边城，并屯兵驻守。据考证，燕、秦、汉、北齐、辽、明等朝代都曾在辽宁境内修筑过长城。作为万里长城的重要组成部分，朝阳市境内至今仍留存燕、汉、明代等时期的长城遗址。

燕长城

在北票市、建平县北部努鲁尔虎山脉的田野山间，盘亘着被当地群众称为"石龙"或"土龙"的历史遗迹，远远望去，蜿蜒曲折，若隐若现。经专家学者考证，这就是历史上著名的燕长城。

燕国是周王朝分封的诸侯国之一，姬姓，开国君主是召公奭，建都于蓟（今北京城西南隅)。燕昭王时又建新都于武阳(今河北易县东南),是为下郡。燕国位于今河北省北部和辽宁西部,幅员广阔,南与齐国、赵国相接,北与东胡等游牧民族毗邻。据历史文献记载,为了防御邻国的进攻,燕国共筑有两道长城,一道是燕南长城,一道是燕北长城。

《史记·匈奴列传》记载:"燕有贤将秦开为质于胡,胡甚信之。归而袭破走东胡,东胡却千余里。与荆轲刺秦王秦舞阳者,开之孙也。燕也筑长城,自造阳至襄平,置上谷、渔阳、右北平、辽西、辽东郡以拒胡。"

秦开,鲁国后裔,战国时期燕国将领。早年在东胡做人质,很受东胡的信任,熟知东胡风俗民情。一次贩马途中,恰巧燕国的队伍巡防经过,谋划已久的秦开借机逃离,回到燕国。秦开回国后,被燕昭王任命为大将,委以驱胡重任。秦开作战经验丰富,又非常熟悉敌情,于公元前300年大破东胡,迫使东胡北退千余里,取地2000余里。并开辟辽东,置上谷、渔阳、右北平、辽西、辽东五郡,修筑燕长城。据此推断,此段长城属于燕北长城的一部分,修筑时间应在燕昭王时期,即公元前311年至公元前279年之间。

燕长城在朝阳市境内长达120千米,现存147段,主线总长88千米,墙体累计32千米,关堡(长城附属城)8座,单体建筑(敌台、哨所和烽火台)27处,相关遗存(居住地、挡马墙、生产生活和宗教场所)8处。燕秦长城筑于秦开归燕之后,是战国时期最后修的一道长城。

【专家解读】朝阳市境内的燕长城,基本保留了北方长城结构的三种形式,即石筑、土筑和天然屏障。

"石龙"就是石筑城墙。建于山脊或北坡险峻、南坡较缓的山岗上。垒砌方法一般是内外两侧用较规整的大块自然石,中间以乱石碎块或沙砾等充塞,较为坚固。在烧锅营子乡的下霍家地前山,经烧锅营子南山,张家湾南山,至蛤蟆沟北梁之间,至今还保留着走向清楚,石砌结构清晰,长宽约2米、高0.2到1米的遗址,还可看出墙体、城堡及亭障等遗迹。

"土龙"就是土筑城墙。在地势较为平坦的地段,土质较厚而又缺石的地区挖壕,在沟壕的南侧垫土起墙,夹板夯筑。土筑长城历经2000年风雨,水土流失以及多年的耕种、年久失修等自然和人为因素,很多地方已看不到地上墙体。纵目远眺，隐约可见有一道黑土带，如同一条巨龙匍匐于大地之上，阴雨天气尤为明显。到了夏季还可以发现在这些地段上草木长得郁郁葱葱，异常茂密。建平县老官地镇羊草沟和二十家镇境内的城墙大多为土筑。

天然屏障大多借助山与河等自然屏障。选择极其陡峭的崇山峻岭作为"天然屏障"。建平县老官地镇黄杖子村南的平顶山至烧锅营子乡朝廷庙山中间的一段长城就是利用"天险"而成。这段长城线北面山坡极其陡峭，多是十几米或几十米高的悬崖峭壁。

燕长城在当时发挥了应有的防御作用，长城文化对后世产生了深远影响。史学家认为，燕长城的功能有两个方面：一是为防御北方游牧民族的侵袭，筑长城以自卫；二是邻接北方游牧经济区，为保护农业经济区不遭受游牧民族的骚扰，筑长城以为屏障。历史上，辽西是中原文化向北方传播的关键地带，在传播中原文化中起到了桥梁和纽带的作用，并且促进了东北各民族之间的长期融合，推动了东北地区的文化交汇融合和经济社会发展。

汉长城

汉长城遗址主体位于辽宁省朝阳市建平县中部、北票市北部。从内蒙古喀喇沁旗甸子乡跨过老哈河进入建平县境内八家农场，穿过奎德素镇、张家营子镇、榆树林子镇，东折通过朱碌科、喀喇沁镇延伸至内蒙古敖汉境内，沿大青山西北麓断断续续东北行，然后在郝杖子一带穿过青山，进入北票境内的大黑山东北行，过东官营、娄家店、宝国老（小城子），进入阜新蒙古族自治县境内的化石戈乡。北票境内汉长城大部分湮灭，有些地方只留下残存的遗址。

朝阳境内现存汉长城遗址主线总长120千米，主要由筑烽火台和部分墙体组成，其中烽火台64座，关堡2座。现存墙体5段，全长1034米（均分布在建平县）。

【专家解读】汉长城修筑方法是因地制宜，平地挖沟筑墙，高山则以土石筑墙。长城沿线险要山口或重要交通线路都设有城堡；每隔1—3千米修筑一个墩台，高山顶上的墩台则远近不一；基本上是相邻的两个墩台能够相互望见。墩台皆为夯土筑成，现状均呈馒头状，高3—5米不等，底径20—30米。奎德素镇油坊地屯纪春生家院内有一座墩台，边长8米有余，存夯土层28层，高3.2米，从发现的墩台中看，墩台建筑有大有小，大的墩台高达6—8米，长或宽可达20米以上。在城堡和墩台附近散布有方格纹、弦纹、绳纹瓦片及绳纹红陶釜残片等汉代文物。

《史记·匈奴传》记载："汉遂取河南地，筑朔方，复缮故秦时蒙恬所为塞，因河为固。汉亦弃上谷之什辟县造阳地以予胡。"西汉时期，塞外匈奴经常南下掳掠，汉王朝不胜其扰，施以出兵征讨、筑城防御、和亲纳贡等多种手段应对，以求边塞安宁。国力强盛的汉武帝时期，卫青、霍去病、李广等名将多次奉命讨伐匈奴。史料记载，汉武帝时期，连续发动四次大的战役，以10万骑兵大兵团，远出长城1000多千米与匈奴作战，大破匈奴军，令其丧失沃土千里，牛羊百万，从此一蹶不振。史书记载，汉匈之间大规模争战，历经汉武帝、汉昭帝、汉宣帝、汉元帝四朝，持续百年之久。连年征战耗费大量人力、财力，导致西汉王朝损失惨重，国库空虚，人口锐减。因此，在夺取战略要塞和肥土沃野的同时，迫不得已放弃一些偏远蛮荒之地。为防匈奴侵扰，在弃地之上又新筑长城。朝阳境内汉长城就是汉帝国此时修筑的战略收缩防御性工程。

在人们的传统印象中，长城大多分布在人迹罕至的塞外苦寒之地。但朝阳境内汉长城的沿线和周边，1000多年前却是河流纵横、湖泊密布，既是农耕民族扎根的膏壤沃土，也是游牧民族心仪的上佳草场。在塞外枭雄的眼中，夺取这一线，便打开了进取中原的大门；对汉军将士而言，守住这一线，便可捍卫身后的父母之邦。汉帝国依河道水网建筑长城，不仅令异族骑兵望城兴叹，裹马难前，还可使驻守城堡墩台的万千汉军人马就地解决生死攸关的饮水问题，可谓一举两得。

西汉长城防御体系日趋完备，预警功能严密，外防功能发挥显著，匈奴侵扰事件相对减少。同时，汉长城也发挥了防止内部"亡人"外逃功能。更为重要的作用，汉长城的修建，为往来边塞的使者、商人等提供了粮食、饮水和安全等基本保障，也为丝绸之路开拓和中西方经济文化交流奠定了良好基础。

明长城

根据 2009 年国家文物局和国家测绘局公布的数据，明长城东起辽宁丹东鸭绿江畔虎山，西至祁连山东麓甘肃嘉峪关，全长 8851 千米。明长城由锦州义县进入朝阳市境内，于北票上园交界处的九关台门进入常河营乡的老黑山、大玉山、天池山，经东大山乡进入小塔子乡，尔后向阜新蒙古族自治县延伸。

明长城在北票境内呈南北走向，现存 22 个单体建筑（其中烽火台 9 座、敌台 13 座），墙体 14 段，全长约 15 千米。明长城附属结构很多，敌台、路台、烽火台、堠（hòu，音后）、城堡遍布长城内外，故曾有"十里一墩、五里一台"之说，有的墩台之间仅一二华里。在北票境内的常河营天池山一带，曾遍布很多敌台和烟墩，目前，天池山下的六家营墩台（土夯）和大水泉子村的墩台（砖砌）尚有 3 米多高的遗址。而在常河营乡天池山、小塔子乡大青山与锦州义县、阜新阜蒙县交界处，墩台更是星罗棋布，有破台子、三台、大二台、小二台等遗址。

从北票境内的明长城来看，明代长城的修筑不但继承了我国历史上修筑长城的传统方法，而且有了新的发展和创造。因此，它与历代长城有着明显的不同，明长城最重要的变化首先是地理位置上较燕秦汉长城内移了不少，它开辟新的线路，在许多地方选择了更为险峻的高山，使长城更加气势磅礴。

【专家解读】北票境内明长城因所依托的地理、地貌特征不同，其构筑材质也不同，分为砖石墙，夯土墙，山险墙和河险墙 4 种形式。

砖石墙：北票境内的明长城墙体多为石质结构，特点是以巨石或自然山体为墙基。马家营长城 1—3 段，墙体、敌台、烽火台多为石筑。只是羊草沟通往义县的路口所筑路台为巨型青砖砌筑（地上，地下三层），现仅存遗址。大马家口子路台和小塔子乡境内平房村的路台均为青砖砌筑。

夯土墙：以夯土板筑固或堆土垒筑，土墙大多修筑在河套东西延长线地势较平坦处。北票境内明长城的土筑墙体主要在由常河营乡入小塔子乡的平房村一段，这段长城处于北票通往阜新的路口，凡是在重要的交通路口处均设有两道墙体，称为

"重墙"（如下石湖通往义县路口，大水泉子通往义县路口）。小塔子平房境内长城与下石湖和大水泉子的石质重墙不同，而用土筑墙体两道，这两道墙体并行，相距10米左右。除土筑墙体外，北票境内明长城的附属建筑上也有用土砌筑的，如天池山下的土筑烽火台（现存2米高遗址）。

山险墙：分为劈山为险和利用自然山险两种，北票境内明长城主要以自然山险为主。集中体现在常河营乡境内的大玉山、天池山和东大山上。以天池山和大玉山尤为明显，这两座山海拔都在500米以上两山相连，山势异常险峻，明长城途经此段时则充分利用"以山制险"的筑造方法，以刀劈斧削般的山险作墙体。由东大山至天池山，到了天池山东段山势稍有平缓处方见明显的石筑墙体。

河险墙：又称为"河堑"，是以与长城平行或衔接地带的自然河道或人工开凿的河渠为屏障，与两侧的长城墙体形成统一的防御体系，在史籍中称为"河堑"或"河空"。在北票境内的上园境内，与长城并行的大凌河即存在"河堑""河空"，并在其附近修筑墩台。

明长城是中国历史上耗时最久、体量最大、结构体系最为完善的冷兵器时代军事防御工程，充分体现了中国古代建筑工程的高度成就和古代劳动人民的聪明才智。

雄伟的长城，绵延起伏，气壮山河，历经千百年风雨洗礼，见证了辽西历史的沧桑巨变。古老的长城，跨越时空，巍然屹立，在时代春风沐浴下，焕发出强大的生机与活力。在长城脚下世世代代休养生息的朝阳儿女，早已把众志成城、坚韧不屈的长城精神融入血液，化为基因，形成了勤劳勇敢、坚毅自强的优秀品质，凝聚起同心筑梦的磅礴力量。

【作者简介】刘子生，朝阳市长城国家文化公园建设工作领导小组办公室。

兴城境内长城现状考

张恺新

兴城长城是万里长城的组成部分，它就在我们的家乡，就在我们家乡的崇山峻岭之中，犹如一条巨龙，横卧在辽西走廊、关东大地之上。头枕九龙山，脚踏六股河，迎着历史的烽烟，在城堡般的峰峦间聚散，防御着外来的侵略。

由于历史的原因，兴城长城已渐渐地被人们所遗忘，如今已是鲜为人知，孤零零地隐匿在荒山草丛中，任凭岁月风雨的侵蚀。兴城长城现已是遍体鳞伤，断壁残垣，大部分已消失在村庄集镇、耕田荒野之中。当年的金戈铁马与征旗战鼓，早已被历史吞没、掩埋。

望着茫茫的大地、残破的边墙以及世代生活在那里的人们，历史的瞬间留给我们的又是什么？出于对兴城长城的爱好，笔者沿着兴城长城的遗迹，由东向西进行了实地考察，下面将兴城长城的现状做以简要介绍。

与连山区接壤的灰山堡长城墙体，现已坍塌，孙家沟里屯北山至杏山一带的长城，留存墙基的宽度有 2 米左右，和小盖州长城相比，现存堆积较高，高的地方有1.4 米左右，沿线的敌台都已经倒塌。

小盖州屯西侧的西山山脊上，还存有墙基、墙石。现存墙基的宽度也在 2 米左右，石头堆存高度为 30—50 厘米。小盖州屯的西南山白台子烽火台的墩台部分基本保留下来，只是在西部倒塌。

寨儿山堡管辖的长城墙体，都是在九龙山山脉上行走。九龙山是兴城境内长城线上最高的高山，海拔 558.7 米，地势十分险要。墙体以自然山体为基础，采用土石混筑、毛石干砌，利用山险走势，人工修成山险墙体。寨儿山堡城的北山烽火台，呈圆形，墩台部分保存尚好，只有西部倒塌，铺房已无，距寨儿山堡城 4—5华里。

白塔峪堡管辖的长城墙体，沿西塔沟屯东侧和南山山脊部分，墙体保存较差，都已坍塌，墙石大量流失，在墙体两侧长满灌木和杂草，墙体基础较宽，大约2米，现存毛石堆积的最高点有1米左右。

摸虎山长城遗存，大部与北面的西塔沟村南山长城相似。其中有一部分利用山险走势，形成天然墙体，靠西南坡下的果园地及向西北延伸与冰沟长城相接地带的墙体全部消失，地面没有遗存。冰沟长城靠北部分有遗存，和摸虎山长城相似；靠南部分墙体消失，没有遗存。这段长城墙体除了自然原因，多年的山水冲刷、风雨侵蚀，还有人为的拆毁破坏、修筑梯田。当年锦山厂修建时，就曾拆墙取石，用以建厂。

朗月西山长城北部用毛石干垒而成，南部为山险墙。小摸虎山长城的墙体北部为山险墙体，南部采用土石混筑而成。

白塔峪堡城的北台山烽火台，系用大块毛石砌筑，呈圆形，保存比较完好，除了墩台上面的铺房已无，墩台主体没有倒塌的痕迹。距白塔峪堡城2华里。

兴水岘堡管辖的长城墙体，基础、结构等，比较复杂。既有险峻山体，又有平原地带。既有山坡果园，又有农田耕地。跨公路，过河流。在险峻山体上，墙体遗迹尚存。在河流地带，无任何遗存。在平原地带，遗迹基本无存，只有部分地带还有一些夯土堆积的土塄子。

红崖子乡边头子屯西侧有一段墙体保存比较明显，紧靠村落住宅。长度有200多米，为黄土夯筑，最高点有一人多高，墙体基础有6米宽，墙体上被村民种植果树和其他树木。

建在红崖子乡的正业园区地带原有长城墙体堆积，已被正业园区建厂时推平，致使本段墙体在地面无任何遗存，彻底消失。

黑凤山长城的墙体保存明显，墙体结构采用毛石干垒的构筑方式，外用大块毛石包砌干垒，内部填充碎石。现存墙体基础宽为2—2.5米，最高点有1.5米。

团山堡管辖的长城墙体，在红崖子乡黑凤山主峰西南侧及边壕子村东山上，遗存比较明显。而在边壕子村及东、西两条河流地带已无遗存。

从边壕子村西河往西，经裴家沟西北，到施家屯南的老石山、西南的马鞍山，为平缓的丘陵地带。

施家屯南的老石山长城以自然耕地为基础，采用黄土夯筑，掺有少量碎石和沙土，逐层夯实而成，有的地段现存高度有 1 米多，保存明显，长城线上还有较高大的敌台遗存。

施家屯南的马鞍山长城的山体土层较厚，植被茂盛，种有大片的树林。现存墙体底宽 6 米，最高达 2 米左右。团山堡管辖的有些地段，在清代曾被改为"柳条边"。

仙灵寺堡管辖的长城墙体，在北部的南大乡北大山长城为土石混筑，尚有明显遗存。而从北大山西坡起，直至南大乡三家子村南山东北坡止，大约 15 华里的耕地、村庄、河流、大小马路等，已无痕迹遗存。

在三家子村的南山（石腊山）长城尚有部分遗存。从三家子村南山（石腊山）西南坡，至南大乡长垄村边里屯的东侧长城线之间为耕地、马路，痕迹无存。

南线的长城墙体从南大乡三家子村南山（石腊山）西南坡分线，向西南奔围屏乡肖家岭村北山，已无明显痕迹。

黑庄窠堡管辖的长城墙体，从南大乡长垄村边里屯的东北侧起，到围屏乡陈良村东南沟屯南面，地势虽为丘陵起伏，但比较平坦，墙体采用黄土夯筑，现已坍塌，仅有部分墙土形成一道道高低不平的土塄子尚存。

从围屏乡云台寺村北山坡往西，到云台寺村西北的官马山东侧，墙体也采用黄土夯筑，但保存较好，现存墙体剖面呈梯形，最高处有 4 米左右，底宽 6—8 米，顶宽 1—2 米，夯土层厚有 30 厘米。墙体上面长满荆条、灌木、杂草和树木，树木大部为槐树。

官马山北侧地段墙体，采用土石混筑的构筑方式，两侧砌以毛石，内部填充碎石和山皮土。现散落高度有 1.5 米左右，宽 2.5 米左右。

南线的肖家岭村北山长城墙体，因所处地形为丘陵山地，地势较为平缓，土层较厚。所以，墙体采用当地黄沙土逐层夯筑而成。现已坍塌，地面形成明显堆积。墙体上长满灌木、杂草、槐树，周围为农田。

锦川营堡管辖的长城墙体，自围屏乡团瓢村小团瓢屯北山坡（官马山西侧）起，为丘陵地带，土层较厚，采用黄沙土逐层夯筑而成，墙体保存明显，上面长满灌木、杂草、槐树等。最高处有 3 米左右，底宽有 6—8 米，顶宽处有 1 米左右。墙体南侧为树林，北侧是农田。有的地段墙体已被农民削去一半，种植花生。

团瓢村小团瓢屯北山坡西侧向西延伸，至团瓢村曹屯南山，此地距离曹屯村民住宅最近的仅 200 米左右，人为的拆毁比较严重，靠西侧，地面已无遗存。靠东侧用毛石干砌的墙体，尚有遗存。

围屏乡茶家村潘家屯南山一带，有明显堆积的土梁，宽为 2 米左右，最高点有 1 米多。

此处的南线长城墙体现状：

围屏乡团瓢村小团瓢村东山为丘陵山地，墙体采用土石混筑，现已坍塌。现存最高有 1.5 米，堆积底宽 2—3 米。墙体上长满灌木、杂草、树木。

团瓢村下坡子屯南山长城的墙体，为黄沙土逐层夯筑而成。现已坍塌。墙体堆积形成一道明显的土梁，遗存最高超过 1 米，底宽 2 米左右。上面长满灌木、杂草、树木。

团瓢村赵西沟屯西南山墙体采用黄沙土逐层夯筑，现已坍塌，夯土大量流失，坍塌后的堆积形成一道高出地面的土梁，现明显可见。堆积上长满低矮灌木和杂草，周围分布有大片林地和耕地。现存墙体最高有近 2 米，底宽 5 米，顶宽 2.5 米。

新兴营堡管辖的长城墙体，在高家岭乡东南的牛心山东侧的丘陵地带，墙体为黄沙土逐层夯筑，现有明显土梁。底宽 3—4 米，最高有 2 米。上面长满灌木、杂草、槐树。

牛心山山脉利用险峻陡峭的自然山体，沿山脊走势形成山险墙体。牛心山西南侧的丘陵地带，墙体采用黄沙土逐层夯筑，地面有明显土梁，底宽有 4 米，高有半米，上面长满灌木、杂草。

高家岭乡山西村沟门屯的北山梁至南山之间的长城墙体，靠北部已无遗存，属消失墙体。靠南部，有明显土梁，宽有 4 米，最高点有 1 人多高，上面长满灌木、杂草。

壕头子屯西南 1 华里处的长城墙体已无遗存。

边壕子村西北约 200 米处，地面还有明显土梁，底宽有 2 米，高有 1 米。上面长满灌木、杂草。向西方向，直至六股河边。此地段有村庄、马路、山体、耕地、河流等，已无明显遗存。

此处的南线长城墙体现状：

从围屏乡团瓢村赵西沟屯西南山西梁（小牛心山），到高家岭乡汤上村边壕子屯东山东坡之间，丘陵起伏，土层较厚，采用黄沙土夯筑，现还可见到高出地面的土梁。

边壕子屯东北侧村边，有长度 60 多米的遗存，为东西走向。现存底宽 4 米，最高有 1.5 米。上面长满灌木、杂草。从边壕子屯到六股河边地段的墙体，因村庄、马路、山体、耕地、河流等因素，已无明显遗存。

朝阳寺山上的烽火墩台，是兴城境内烽火墩台保存最完整的，仍然保持着明代的原汁原味儿。可惜近年来不断遭到附近村民的破坏，被扒开两个窟窿，但青砖还在，亟待维修。

【作者简介】张恺新，辽宁省政协文化和文史资料委员会办公室。辽宁政协文史馆研究员、中国近现代史史料学会副会长。

团山子堡城探古

常德义

在红崖子满族乡西南部,有个叫团山子的小山村,别看村子很普通,规模不大,可当年这里却是一座堡城,而且还是个壁垒森严的军事要塞呢。

团山子也称团山堡,是明代时用于屯兵,护卫边防一线的军事设施。堡城大都设在辽东长城(也称边墙)内侧,多选择能够设伏兵,又能进攻的有利地形修建。据史料记载,明时在辽东边长城一线,共建有 100 座堡城,团山堡只是其中之一,隶属宁远卫(今兴城)所管辖。

团山子堡城的规模不同于所城,据乾隆二十一年(1682)《锦州府志》记载:"团山堡:城(宁远)西三十里,周围一百七十二步,南一门,曰镇勇。"折合现在的计量标准,团山堡城的周长约为 620 米。

堡城作为军事建筑,长年驻扎着戍边的守军。堡城下设总旗、小旗及台丁,各负责一段长城及其邻近的烽燧防务。团山子堡城北距边墙约 1 千米,《全辽志》对其建制有明确记载:宁远卫"小团山堡:官军二百六十八员名。堡西吴简山可屯兵;堡西北老虎冲可按伏;河口台、灰菜沟可通贼道路,宁远城、中右所(今沙后所)兵马可为策应"。

团山堡守军管辖的辽东长城段儿比较长,共有中架空、新架空、小架空、安宁空、双古路空、小团山空、镇虏空、河口空、擒胡空、璎珠山空、璎珠山墩、龙湾空、古路口台、灰菜沟空、琉璃寺台、安塞空等 16 座墩台。历经数百年风雨,尽管这些墩台的名称与现在有些对不上号,大部分边墙也已坍塌,但仍有些墩台遗址尚存。尤其是在黑凤山上,石砌的边墙与墩台仍然保存完好。前些年,葫芦岛市博物馆将这段边墙拍摄存档。

据光绪年间成书的《宁远州乡土志》记载:"团山堡在城西三十里,周围一里七十二步，南一门曰镇勇．北面故址犹存。"那么，近些年团山子堡城还有什么遗存吗？

20 世纪 70 年代末，文史专家刘谦先生来团山堡考察，看到城墙早已被拆除。后来他在《明辽东镇长城及防御考》中记述：团山堡建于明正统七年（1442），堡城近方形，南北长 200 米，东西宽 220 米。他介绍在堡城西发现明代窑址一处，与建堡城有关。当地早年曾出土一方清代残碑，上面刻有"□京锦州府宁远州团山堡门"字样。刘先生认为，团山堡在清代曾经是柳条边的一个边门，只是这个门在《盛京通志》及《锦州府志》中都没有记载。

团山堡城南山坡有一座建于清雍正十二年（1734）的古庙，叫石龙寺，至今香火不绝，更为当地的历史文化增添了厚重。

团山子原为拣金满族乡的一个行政村，2002 年合乡并村时，划归为红崖子满族乡。10 年前，我到这里调查时，只在北城墙处找到少许遗迹，北墙之外可看到当年护城河的痕迹。堡城以西是东沙河，河床近百米宽，地势开阔。辽东边墙在堡城之北，其中一段就建在沙河中，当年是用木桩栅成的，临河岸则是土墙。团山堡与东北部的兴水县堡城相距约 25 华里，与东部的羊安堡城相距 20 华里。明朝中期，蒙古兀良哈部骑兵时常在这里越过边墙，进犯边堡，抢掠边民。在团山堡城一带，曾发生过多次战斗。明景泰五年（1454），蒙古兀良哈部骑兵袭扰团山边堡，辽东都指挥金事、宁远备御韩斌率兵驰援，与镇守官兵截杀入犯的兀良哈部骑兵，他"斩杀一巨酋，贼遂败北"。据《奉天通志》记载，天顺六年（1462），"贼众又寇小团山，指挥张礼遇难，官军王顺等二百人被围"。辽东都指挥金事、宁远备御韩斌率兵飞驰赴援，"手刃数哦乃解"。正德十年（1515），兀良哈部大批骑兵进犯团山堡，守堡官军难以抵御。兀良哈部骑兵大肆抢掠边民财物而归。

嘉靖四十四年（1565），宁远参将线补衮、游击杨维藩率兵迎击进犯的兀良哈部骑兵，在黄土台与之遭遇，双方激战于团山堡城西部的吴简山，官军陷入重围。杨维藩力竭阵亡。线补衮杀伤兀良哈部骑兵数名，面部中两箭，镞出脑后，奋力突围。回城后，嘉靖皇帝得知，赐给医药、银两，因治疗无效，数日而亡。

【作者简介】常德义，兴城市文物保管所退休人员。

175

元台子乡境内的辽东长城

邓立新　张维维

　　辽宁境内的明代长城，也称"辽东镇长城"或"辽东边墙"，东起鸭绿江右岸的丹东市宽甸县虎山，西至绥中县李家堡乡锥子山下的"吾名口"长城，全长约2350千米，是明朝建立之初，为抵御蒙古兀良哈部袭扰而构建的一个规模浩大的防御工程。兴城境内的明长城，是正统七年（1442）由指挥金事毕恭受命修筑。长城由东北向西南延伸，经过元台子、白塔、红崖子、南大山、沙后所、围屏、望海、大寨、高家岭等9个乡镇，全长81.86千米。

　　元台子乡境内的长城是兴城段明长城的起点，东北与连山区境内的歪桃山长城相接，向西经孙家沟里屯北山山梁、乌云山、炭场沟北山、老包山、和气屯北，至九龙山北沿山脊盘旋而上，全长12.1千米。这是乡境内的主线长城。此外，元台子乡境内还有一道复线长城，其走向是：从小盖州屯西北的歪桃山西南始，经孙家沟里屯南山、河北屯北山，止于小高山山脚，全长6.7千米。这段复线长城与北面的主线长城相接，呈口袋状将孙家沟里、炭厂沟、和气沟等村屯围起来，凸显出特殊的战略作用。

　　元台子乡境内的明长城总长约18.8千米。辽宁省文物局编著的《辽宁省明长城资源调查报告》（2011年9月出版）一书中，将元台子乡境内的长城分别命名为孙家沟里北山长城、乌云山长城、炭厂沟北山长城、老包山长城、杏山长城、小盖州长城、和气沟长城、九龙山长城。其中杏山长城是兴城境内长城中保存最好的遗迹，2014年被辽宁省人民政府列为省级文物保护单位。

一、元台子境内长城现状

元台子乡境内的明代辽东长城，总体分为 18 段，多建于高山峻岭，是乡境内最重要的历史文化古迹。依照"因地形用险制塞"的修建方式，充分利用地形条件，就地取材。城墙外表用岩石砌筑、黏土夯实。或依赖陡崖建成山险墙，形成以天然地形与人工修筑相结合的独特建筑风格。建在城墙之上的敌台，与附近的烽火台、堡城相互配合，强化了长城的防御功能，形成了一个比较完整的军事防御体系。

（一）孙家沟里北山长城

元台子乡孙家沟里北山长城距兴城市区 20 千米，全长 1941 米，墙体分为 3段。墙体西南 1200 米处为孙家沟里屯，3000 米处为三合水库，1100 米处有小盖州至炭厂沟的乡村公路。

1. 第 1 段城墙

该段城墙坐落在孙家沟村孙家沟里屯北山上，自北山东山梁起，沿山脊向西南延伸到西南山梁。城墙东北部接连山区境内的歪桃山长城（山险）段，西与孙家沟里北山长城（山险）2 段相连，全长 773 米，整体为东北—西南走向。墙体为石墙，系借助自然山体岩石为基础，墙体内外以大块毛石包砌干垒，中间填充碎石而成。墙体基础宽 2.1 米，坍塌后形成的堆积高度为 0.5—0.9 米。

2. 第 2 段城墙

该段城墙起于孙家沟里屯北山西南梁上，东与孙家沟里北山长城 1 段相接，向西与孙家沟里北山长城 3 段相连。为东—西—西北走向，全长 848 米。墙体为山险墙，是利用险峻的山体及山势走向，形成天然墙体，并在山势较缓或鞍部，利用山体岩石做基础，毛石干垒成低矮的石墙，以加强防御。墙体现存高度 0.2—0.5米，宽 1.2—1.5 米，保存现状较好。

3. 第 3 段长城

该段城墙自孙家沟村孙家沟里屯北山梁起，沿山脊向西延伸到乌云山东侧山险处止，东接孙家沟里北山长城2段，西与乌云山长城相连，为东—西走向，全长320米。墙体为石墙，借助自然山体岩石为基础，墙体系用毛石包砌干垒，中间充填碎石而成，墙体基础宽1.5米，残损的墙体和坍塌堆积高度为0.2—0.7米。

（二）乌云山长城

乌云山长城坐落在孙家沟里屯北乌云山东南，全长1200米。距墙体东南约800米为炭厂沟屯，距南800米山下是一条季节河。500米处有小盖州—炭厂沟的乡村公路。

该段长城起于孙家沟里屯北乌云山东南坡，止于炭厂沟屯东北山上。东南接孙家沟里北山长城3段，西北连炭厂沟北山长城，整体走向为东—西—西北—西南。墙体全部为山险，利用其险峻山脊人工加以修整或利用陡峭山体，形成天然屏障。保存现状较好。

（三）炭厂沟北山长城

炭厂沟北山长城坐落在炭厂沟屯北山，有墙体2段，全长1604米。墙体东南为炭厂沟屯，两侧有季节河，南有小盖州至炭厂沟的乡村公路，三官庙至水口子乡级公路在该段墙体上通过。

1. 第1段长城

该段墙体起于炭厂沟屯北山，止于炭厂沟屯西北约1000米处的老包山东侧山脚下。东北与乌云山长城相接，西南连炭厂沟长城2段。全长1500米，整体走向东北—西南。墙体为石墙，系借助自然山体岩石为基础，墙体用毛石包砌干垒，中间充填碎石而成，墙体基础宽1.6米，坍塌后形成的堆积高度为0.3—0.5米。

2. 第2段长城

该段长城起于孙家沟村炭厂沟屯西北老包山东侧山脚下，止于炭厂沟屯西北老包山东侧山脚下。东北接炭厂沟长城1段，西南连老包山长城1段，全长104米，为东北—西南走向。该段长城墙体损毁严重，地面少有遗迹。

（四）老包山长城

老包山长城坐落在孙家沟村和气沟屯西北，全长454米，墙体南为和气沟屯，东侧为季节河，三官庙至水口子乡级公路在该段墙体东约300米处通过。有墙体2段。

1. 第1段长城

该段墙体起于孙家沟村老包山东侧山脚下西南104米处，止于和气沟屯北（老包山南侧沟底）。东北接炭厂沟北山长城2段，西南与老包山长城2段相连。全长376米，整体为东北—西南走向。该段长城墙体为石墙，并借助自然山体岩石为基础，用毛石干垒，中间填充碎石而成，现存墙体基础宽1.5米，高0.4米。整体保存较差，原始面貌无存。

2. 第2段长城

该段长城墙体起于孙家沟村和气沟屯北（老包山南侧沟底），止于和气沟屯北（老包山西南侧沟底）。东北接老包山长城1段，西南连杏山长城。全长78米，东北—西南走向。该段墙体已消失，地面无遗迹。

（五）杏山长城

元台子乡的杏山长城，是兴城境内长城中保存最好的遗迹。杏山长城坐落于元台子乡孙家沟村和气沟屯北，墙体东南约1500米为和气沟屯，东侧为季节河，三官庙至水口子乡级公路在该段墙体东约2100米处通过。

该段墙体起于和气沟屯北（老包山西南侧沟底），止于东南沟南约1600米九龙山主峰北坡。东北接老包山长城2段，西南连九龙山长城1段。全长2300米，整体走向为东北—西南。墙体为石墙，以自然山体为基础，系采用土石混筑的构筑方式而成。墙体两侧以大块毛石包砌，内部以碎石和土充填。整体保存较差，大部分已坍塌，现存堆积高为0.2—1.2米。部分墙体残存墙体的下半部，最高点为1.4米，宽1.5米。

（六）小盖州长城（副线）

为加强防御，在元台子乡孙家沟村小盖州增建了一道长城，称作小盖州长城

（副线）。墙体西南约 1500 米为三合水库，东 1200 米是小盖州屯，灰山村至孙家沟乡级公路在墙体上通过。小盖州长城（副线）全长 4875 米，有墙体 5 段。

1. 第 1 段长城（副线）

该段城墙起于小盖州屯西 1200 米歪桃山西南山脊，止于小盖州屯西南 1500 米的山梁上。南与小盖州长城 2 段（副线）相连，全长 522 米，整体由北—南走向。墙体为石墙，借助自然山体为基础，采用土石混筑而成。整体保存差，仅存基础，现存墙体基础宽 1.6 米，堆积高度为 0.2—0.4 米。

2. 第 2 段长城（副线）

该段城墙起于小盖州屯西南 1500 米的山梁上，止于孙家沟里屯南山北坡上。北与小盖州长城 1 段（副线）相接，南与小盖州长城 3 段（副线）相连，全长 760 米，整体为北—南走向。墙体为石墙，墙体借助自然山体为基础，土石混筑而成。整体保存差，濒临消失，现存墙体基础宽 1.6 米，高度为 0.2—0.4 米。

3. 第 3 段长城（副线）

该段城墙起于孙家沟村孙家沟里屯南山北坡 2 号敌台，止于孙家沟里屯南山上 4 号敌台。北接小盖州长城 2 段（副线），西北连小盖州长城 4 段（副线），全长 1600 米，整体走向为北—南—西。墙体为石墙，借助自然山体为基础，采用土石混筑的构筑方式，即墙体内外两侧以大块毛石包砌，内部以碎石和土填充。墙体收分较大，剖面呈梯形。整体保存较差，现存墙体基础宽 1.6—2.5 米，顶部宽 1.2—1.8 米，高度为 0.2—1.2 米。

4. 第 4 段长城（副线）

该段城墙起于孙家沟村孙家沟里屯南山上，止于孙家沟里屯南山西坡，东南接小盖州长城 3 段（副线），西北连小盖州长城 5 段（副线）。墙体止点西 175 米处是小盖州长城 5 号敌台。全长 293 米，整体走向东南—西北。墙体为山险墙，利用险峻的山体及山势走向，人为进行修整，形成天然墙体。为加强防御，在山势较缓或鞍部利用山体岩石做基础，再用毛石干垒低矮石墙。保存现状一般。

5. 第 5 段长城（副线）

该段墙体起于孙家沟里屯南山西坡，止于三官庙村河北屯北山西南坡下。东接小盖州长城 4 段（副线），西连和气沟南山长城（副线），全长 1700 米，整体走向东—西—西南。墙体为石墙，以自然山体为基础，采用土石混筑的构筑方式，即墙体内外两侧以大块毛石包砌，内部以碎石和土填充。整体保存差，现已大部分坍塌，仅存基础。现存墙体基础宽1.6—2米，高度0.1—0.4米。

（七）和气沟南山长城（副线）

和气沟南山长城（副线）位于元台子乡三官庙村，北约300米是和气沟屯，东南约2500米为三合水库，东约1000米是下砟山至水口子乡级公路，长1800米。该段长城起于三官庙村河北屯北山西南坡下，止于和气沟屯西南约1500米的小高山脚下，东接小盖州长城5段（副线），为东—西—西北—西南走向。墙体为石墙，以自然山体为基础，采用土石混筑的构筑方式，即墙体内外两侧以大块毛石包砌，内部以碎石和土填充，剖面呈梯形。整体保存较差，已全部坍塌，原始风貌无存。现存墙体基础宽1.2—2米，高度0.2—0.4米。

（八）九龙山长城

九龙山为兴城市白塔乡与元台子乡的界山。位于元台子乡一侧的九龙山长城，全长4632米，有墙体3段。

1. 第1段长城

起于元台子乡境内东南沟南九龙山主峰北坡，止于东南沟南九龙山主峰北坡山崖处，东北接杏山长城，西南连九龙山长城2段。东南2300米有和气沟南山长城（副线）与之并行。全长530米，为东北—西南走向。长城墙体为石墙，以自然山体为基础，系采用土石混筑的构筑方式而成，墙体内外以大块毛石包砌，内部以碎石和土充填，整体保存较差，现存墙体基础宽0.9—1.5米，高度为0.3—0.8米。

2. 第2段长城

该段长城起于东南沟南九龙山主峰北坡山崖处，止于东南沟南约1600米九龙山主峰西330米处。北与九龙山长城1段相接，西南连九龙山长城3段。全长1100米，为北—南—西—西南走向。墙体为山险墙，系利用险峻的山体及山势走向，形成天然墙体，保存现状较好。

3. 第3段长城

起于东南沟南九龙山主峰西330米处，止于白塔乡西塔沟村东北九龙山支脉上。东北接九龙山长城2段，南连九龙山长城4段。全长1400米，整体走向为东北—西南—南。墙体为石墙，以自然山体为基础，系采用墙体内外以大块毛石包砌干垒，内部以碎石充填，剖面呈梯形。整体保存较差，现存墙体基础宽 1.5—2 米，高度为 0.2—1 米。在本段墙体中，有少量墙体是直接利用了自然山体，既高且险，但长度较短，3—10 米不等。

二、元台子长城敌台

敌台，也称墩台、墙台、马面，是建在城墙上向外凸出的墙体部分，是城墙防御基础上构筑的重点防御设施。元台子乡境内的长城共建有敌台 22 座。

（一）孙家沟里北山长城敌台

孙家沟里北山长城的墙体内侧建有 3 座敌台。

1. 第 1 号敌台

坐落在孙家沟里北山长城 1 段墙体内侧，敌台基础为长方形，是用大块毛石叠砌而成，主体平面为圆形，实心，剖面呈梯形。外用大块较为规整的毛石包砌，中间填充碎石和山皮土而成。整体保存状况较差，台体坍塌，坍塌后的石头散落台体周围。现存台体顶部直径为 5 米，高为 2.5 米。

2. 第 2 号敌台

该敌台坐落北山长城 1 段墙体内侧，敌台以自然山体为基础，主体平面为圆形，实心，剖面呈梯形。外用大块较为规整的毛石包砌，中间填充碎石和山皮土而成。整体保存状况较差，台体严重坍塌，周围散落石块。现存台体的顶部直径为 5.6 米，现存高为 1.7 米。

3. 第 3 号敌台

坐落孙家沟里北山长城 3 段墙体内侧，是以自然山体为基础，建在山险墙上。敌台主体平面为圆形，实心，剖面呈梯形。外用大块较为规整的毛石包砌，中间填充碎石和山皮土而成。敌台整体保存状况较差，台体坍塌，周围散落石块，但结构和形制清晰。现存台体顶部直径为 7 米，存高为 2.2 米。

（二）乌云山长城敌台

乌云山长城墙体上共建有敌台 2 座。

1. 第 1 号敌台

以自然山体为基础，主体平面为圆形，实心，剖面呈梯形。外用大块较为规整的毛石包砌，中间填充碎石和山皮土而成。整体保存状况较差，台体严重坍塌，周围散落石块，结构和形制清晰。现存台体的顶部直径为 5.3 米，存高为 1.6 米。

2. 第 2 号敌台

该敌台坐落乌云山长城（山险）墙体上。以自然山体为基础，主体平面为圆形，实心，剖面呈梯形。外厈大块较为规整的毛石包砌，中间填充碎石和山皮土而成。整体保存状况较差，台体严重坍塌，周围散落石块，结构和形制清晰。现存台体的顶部直径为 5.3 米，现存高为 1.4 米。

（三）炭厂沟北山长城敌台

炭厂沟北山长城穿越村屯、河流、道路，在墙体内侧建有 2 座敌台。

1. 第 1 号敌台

该敌台坐落炭厂沟长城 1 段墙体内侧。以自然山体为基础，主体平面为圆形，实心，剖面呈梯形。外用大块较为规整的毛石包砌，中间填充碎石和山皮土而成。整体保存状况较差，台体严重坍塌，周围散落石块，结构和形制清晰。现存台体的顶部直径为 6 米，现存高为 1.2 米。

2. 第 2 号敌台

该敌台坐落在炭厂沟北山长城 1 段墙体内侧。以自然山体为基础，长城墙体是绕台半周而过。主体平面为圆形，实心，剖面呈梯形。外用大块较为规整的毛石包砌，中间填充碎石和山皮土而成。整体保存状况较差，台体坍塌，四周存有大量残碎青砖，结构和形制清晰。现存台体的顶部直径为 8.2 米，现存高为 3 米。

（四）老包山长城敌台

老包山段长城坐落在孙家沟村和气沟屯西北，建有 1 座敌台。该敌台坐落在老包山长城墙体内侧。以自然山体为基础，敌台主体平面为圆形，实心，剖面呈梯形。外用大块较为规整的毛石包砌，中间填充碎石和山皮土而成。整体保存状况较差，但其结构和形制清晰。现存台体的顶部直径为 6.4 米，现存高为 1.6 米。

（五）杏山长城敌台

坐落在孙家沟村和气沟屯北的杏山长城，墙体内侧共建有 2 座敌台。

1. 第 1 号敌台

该敌台位于杏山长城墙体内侧。以自然山体岩石为基础，主体平面为圆形，实心，剖面呈梯形，外为毛石包砌，中间填充碎石和山皮土而成。整体保存状况较差，台体严重坍塌，周围散落石块。现存台体的顶部直径为 7 米。

2. 第 2 号敌台

坐落于墙体内侧，以自然山体岩石为基础，平面为圆形，实心，剖面呈梯形，外用毛石包砌，中间填充碎石和山皮土而成。整体保存状况较差，台体严重坍塌，周围散落石块，原始风貌无存，现存台体顶部直径为 6 米，高为 1.4 米。

3. 第 3 号敌台

该敌台在杏山长城墙体内侧，以自然山体岩石为基础，敌台主体平面为方形，实心，剖面呈梯形，外为毛石包砌，中间填充碎石和山皮土而成。整体保存状况较差，台体严重坍塌，周围散落石块，原始风貌无存。边长 7 米，存高 2.5 米。

（六）小盖州长城（副线）敌台

小盖州长城（副线）全长 4875 米，分为 5 段，是元台子乡境内最长的长城。在城墙内侧共建有 6 座敌台。

1. 第 1 号敌台

坐落在灰山堡村小盖州屯西的秦台子山上第 1 段长城（副线）内侧。以自然山体岩石为基础，平面为圆形，剖面呈梯形，外为毛石包砌，中间填充碎石和山皮土而成。据调查发现敌台上原来建有铺舍，整体保存状况较差，台体坍塌，四周散落石块，有少量的青砖分布，建筑结构和形制较为清晰。现存台体直径为 8 米，现存高度为 2.6 米。

2. 第 2 号敌台

坐落在小盖州屯白台子山上第 2 段长城（副线）内侧，以自然山体岩石为基础，敌台主体平面为矩形，剖面呈梯形，外为毛石包砌，中间填充碎石和山皮土而成。据调查发现，在台体陀近有少量青砖，台上建有铺舍。整体保存状况较差，四周散落石块和砖块，建筑结构和形制较为清晰。现存边长为 8 米，高度为 0.8 米。

3. 第 3 号敌台

坐落在小盖州屯西南的山上的第 3 段长城（副线）内侧。以自然山体岩石为基础，主体平面为矩形，剖面呈梯形，外为毛石包砌，中间填充碎石和山皮土而成。据调查发现，在台体附近有少量的青砖，台上原来建有铺舍。整体保存状况较差，四周散落石块和砖块，建筑结构和形制较为清晰。现存边长为 8.5 米，高度为 1.2 米。

4. 第 4 号敌台

坐落在孙家沟村孙家沟呈屯南山上，位于小盖州长城 4 段（副线）。借助自然的山体岩石为基础，主体平面为矩形，砖石结构，外用不规则的片石叠砌，缝隙较大的用小块毛石填塞，内填碎石和山皮土而成，砌筑时墙体向上有收分，使台体剖面呈梯形。台体存有散落的青砖，推测当时有砖结构的铺舍，呈长方形，面宽 4 米，进深 2.8 米。敌台建筑结构和形制保存较为完整，台体整体保存状况一般，现存高度为 1.3—3 米。

5. 第 5 号敌台

坐落在三官庙村北山上，位于小盖州长城 5 段（副线）内侧。借助自然的山体岩石为基础，主体平面为矩形，外用不规则的毛石包砌，缝隙较大的用小块毛石填塞，台体内填碎石和山皮土而成，砌筑时墙体向上有收分，使台体剖面呈梯形。台体存有散落的青砖，推测当时有砖结构的铺舍。台体整体保存状况较差，现存边长为 8.5 米，存高度为 2.3 米。

6. 第 6 号敌台

坐落在三官庙村北山上，位于小盖州长城 5 段（副线）内侧。借助自然的山体岩石为基础，建筑形制不清，整体保存状况较差。根据散落的石头和碎砖推测，当时建有砖石结构的铺舍。

（七）和气沟南山长城（副线）敌台

根据踏查，和气沟南山长城（副线），在墙体内侧建有敌台 3 座。

1. 第1号敌台

坐落在和气沟南山长城（副线）内侧。借助自然山体岩石为基础，建筑形制平面为圆形，实心，剖面呈梯形，台体外侧为大块毛石包砌，中间填充碎石和山皮土而成，整体保存状况较差，台体全部坍塌，附近有多块倒塌的石头，结构和形制清晰。现存直径为 5 米，高度为 1.5 米。

2. 第2号敌台

坐落在和气沟屯南山上的长城（副线）内侧。敌台是借助自然的山体岩石为基础，建筑形制平面为圆形，实心，剖面呈梯形，台体外侧为大块毛石包砌，中间填充碎石和山皮土而成。整体保存状况较差，台体全部坍塌，四周散落石块，结构和形制清晰。现存台体直径为 8 米，坍塌之后形成的堆积现存高度为 1.5 米。

3. 第3号敌台

坐落在和气沟屯南山上长城（副线）内侧。是利用自然山体岩石为基础，主体平面为矩形，实心，剖面呈梯形，外为大块毛石包砌，中间填充碎石和山皮土而成。整体保存状况较差，台体全部坍塌，四周散落石块，结构和形制清晰。边长为 8 米，现存高度为 0.5 米。

（八）九龙山长城敌台

九龙山长城坐落于元台子乡至白塔乡交界的九龙山上，沿线共建有敌台 13 座，其中坐落在元台子乡境内九龙山长城墙体上有 2 座敌台。

1. 第1号敌台

该敌台坐落在孙家沟村和气沟屯南的九龙山上第 1 段长城墙体内侧。东北距杏山长城 3 号敌台 600 米，南距九龙山长城 2 号敌台 580 米，东距和气沟南山长城（副线）2000 米。敌台借助自然的山体岩石为基础，主体平面为圆形，实心，剖面呈梯形，外为大块毛石包砌，中间填充碎石和山皮土而成。整体保存状况较差，台体坍塌，四周散落石块，建筑结构和形制较为清晰。现存台体直径 5.6 米，高度 1.8 米。

2. 第2号敌台

坐落在孙家沟村和气沟屯南的九龙山长城 2 段（山险）墙体上。东北距九龙山长城 1 号敌台 580 米，南距九龙山长城 3 号敌台 460 米，东距和气沟南山长城（副线）

1800 米。系借助自然山体岩石为基础，主体平面为圆形，实心，剖面呈梯形，外为大块毛石包砌，中间填充碎石和山皮土而成。整体保存状况较差，台体坍塌，四周散落石块，建筑结构和形制较为清晰。现存台体顶部直径为 5.6 米，高度为 1.8 米。

三、元台子长城保护与利用

元台子乡境内长城及其附属建筑是明代辽东镇长城的重要组成部分，既体现了明代辽西地区防御工程建筑的基本特点，也构建了明代宁远（今兴城）卫所制陆海一体化的军事防御体系。

这道扼守兴城北部边塞的长城，历来为兵家必争之地。其与沿线的烽火台、堡城堡等建筑相辅相成，互为依托，极大地强化了防务功能，成为护卫宁远卫城的重要屏障。由于历史的原因，这道联结于域外，绵亘于崇山峻岭、川野沟壑的长城，历经数百年风雨，已是断壁残垣，遍体鳞伤，大都隐落在山林荒野之中，淡出了人们的记忆。但它却是明代军事防御建筑与卫所制度的完整结合的产物，是兴城境内明代辽东长城的范本，见证了从明中晚期至清初辽西地区的军事活动，具有极高的历史价值、科研价值。

兴城市人民政府积极规划建设长城国家文化公园（兴城段）项目。其范围，是以兴城古城为中心，包括兴城城区、元台子乡、菊花街道、白塔乡等，总面积 520 平方千米。元台子乡境内主要以辽东长城及其周边与长城文化相关的孙家沟村、小盖州村等。突出抓好长城文化、辽西传统村落文化、非物质文化遗产的保护、挖掘、展示、传承和利用。并依托临近城郊的区位优势，充分利用域内的长城资源、山地生态资源、传统村落资源，开发建设集长城特色旅游、山地运动、生态农业、民俗文化为一体的乡村旅游区。不断提升当地的历史文化，促进社会经济发展。

【作者简介】邓立新，兴城市文物保护服务中心。张维维，兴城市文物保护服务中心。

探访元台子的堡城

常德义

　　明朝初期，为了防御后元蒙古兀良哈部和女真的袭扰，在山海关外至鸭绿江畔，组织军民修筑了 500 千米的辽东长城（也称辽东边墙），并在沿线建立了多座卫城、所城、堡城、烽燧等军事设施，形成了比较完整的防御体系。

　　当时，在兴城地区除了建有宁远卫城、沙后所城外，在辽东长城沿线还建有灰山、寨山、白塔峪、兴水岘、杨安、团山、仙灵寺、黑庄巢、锦川营、新兴营等10 座堡城。堡城，也叫边堡、镇边堡，它是境内长城防御体系的重要组成部分。用以驻扎士兵，储备军需，保护当地居民，是守卫长城士卒的依托。堡城的首长称作"镇抚"或"百户"，明末时又增加了"守堡"或"备御"一职。

　　堡城是屯兵系统的最小单位，建筑规模不大，多为方形。堡城距边墙较近，多修筑在交通便利之处。一旦敌军接近边城，便于迅速出击。

　　历经数百年风雨，兴城境内的堡城多已坍毁，唯有坐落在元台子乡境内的灰山、寨山两座堡城遗址尚存。

一、两座堡城

灰山堡城

　　灰山堡城坐落在元台子乡灰山堡村。明朝正统年间建堡时，因毗邻灰石山而得名。早年在堡城西边烧制石灰的窑址尚存。

　　灰山堡城的建筑规模，明清时历史文献中多有记载。据清乾隆年间成书的《锦州府志·卷三》"灰山堡"条载："周围一里三十六步，南一门，曰灰山堡。"步是古时的计量单位，1 步相当于 1.3 米，灰山堡城边长为 180 米。原堡城为矩形，坐北朝南，南墙有一门。堡墙为毛石砌筑而成，即墙体内外以大块毛石错缝垒砌，碎石填缝、平面朝外，白灰勾缝，内部以大小不一的石块填充。

灰山堡城地处要隘，据《全辽志·卷三·兵食》记载："灰山堡属南路宁前宁远城，设边墩九座，全为台。"又载："灰山堡：官军一百九十八员名。堡西灰窑可屯兵；堡东长岭可按伏；双山台、古路台通贼道路，宁远城兵马可为策应。"可见其战略位置的重要。

明中期，塞外的蒙古部落骑兵时常犯境袭掠。据《明实录》记载，成化五年（1469），兀良哈部骑兵进犯灰山堡，人畜被抢掠，备御田则等因失去战机而被明廷治罪。

明天启年间，后金对宁远城虎视眈眈。蓟辽督师孙承宗偕袁崇焕、祖大寿等将领曾到灰山堡巡视防务。

清朝乾隆年间，大规模修葺宁远城。在灰山堡、小盖州一带采石烧灰，为宁远城修缮工程供主要建筑材料。

经过多年风雨，灰山堡域毁损严重，现仅存部分遗址。1979 年，据文博专家刘谦先生实地考察后在《明辽东镇长城及防御考》中记载："灰山堡城位于兴城县元台子公社灰山堡大队所在地。堡城在村东北角，似为方形城，南北长 180 米，东西长约 190 米，皆为砖石包砌。现全部被拆除，仅存遗址。"

1992 年，兴城市文管所文物工作者到灰山堡调查，这里距西南台子山烽火台约 1900 米，西北距小盖州长城 3 段（副线）3600 米。堡城内还有一些残墙遗址。

2009 年，辽宁省文物局组织文物工作者对辽东长城进行普查。看到灰山堡原城址内已被宅院、耕地、村路、果园所占用，堡城内现居住 260 户，1000 口人，堡城原有的格局基本完整。东墙、西墙、北墙均保存一些残墙，其中东墙保存较好，东墙南端的一段墙体长 12 米，墙体残高 1 米至 2.75 米不等，底宽 2.5 米；西墙有一段残墙长约 12 米；北墙残墙的长度约 15 米。

在灰山堡城内北墙中部有一座上帝庙遗址，平面呈方形，每边长 6 米，残存的夯土台体高约 4 米。

寨儿山堡城

寨儿山堡，也称砟山堡，坐落在元台子乡四方村下砟山屯北。据当地传说，早在辽金时期，这里的人们为了安全，就把小村落建在一座高山上。在险要处修建围墙、护栏和寨门，俗称山寨。后来，人们就把这座山称作寨儿山。

明朝正统年间，在这里修建堡城，名为镇边堡，俗称寨儿山堡。

寨儿山堡地处要隘，战略位置突显。据明朝嘉靖年间成书的《辽东志·卷三》"兵食"中记载："寨山堡属南路宁前宁远城，设边墩十三座。"又记载："寨儿山堡：官军二百四十一员。堡东鹰窠山可屯兵；堡西横岭可按伏；西石门台、平山台通贼道路，宁远城兵马可为策应。"

明初时，敌兵越境袭扰，寨儿山堡经历多场战事。据《明实录》记载，正统七年（1442）十一月，"达贼二百余骑略寨儿山马营而西，都指挥佥事文广、指挥佥事范广率军追之，至三首山与战，生擒四人，斩首三级，获马八十余匹。文广死之，官军四十余人被伤。"

天顺二年（1458）五月，兀良哈部骑兵闯进寨儿山口，掠走部分牲畜。

万历十八年（1590），寨儿山堡城内突起大火，烧伤军丁男妇90余人。

天启年间，蓟辽督师孙承宗和袁崇焕等人出宁远城，曾到灰山堡、寨儿山堡一带巡视边务，并在寨儿山堡住了一宿，以激励戍边将士。

据《锦州府志》卷三记载："（兴城）城西北十八里。周围一里，南一门，曰镇边堡，俗曰寨儿山堡。"1979年，刘谦先生对寨儿山堡城进行实地考察，在《明辽东镇长城及防御考》中记载："寨儿山堡城在今天兴城县元台子公社寨儿山大队。城建于下寨山，作方形，原为砖石包砌，现在大部拆除，只存部分石质残基。石基不用方正的条石，而用大块毛石垒砌。南墙尚有门的遗址，门枕石也存在。城南北长200米，东西长约180米，石墙基高不足1米，宽4米。"

寨儿山堡在初建时，城墙用大块褐色毛石垒砌，比较坚固。但随着岁月沧桑，寨儿山堡城损毁严重。2007年，辽宁省长城资源调查六队经进一步调查，原寨儿山堡城址内外现已被宅院、耕地、村路、果园所代替，仅东面有部分城墙内夯土残存，其余城墙及其他设施无存，格局不清。堡墙为砖石结构，墙体内外以大块毛石垒砌基础，基础上以青砖砌筑，白灰勾缝。原南墙辟有城门一，早年已毁。2009年，辽宁省文物局组织人员对辽东长城进行普查，看见寨儿山堡东城墙尚有部分遗存，墙内的夯土尚在，长约 12 米，宽 1.6 米，残高不到 1 米。（见《辽宁省长城资源调查报告》）

寨儿山堡城与灰山堡城、白塔峪堡城相距 5 千米，遥相对望。这里西北距台子山烽火台 2800 米，距和气沟长城（副线）3400 米。东北距三合水库 1500 米，附近为和气沟屯通往小英昌村的乡间公路。堡内现住有居民 150 户，500 多口人。

二、加强保护

元台子乡境内的灰山堡城和寨儿山堡城，作为辽东长城防线上的两座军事设施，在防御外敌入侵，守护辽地安全等方面发挥了重要作用。

随着岁月流逝，兴城境内的堡城多已坍毁，唯有元台子乡境内的灰山、寨儿山两座堡城遗址尚存，它所蕴含的建筑风格、军事防御、民俗风情等历史文化信息，为我们研究堡城提供了实体范例，具有重要价值。

目前，根据国家和辽宁省制订的《长城国家文化公园（辽宁段）建设保护规划（建议稿）》要求，兴城市有关部门正在积极规划制定《长城国家文化公园（兴城段）建设保护规划》项目，其范围包括元台子乡大部与长城文化相关的村屯。

坐落在元台子乡境内的灰山、寨儿山两座堡城，具有一定的开发和利用价值，为规划建设长城国家文化公园（兴城段）奠定了基础。应抓住这一有利契机，在加强对城墙、城堡等文物保护的基础上，合理开发利用，打造长城特色风情村，积极推进旅游兴业，促进当地社会经济发展。

【作者简介】常德义，兴城市文物保管所退休人员。

明代辽东镇长城与防御

文　峰

　　长城，是我国历史上修建的一项伟大的军事防御工程。辽宁境内的长城，多修建于明代。据《明史·兵三》记载："元人北归，屡谋兴复，永乐迁都北平，三面近塞。正统以后，敌患日多。故终明之世，边防甚重。东起鸭绿，西抵嘉峪，绵亘万里，分地守御。"这就是修筑辽东长城的目的。

　　明洪武八年（1375），设辽东都指挥使司，分设广宁左卫、右卫、中卫、宁远等25卫。正统七年（1442），为防御元朝残余兀良哈部袭扰，先后建立边堡，修筑了西接山海关西北，东至鸭绿江西岸的辽东镇长城，使辽东广大地区形成一个完整的陆海防御体系。

　　辽东长城总长约2350千米，跨越今辽宁省23个县。分设11座关城。其工程之巨大，建筑之雄伟，技术之精湛，新材料之科学运用等都达到了历史的新水平。虽然经明清战争的严重破坏和清王朝的人为拆除，但就现存部分来看，其完好程度，与蓟镇长城的山海关段大致相当。

　　辽东长城防御体系，由"垣""堑""台""空"四个方面组成。"垣"为辅助建筑。"台"，因处在长城边线之上，也称边台。它的建筑都超过长城自身的高度，以便"瞭远"。台上设有铺房，驻着瞭守军。守卫长城的边军叫"障军"。另外，还有"哨探""走阵""焚荒"等兵，都是守卫长城的戍卒，皆在"小旗"及"总旗"的领导之下。边台，因为它是通过"烽燧"而传达信息的，故亦称烽燧台。又因为它是观察"敌人"活动的地方，因而又有"敌台"之称。"空"，是在交通要道及河流和长城交汇处，为防御关口，皆设防御兵把守，附近还设有城堡，驻着"伏军"。

　　以上这些设置和措施，有利于边防的守卫和开发，有利于军民的生活和安定，对辽东镇的防御和开发起了积极的作用。

　　【作者简介】文峰，兴城市文化局退休人员。

元台子境内的烽火台

邓立新

　　烽火台，也称烽燧、烽堠、烟墩，是建在长城沿线两侧，用于瞭望敌情、传递信息的军事设施，是长城的重要组成部分。大多因山势而建于高埠之处，是一个独立的高台，有圆形、方形等不同形态，有砖砌、石砌、砖石和砌等几种，台上有守望房屋和燃放烟火的设备。距离不等，台台相望，传递消息。遇有敌情，昼则燃烟，夜则举火，燃烟时还同时放炮，明成化二年（1466）规定，来犯之敌在100人左右时，举放一烟一炮，500人举放二烟二炮，千人以上则举放三烟三炮，5000人以上举放四烟四炮。这样，不又使后方迅速获悉敌人来犯的消息，并从燃烟，炮声的多少，得知敌人的人数。这在当时来说，确是一种非常迅速且行之有效的传递军情的方式，成为中国古代军事防御体系和传烽系统的独特建筑。

　　元台子乡境内建有烽火台7座，建在每段长城的沿线上，有方形、圆形两种形制，结构为石筑，因为自然因素和人为破坏，现存状况较差，大多已坍塌，但建筑结构和形制保存完整。上砟山台子山烽火台台体、铺舍设施等整体保存较好，展示着当时的风貌。这9座烽火台与境内的长城、敌台、堡城等构成严密的军事防御体系。

（一）孙家沟里北山烽火台

　　该烽火台坐落在兴城市元台子乡孙家沟村孙家沟里屯北山上，东北距孙家沟里北山长城2段108米，东距孙家沟里北山长城2号敌台688米，西北距孙家沟里北山长城3号敌台245米。烽火台是利用自然山体岩石为基础，平面为正方形，剖面呈梯形。外用大块较为规整的毛石包砌，中间填充碎石和山皮土而成。保存状况较差，台体坍塌，四周散落石块，建筑形制和结构清晰，现存高度1.9米，东西长为6米，南北长为6米。

（二）杏山烽火台

该烽火台坐落在孙家沟村和气沟屯西北的杏山上，西距杏山长城60米，东北距老包山长城敌台540米，西南距杏山长城1号敌台530米。烽火台以人工条石为基础，台体用青砖包砌，中间用黄土夯实。主体平面为矩形，实心，剖面呈梯形。整体保存状况较差，主体坍塌严重，除还存有部分基础外，其余包砌的青砖全部脱掉，散落在台体附近。烽火台顶部和南北两侧各有一个盗洞。但其结构和形制清晰，台体东西长8.2米，南北宽7.8米，现存高度为2.2米。

（三）灰山台子山烽火台

该烽火台坐落在兴城市元台子乡灰山堡村台子山上，西北距小盖州长城1段（副线）2100米，西北距小盖州南山烽火台1100米，东北距灰山堡城1900米。烽火台利用自然山体岩石为基础，烽火台平面为圆形，剖面呈梯形。外用大块较为规整的毛石包砌，中间填充碎石和山皮土。保存状况较差，主体坍塌严重，只存部分基础，但建筑形制和结构清晰。现存台体高度为1米，直径为8米。

（四）上砟山台子山烽火台

该烽火台坐落在兴城市元台子乡下砟山村上砟山屯西北的台子山上，西北距和气沟南山长城（副线）680米，西北距和气沟长城3号敌台，西北2300米是九龙山长城1段，东南距寨儿山堡城2800米。烽火台基础是借助自然的山体岩石经人工加以修整而成，主体平面为圆形。石头结构，外用不规则的大块毛石包砌，缝隙较大的用小块毛石填塞，之后是用白灰勾缝，台体内填碎石和山皮土而成，砌筑时墙体向上逐层有收分，使台体剖面呈梯形，现存台体直径为11米，高度为6.2米。根据调查发现台上还存在垛口和铺舍的遗迹，有部分青砖散落，断定垛口和铺舍都是砖结构，铺舍呈长方形，面宽4.5米，进深3.2米。整体保存较好。

（五）小盖州白台子烽火台

该烽火台坐落在兴城市元台子乡灰山堡村小盖州屯白台子山上，东南距小盖州长城墙体50米，西距小盖州长城3号敌台530米，北距小盖州长城2号敌台280

米，东南距小盖州南山烽火台约900米。烽火台借助自然山体岩石为基础，主体平面为圆形。石头结构，外层不规则的大块毛石包砌，缝隙较大的用小块毛石填塞，之后是用白灰勾缝，台体内填碎石和山皮土，砌筑时墙体没有收分，使台体剖面呈矩形。根据调查发现台上原有铺舍。建筑结构和形制保存较为完整，台体整体保存状况一般，北侧坍塌约二分之一。现存直径为9米，存高为4.15米。

（六）小盖州南山烽火台

该烽火台坐落在兴城市元台子乡灰山堡村小盖州屯南台子山上，西北距小盖州长城2段（副线）1000米，东南距灰山村台子山烽火台1100米，东距灰山堡城2800米。烽火台利用自然山体岩石为基础，平面为矩形，剖面呈梯形。石头结构，外用大块不规整的片石叠砌，有缝隙大的用小块片石填塞，中间填充碎石和山皮土而成。保存差，基础尚存，台体除北侧墙体保存相对较好些外，其余全部倒塌，结构和形制保存较为完整。现存台体边长7.5米，高度为2.5米。

（七）小盖州北山烽火台

该烽火台坐落在兴城市元台子乡灰山堡村小盖州屯北台子山上，西1300米是小盖州长城1段（副线），东南3200米与小盖州南山烽火台相望，东南4100米为灰山堡城。烽火台利用自然山体岩石为基础，平面为圆形，实心，剖面呈梯形。石头结构，外用大块不规整的毛石包砌，中间填充碎石和山皮土而成。保存现状较差，基础尚存。现存台体直径6米，高度为1.6米。

历经数百年风雨，元台子乡境内的那些座烽火台及其附近的长城、敌台、堡城，已是断壁残垣，但当年的狼烟、战马、铁骑，烽火台、堡城和戍边将士保卫家国的英雄气概，却永远留在生活在这一方土地人们的记忆里。长城防御工程，成为当年烽火连天、金戈铁马峥嵘岁月的历史见证，具有重大的文物价值、历史研究价值和旅游文化价值。

【作者简介】邓立新，兴城市文物保护服务中心。

长城赋

崔文忱

魏乎哉！华夏文明，属我长城。十万里①兮跃南北，三千年兮亘西东。填涧跃壑，过险骑峰。日照兮碉楼。云浮兮巨龙。纵神州之伟力，叹尧舜之神功。多少铁臂成白骨，多少巨石凌高空。万仞青砖何所计，哪块青砖无血红？曾记否，城宽传敕跑战马，垛窄御敌拉雕弓。千年苦战兮喋血，万里杜鹃兮重重。呜呼！敢觑巍巍大中国，且看长城舞巨龙！

重言其长城也，秦有长城万里，起临洮过内蒙古经铁岭至辽东，以却五胡；明有长城万里，起嘉峪过榆关经绥中至丹东，以御蒙真。何其幸也，明有长城东西由兹邑椎子山②而分两段，有雄关进我县一片石而设九门。东北遥望云山，见群峦叠嶂，峰凶壑险，树密林深。有椎山出雾，交汇三龙。一条自南海经榆关过九门，骑峰峦而上下；两尾起嘉峪关出鸭江水，驾霓彩而西东。如群杰聚首云中论武，似三虬戏珠雾里争雄。其晴也，绵延百里台楼互望；其晦也，变幻千姿随雾出形。春来伴万丛红花见杜鹃啼血，夏至依青松翠柏驾秀岭葱茏，秋分披满山红叶如霞中出浴，冬云赐银装亮甲唱玉树临风。更有兵楼生树，垛口旋鹰，锋台相望，不知所终。此长城也，尽当年之原态，无修复之庸工。此中国古迹之仅有，世界宝库之明珠。

其险也若斯，其重也若斯，自为师旅之必经，兵家之必争也！其犹可记者九门之雄关也！

巍乎哉，九门也！横跨九江河之上，骑奔涛绿水，负巨蟒向老牛山，接峻壁奇峰。雨时观九龙狂奔，成水上之盛景；枯季看九门闭锁，见戍守之雄关。

---

① 包括域内各诸侯国所建长城的总数。
② 在绥中西北永安乡小河口境内。

昔李闯之打天下也，其隆隆坐北京之金銮殿，迫崇祯煤山殒命；其惨惨败绥中一片石①，走安徽通县捐生。其生也，龙腾虎啸，精神可赞；其死也，骄生奢纵，憾恨当惊！至民国之渐微，军阀之乱世，生灵喋血，民不聊生，兹山兹水嵌影留形。有九门口之遗老，指老牛山而谈兵②。当年直奉，或投靠于日本，或听命于美英，中原既曾逐鹿，于此再决雌雄。枪声雨至，老牛山直尸填壑；炮火轰隆，九门口奉体悬城。九江河入海而注血，一片石隔年而闻腥。

灿灿乎！绥中也！既有长城之历历，更有人迹之斑斓。有籍可查者，由汉而今，其文韬武略，丰功伟志，泣地动天！昔赵苞③而守阳乐也，弃妻儿卫国土进职实难顾义，舍老母为君事忠孝不能两全。忠肝泣血，汉史留传；及至明也，戚继光抗倭寇回师辽东建功于九门口④，王指挥⑤拒蒙夷备御前卫屯喋血腊梨山；明清有皇赐二墓焉：县之西有崇祯御赐墓园牌楼显赫，赞朱梅⑥五挂帅印战绩素优；至于康熙于兹勇射三虎，太宗在此智取三城，于明汉应可辱，于清史尚可闻也！于此长城，书传儒将之酣歌，文人之墨迹，骚客之诗赋、名士之楹联不可胜数，多国宝珍藏，不可尽言；及于列强犯境，军阀逐鹿，独夫擅权，生灵涂炭，吾邑之儿女振呼而起者，长城之下，虽百年而未绝烽烟。有记于俄熊，更著于日鬼，又甚于蒋顽。夏凭千顷青纱，冬仗百里深山。给敌顽以百创，洒碧血以千升。尚存老山区县政府之遗址，足见当年抗战之兴旺；有华县长密林间蔽身处，更志彼时斗争之苦艰。巍巍青山，浩浩江海。其忠魂其可昭，其伟志其可鉴也！雄鸡唱白，国运重开，及于今七十年矣。上承天恩之浩大，下赖地气之通灵，百万尧舜，战地斗天。其人才之济济，孰可书全？及利伟之征天也，凛凛正气，浩浩丰功，古今中外有几人敢与比肩？此为关外第一郡之天下第一男也！

---

① 一片石，绥中九门口所处地方村落的古名。

② 谈兵，指谈论在此发生的古今战事。

③ 赵苞，东汉甘陵东城（今山东武城西北）人。灵帝嘉平五年（176）出任辽西太守。第二年，把其母亲、妻儿接到他的辖所阳乐城（今绥中）居住，途中被鲜卑人劫持为人质，欲以之换阳乐城。赵苞大义灭亲，与敌人血战，保住了国土，母亲、妻儿均被杀害，自己也为之抑郁而死。

④ 戚继光，明抗倭寇名将。史传他参与了九门口段长城的建筑指挥。

⑤ 王指挥，名相，明朝东宁卫（今辽阳）人。明嘉靖中期任指挥一职，担任前卫屯备御。嘉靖 31 年（1552），在保卫三道沟（今绥中高台堡）与入侵的蒙古兀良哈部的血战中英勇牺牲。

⑥ 朱梅，明将军。宁远卫人。军籍是中前所（今绥中前所镇及其周边地区）。战功卓著，在崇祯天启年间，曾五挂将军印。卒于 1637 年。崇祯皇帝为他御赐墓园。墓地在绥中李家乡。

悠悠乎，人事浮沉，或有英灵之可祭；历史沧桑，自有天道之可循，兹山兹水，自有长城之可证，兹地兹人自有故事之可云。长城因绥中而鲜活，绥中因长城史名闻。

绥中以一斑见全豹，万里神州浩气存。泊于今，巍巍长城成盛景，余下雄狮有精神。山河兮九百六十万，英雄兮，十有四亿人。投足万里山河动，举手鲲鹏荡紫云。此是长城真面目，谁敢碰壁伴游魂。中国——长城，长城——中国，巍巍昆仑不可侵！中国——长城，长城——中国，冉冉红日照乾坤！

【作者简介】崔文忱，凌云诗社顾问，中华诗词学会会员、中国诗歌学会会员、辽宁省作家协会会员、绥中县作家协会顾问。

明代长城建筑结构

刘忠礼

长城是中国古代的一项军事防御设施。它产生于冷兵器、冷兵器与热火兵器并用的时代。它是针对相对固定的作战对象，按照统一的战略，以人工筑城的方式加强与改造既定的战场，而形成的一种绵亘万里、点线结合、纵深梯次的巨型坚固的设防体系。它从春秋战国时就开始修筑，一直到清初才停止大规模的修筑。现保存较好的是明长城。长城是一个庞大的系统，由无数个子系统构成，其主要由城墙、敌台、烽燧、关塞隘口以及与比相联系的军事防御设施城、堡、障、堠等构成。

一、城墙：是连接墙台、敌楼、关塞、隘口、城堡、烽燧的纽带，是长城的主体建筑。城墙上外边设有垛口，内边设有女墙。城墙的构筑有石筑、砖石筑、土筑、木栅、木板筑，遇有险峰，便以山险为墙，称山险墙、劈山墙。

二、墙台：是建在城墙上、突出于城墙之外的或高于城墙之上的台子或楼子。一般墙台与城墙同高，顶部外缘有垛口，因此又称马面。墙台也有建筑房屋的，供守城士卒住宿用，叫作铺房。

三、敌楼（也称敌台）：是建在城墙之上、高于城墙的台楼。是明代抗倭名将戚继光创造的。这种敌楼不仅可供守城士卒居住，还可存放武器弹药。敌楼与敌楼之间的距离是不等的，险要处十步或一百步一台。平缓处一百四五十步或二百步一台，敌楼高三四丈，周围阔十二丈左右，大的有阔十七八丈的，内外两侧均凸出长城墙体之外，敌楼中，规模最大的能容百人以上。

四、烽燧：是建在长城内外，用以瞭望敌情、传递信息的设施。它是长城的重要组成部分。又有烽火台、烟墩、狼烟台、墩台、亭等多种名称。烽燧有圆形、方形、圆锥形等不同形态。有石砌筑、砖石砌筑、砖砌筑、土筑等几种。烽燧多建在高处，距离不等，有30里置一烽，有15里置一烽，还有二三里一烽的。台上筑有守望房屋和燃放烟火的设备。烽燧的分布情况有五种：一种是建在长城外侧逐渐向远方延伸的烽燧；第二种是在内侧向王朝京师方向延伸的烽燧；第三种是与相邻的郡县关隘相联系的烽燧；第四种是在长城两侧紧挨长城的烽燧；第五种是在长城城墙上的烽燧。明朝把建在长城里的烽燧又称腹里接火台，把建在长城城墙上的烽燧又叫作边墩。烽燧传递信息的办法是白天燃烟，夜间举火或鸣炮。烽燧上的瞭守士卒，少则几人，多则十几人，有燧长一人，主持日常瞭望事宜，余者按更次排班瞭望；有的还设有炊事员。传递信息的方法，明成化年间规定：令边堆举效峰炮，若见敌人一二人至百余人举放一烽一炮，500人二烽二炮，千人以上三烽三炮，5000人以上四烽四炮，万人以上五烽五炮。

明代对烽燧的管理十分严格，规定烽子燧卒不得擅离职守，贻误军情。明成化二年规定："合设烟墩，并看守埃夫，务必时加提调整点，须要广积杆草，昼夜轮流看望，遇有警急，昼则举烟，夜则举火，接递通报，毋致损坏有误军情声息。""传报得宜克敌者，准奇功，违者处以军法。"

辽东镇长城沿线除了有烽燧外，还有"趋避行旅在途"的路台。

五、关、塞、隘、口：是设在长城线上的重要军事防御据点。就是在地势险要易守难攻处设立军事防御据点。

六、城、堡、障、堠：是与长城紧密相关的军事防御设施。它们多数建在长城内外不远的地方，个别也有较远的，是纯军事设置。这种"城"形制较为划一，规模也较小。有些住有少量居民，有些根本不住居民。堡城与障堆虽然都是用来驻防的，但还略有不同，障小，堡城大，堡城周围还有城墙环绕，有的城堡里还设有烟墩，巧妙地将防守、战斗与传递军情相结合。

【作者简介】刘忠礼，凌云诗社总监，辽宁省作家协会会员、葫芦岛市楹联家协会副主席、绥中县长城学会会长、绥中县书法家协会名誉主席、绥中县作家协会顾问。

绥中县明代蓟镇长城营建考略

王云刚

长城，是中国古代军事防御建筑工程。长城，就其构筑使用年代之久远，分布范围之广阔，形制规模之宏伟，影响意义之深远，当以古代北疆用以抵御游牧民族南下的万里长城为称著。因此，万里长城堪称世界建筑史上的奇迹。同时，又被联合国列入世界文化遗产名录。

绥中县的地理位置极为重要，前人称之为"辽陉廊"，自古以来是通往关内外的咽喉。南临渤海，北枕燕山。其人文历史也极为丰富。早在商周时期，境内曾是孤竹国所在地，其北则是北方游牧民族，因此，这里也是汉民族与北方少数民族的交融之地。特殊的地理位置和特殊的人文环境，构成绥中县与万里长城密不可分的关系。举世闻名的明蓟镇长城沿西界而过，因此，绥中县构成了集山、关、水、城为一体的雄伟壮丽且独具特色的自然景观和历史人文景观，在历史上是闻名中外的军事要塞，在今天则是闻名中外的旅游胜地。

绥中县境内的明代长城分属蓟镇长城和辽东镇长城，其中蓟镇长城段是明长城中最精华的段落之一。这一地段有举世瞩目的"京东首关"九门口，这一线长城从南至西，有九门口关、小河口关、大毛山关等6处关隘，现存城堡4座、敌台100余座，墙台、烽火台数十座；加之障墙、壕沟、拦马墙形成一道完备的军事防御体系。明朝建立以后，退回到漠北的蒙古贵族瓦剌、鞑靼诸部仍不断南下骚扰抢掠，明中叶以后，建州女真又兴起于东北地区，也不断威胁边境的安全。为了巩固北方的边防，明朝200多年的统治中几乎没有停止过对长城的修筑工程。一是明朝前期以长城关隘为重点的修缮，二是明中叶长城大规模的兴筑，三是明后期的重建和改线。调查发现的不少碑刻，全面反映了这段长城的修筑过程和防御情况。据旧志载，最早修筑长城是明洪武十四年（1381），以后多次进行修缮。这段长城沿着巍峨的山势和险峻的地貌起伏盘旋，与雄伟的燕山山脉浑然一体。绥中县境内的明代蓟镇长城，充分体现了中国古代建筑工程的高度成就和中国古代劳动人民的聪明才智。

中华人民共和国建立以后，长城虽失去了它原有的作用，但它雄风依旧，巍峨壮观，象征着中华民族的古老文明。为此，长城受到党和政府的关怀重视，颁布文物保护法令，不断拨款维修。特别是改革开放以来，长城的保护和维修进一步加强。1984年邓小平发出"爱我中华，修我长城"的号召，国内外为长城的维修开展了社会赞助活动。绥中县境内的长城，特别是九门口长城的维修和修复，得到了各方面的支持。今天，九门口长城已全方位向国内外游客开放，不仅激发了海内外中华儿女的民族自豪感和爱国之心，而且也增进了世界各国人民的友谊和相互了解。

长城，适应当代"和平"与"发展"这一主题。在历史上，长城作为军事防御工程，是安定与和平的保障，随着历史的变迁和发展，在当代长城作为珍贵的历史文化遗产，成为发展旅游事业的重要资源，它为绥中县的经济发展起到了极为重要的作用。

一、长城修建的原因

长城是中国历史上最伟大的军事防御工程。回顾历史，历来都是力量较弱的一方为防御敌方的进攻，在地理位置较险峻的地段修筑防御工事。明朝长城也不例外，它是随着交战双方在政治、经济、军事力量的不断变化逐步完善的。其修建时间大体分三个阶段，即明初、明中期、明后期。

（一）明初的武力防御政策

朱元璋领导的农民起义军于元至正二十八年（1368）攻克元大都（今北京）后，元顺帝被迫退据漠北。元王朝此时虽失去了中原，但其军事力量仍然十分强大。其势力范围东至呼伦贝尔湖，西至天山，北抵额尔齐斯河及叶尼塞河上游一线，南临现存长城以北的广阔领土。其军事力量则有陕西甘肃一带的河南王扩廓帖木尔的18万大军；辽宁方面纳哈出的20万大军；云南方面的元宗室梁王保存的一支力量。

面对元朝残余势力的威胁，朱元璋曾说过"惟西北胡世患中国，不可不备"。

为此，曾多次派遣大军出塞北伐，企图用武力荡平漠北。洪武三年（1370）正月，徐达、李文忠、冯胜等率军北征获得巨大胜利，同时，明军击败占据陕、甘的扩廓帖木尔部。洪武五年（1372）春五月又出动 15 万大军，由徐达、李文忠、冯胜等分兵三路出击。其中路、东路都失败而归，只有西路的徐达打通河西走廊，大获全胜。此时明王朝在根基尚未巩固前只能暂时放弃主动进攻，实行"固守边围"的政策，于洪武五年将北征将士撤回山西、北平等地。后又于洪武六年命"大将军徐达等备山西、北平边""自永平、蓟州、密云迤西二千余里，关隘百二十有九，皆置戍守"。"洪武十四年（1381）徐达发燕山等卫屯兵万五千一百人修永平、界岭等三十二关""诏诸王近塞者，每岁秋，勒兵巡边"。此后，明廷于洪武二十年至二十九年间，又相继发动七次大规模的征讨活动，肃清了元朝的残余势力，基本上稳定了明朝北部边境的安宁。

为了加强北部的防务，明成祖于永乐七年设置了辽东、宣府、大同、延绥四镇，以后又设宁夏、甘肃、蓟州三镇，再后又设山西、固原二镇，合称九镇。

自永乐以来，虽屡征鞑靼、瓦剌等部，但收效甚微，明王朝无力进行大规模的征讨，只能依靠长城进行消极的防御。

（二）成化至嘉靖年间消极对抗的策略

明英宗"土木之变"使长城防御体系遭到毁灭性的破坏，尤其是一些关隘和城堡破坏尤甚。景泰帝即位后，马上开始修沿边关隘。辽东镇长城最早于正统七年（1442）修筑，"自山海关直抵开原，高墙垣，深沟堑，五里为堡，十里为屯，烽燧斥堠，珠连壁贯"。成化十五年（1479），又"修筑自开原抵鸭绿江边墙""命右金都御史王翱提督辽东军务，自山海抵开原，筑修垣壁、屯堡、烽燧、斥堠。千里相望，防东虏及三卫也"。而蓟镇长城大规模的修筑，始于成化十二年（1476）。"李铭为总兵官在镇十二年……修边备，峻处削偏坡，漫处甃砖石，总二千余里"。弘治十一年（1498）洪钟巡抚顺天，整饬蓟州边备，建议增筑塞垣。自山海关西北至密云、古北口、黄花镇，直抵居庸关，延亘千余里，缮复城堡 270 所。随着边境形势的变化，至明中叶，明军戍守边境的土著兵及有罪谪戍的"主兵"，因占役逃亡之数增多，改为"召募""改拨"，戍守边军亦变成民兵、土兵。在蓟镇 2000 余里的防线上，驻边军队只有十多万人，防御蒙古骑兵实在少得可怜。而敌骑分散各地，又有朵颜三卫为向导，乘明方不备之机，分遣少数精锐，从长城各隘口侵入，朝掠夕归，如蹈无人之境。由于蒙古俺达汗多次派人奉书明廷，要求赐予封爵，允许每年向明廷进贡，请求在长城关口上进行"互市"，遭到明廷的拒绝，因此，明嘉靖二十九年（1550）夏俺达汗率兵南犯，循潮河南下古北口，掠怀柔，围顺义，直抵通州，京师大震。严嵩不敢派兵出战，俺达汗兵围京师三天，在城外，大肆抢掠财物、牲畜及人口后，从原路退回，史称"庚戌之变"。

"庚戌之变"后，明朝为确保京师安全，全力投入蓟镇长城的修筑。翌年，总督何栋提出："自山海关至居庸关共二千三百七十里，中间应修边墙，并铲崖。"并且具体制定"边墙规格，高一丈五尺，根脚一丈，收顺九尺"。此后，于嘉靖三十年（1551），又下诏修缮蓟镇边墙。一直到隆庆元年都有槽补。俺达汗于庚戌后退回河套地区，又不断派人投书要求通贡，后嘉靖帝准予在大同、延绥开马市。此后马市又停，俺达汗又派兵骚扰诸边，直至嘉靖末年。明廷虽不断修筑边墙，但始终未能阻止俺达汗部南下侵扰的铁蹄。

（三）明隆庆至万历年间真正起到防御作用

明隆庆至万历年间全方位积极防御方针，使蓟镇长城真正起到防御作用，是在谭纶任蓟镇总督、戚继光任蓟镇总兵官后。戚继光针对当时蓟镇戍卒不满10万，而老弱居半，分属诸将，散2000里间，以及守边士卒壮者役将门，老弱仅充伍，参游为驿吏，营至皆传舍，寇至，则调遣无法；守塞之卒约束不明，行伍不整；临阵马军不用马，而仅用步，家丁盛而军心散；乘障者不择冲缓，备多力分等七害，与守边士卒不练之失六，虽练无益之弊四等弊端，提出具体的整改措施。

1. 调防御体系

将蓟镇2000余里的防线分成三大部分，即蓟州镇、昌镇、真保镇。

蓟镇将领配置情况如下：

镇守副总兵1人、协守副总兵3人、分守参将11人、游击将军6人。

2. **抽调兵卒3万，分成三营，由戚继光训练**

据《明史·谭纶传》记载："请调蓟镇、真定、大名、井陉及督抚标兵三万，分为三营，令总兵参（将）游（击）分将之，面授继光以总理练兵之职。"其任务是春秋两防，三营兵各移近边。（蒙古兵）则遏之边外，入则决死边内。蓟镇"十二路，路置小将，总立三营。东驻建昌备燕河以东；中驻三电备马兰、松、太；西驻石匣备曹墙、古石。诸将以时训练，互为犄角，节制详明"。

3. 修筑敌台三千座，控制要害

谭纶、戚继光针对"自嘉靖以来，边墙虽修，敌台未建""蓟镇边垣，延袤二千里，一瑕则百坚曾瑕，比修岁"，建议修筑"跨墙为台，睥睨四达"的敌台三千座。每座"台高五丈，虚中为三层，台宿百人，铠仗糗粮具备"，并"令戍卒画地受工，先建千二百座"。为给守边士卒作表率，提倡勇敢精神，征募经严格训练的浙兵三千，"阵郊外。天大雨，自朝至日晨，植立不动"。隆庆"五年秋，台成功"，"精坚雄壮，二千里声势联接"。后"募浙兵九千余守之"。"边备大饬，敌不敢入犯。"

4. 设立车营以制敌

北元鞑靼、俺达兵善用骑兵突击。鉴于"敌之米技在骑"，为破敌之长，克敌制胜，谭纶建议招募三万人勤习车战，灵活运用"寇入平原，利车战；在近边，利马战；在边外，利步战"的战略战术，这样一来，"经继光在镇，二寇（指长秃、狐狸）不敢犯蓟门。""继光在镇十六年，边备修饬，蓟门宴然"，史称"谭戚"。

二、蓟镇长城修筑的过程

蓟镇，亦称蓟州镇，是明代九边重镇之一，其分地自山海关内迄灰岭隘口，即今山海关至居庸关之长城，防线总长2300多里。嘉靖三十年（1551），又在京畿一带分设昌镇、真保镇，这样，蓟辽总督属下有辽东镇、蓟镇、昌镇、真保镇四镇和山海关、紫荆关、居庸关三座雄关，故称"四镇三关"。蓟镇是万里长城中最重要的一镇，因其拱卫京师，因此，建筑最为坚固、雄伟、壮观。

蓟镇长城最初建于明初年。明朝自1368年建立到1449年"土木之变"止，历经洪武、建文、永乐至正统六帝，主要采取武力防御方针。一方面，明廷派徐达、常遇春、冯胜，蓝玉等大将，连续用武力追剿。另一方面又利用燕山一带的原北朝长城作为防御。洪武十四年（1381），徐达镇守北平，翌年修山海关，"发燕山等卫屯兵万五千一百人修永平、界岭等三十二关"。1403年，明成祖朱棣夺取帝位后，迁都北平，将大宁都司，迁于保定，以大宁诸地让给内附的兀良哈三卫，致使宣府和道东联系隔断，这样燕山长城自然成了前沿阵地。

自英宗正统以来，北部蒙古势力又强盛起来，不断南下骚扰，修筑长城之事，又被明廷重视。正统元年（1436）给事中朱纯请修塞垣。正统十四年（1449）八月，发生"土木之变"，蓟镇长城遭到严重破坏。景泰帝即位后，命修复长城，并于景泰元年（1450）由"提督京东军务右金都御史邹来学修喜峰迤东至一片石各关城池"。英宗复位后，于天顺年间仍多次下令，修蓟、辽、宣沿边城堡、边垣、台堑。

弘治十一年（1448），蓟辽巡抚洪钟"擢右副都御史，巡抚顺天。整饬蓟州边备，建议增筑塞垣。自山海关西北到密云古北口、黄花镇直抵居庸，延亘千里，缮修城堡二百七十余所"。

嘉靖以前蓟镇边墙虽屡修，但仍过于简单。嘉靖十八年（1539），巡抚都御史戴金在巡视蓟州边防时认为："内边诸山险处亦多，但山外攀援易上，山空水道处所，每年虽修垒二次，皆碎石干砌，水则冲，虏过即平。"他主张"应将山外可攀援之处，堑崖凿壁，山顶内严令禁长树木，应添墩堡以备防守"。

为了确保京师的安全，明朝政府开始加紧修筑蓟镇长城，并于嘉靖三十年、三十六年，分别修筑关隘、修筑边墙。在嘉靖三十八年至隆庆元年间，又不断进行增补，由于当时修筑的长城过于简单，所以蓟镇长城大规模的修筑，是隆庆至万历年间在戚继光主持下进行的。

在修筑边墙的同时，又在一些山势高峻的地段，大规模地铲削偏坡，作为边墙的辅助建筑。据《卢龙塞略》中记载："山海路有偏坡1064丈9尺，石门路有偏坡9597丈……"铲削偏坡的作用是"墙垣乃疆图之藩篱，而偏坡又墙垣之障蔽。有偏坡则虏虽众，不敢仰视于上，马虽强，不敢驰骤于下，钩竿不可到，云梯不可安"。因此，为了保卫京师安全，在"九边"长城线上，蓟镇长城修建得高大宏伟，居"九边"之冠。

【作者简介】王云刚，绥中县长城文物管理处退休人员。中国考古学会会员，中国长城学会会员，辽宁省考古学会会员，辽宁省博物馆学会会员，辽宁省长城学会会员。

绥中县境内明代长城考古调查综述

王云刚

　　绥中县位于辽宁省的西南端，辽西走廊的西端。早在 600 多年前的明朝，这里分属于蓟镇永平山海卫、抚宁卫，辽东镇广宁前屯卫三地。为了防止北方蒙古鞑靼、瓦剌和女真人的袭扰，明王朝在这里修筑了长达 121 千米的军事防御设施——长城。在我国古代文献中关于长城有着大量的记载，史学界、考古界有过专门的著述。

　　为了查清明代长城的位置、走向、建筑结构等相关问题，我县文物工作者配合"爱我中华，修我长城"和结合全县文物普查工作及申报国家级文物单位的申报档案资料，分别于 1984 年 10 月、1990 年 4 月、2004 年 10 月、2005 年 10 月四次，先后用了 3 个月的时间，沿着明长城分布地带进行了翔实的调查，掌握了全面的情况，基本查明了绥中县境内明长城的分布范围、具体走向和筑造特点。对长城沿线一些有关古代防御设施和重要遗迹作了记录，对长城筑造、地形、地貌进行了拍照，采集了一些文物标本。

一、绥中县境内长城的分布情况和详细走向

　　绥中县西部与燕山山脉的东端相接，是辽宁省与河北省的分界线，历代是华北通往东北的咽喉要道，其地理位置十分重要，同时也是我国古代中原文化和东北各民族文化交流、经济往来的地方。经过我们的调查，发现在绥中县境内有两道明代长城：一是蓟镇长城；二是辽东镇长城。

（一）蓟镇长城

蓟镇长城南接河北省秦皇岛市山海关区三道关东南方向304无名高地，向北沿燕山余脉，随山起伏，途经绥中县的李家乡、永安乡和加碑岩乡，全长46331米，计92.6华里。其中长城较好段落17.4华里，一般破坏14.2华里，严重破坏26.5华里，劈山长城34.5华里。从长城建筑结构上看，属石块垒砌的城墙14419米，属砖和石块构结的14631米，为了便于说明我县境内长城的基本情况，接其自然情况分为四段（其中包括辽东镇长城其中的一段）。

第一段：自河北省三道关东南304无名高地起（即李家堡乡阎家岭村郑家湾子西北304无名高地），北至永安乡锥子山止，全长24117米。

第二段：自永安乡锥子山起，向西延伸至西沟村西侧470无名高地止，全长8103米。

第三段：自加碑岩乡山神庙南山起，至东5号敌楼止，共长794米。

第四段：自永安乡锥子山起，向东至永安乡河口屯东山的金牛洞止，全长12177米。

敌楼总数114座，墙台16座，烽火台25座，便门楼6个，水门洞5个，庙宇2处，哨楼4个，戏台1个和多处拦马墙，关隘8处。按现存的文物保护单位看，其中大毛山段长城，从永安乡西沟村西470无名高地起，向东伸延至锥子山西侧31号数楼止，为东西走向，全长8103米。墙体上部平均3米，墙体高5米。城墙筑造结构全部是砖石结构，其底部以条石为基础，城墙顶外侧为垛口，内侧是女墙（即宇墙），城墙顶部铺砖，在陡坡地带砌台阶，以便士卒上下行走，并在垛口墙内侧砌障墙，以防止被敌方流矢射中。长城随山起伏，因地势不一，高度、宽度也不一致。高者8—10米，宽3—6米，最狭窄处是宽60—90厘米的小墙，城墙顶部外侧砌垛口，上有瞭望孔，下有射孔，墙顶平面有排水沟，墙体两侧有吐水嘴等各种用途不一的设施。烽火台一般为圆形实心，有少量的方形，为大块毛石垒砌。空心敌台一般石基砖砌，有长方形、正方形。一般每边长10—12米不等，高9—12米不等，内部为车棚式券室三个、六个拱券通道或回字形内部结构，上为穹隆顶。四壁开箭窗八个，顶部有铺房，上下层之间有楼梯。锥子山段长城，是蓟镇与辽东镇长城的交会处，是利用锥子山三面自然天险——险山墙为特点所连接的三段长城，其中有 5500 米险山墙，即利用高山险峻立墙，故称劈山长城。在其间鞍部筑有少量低矮的石头墙，以锥子山为中心向东、南、西延伸，其中甫西走向为蓟镇长城，向东走为辽东镇长城。其主体结构分为两种，即石、砖石结构。现存墙体高 2.8 米，宽 3 米；东段属辽东镇长城，墙体为石结构。金牛洞段长城，是锥子山向东支出的长城的终点，其地理环境与九门口长城相似，只是峡谷较宽，石河在此折西向南，故河道宽阔，河流清急。石河两岸现有石结构长城 200 米，高 6.2 米，宽 7.5 米，保存较好；石河东岸金牛山西侧有墙体 120 米，分两道顺山坡盘旋而上，均为自然巨石垒砌。据调查得知，早年在石河河床上，曾设九道水门，后被洪水冲毁。

（二）辽东镇长城

绥中县境内的明代辽东镇长城的西端，是明蓟镇长城与辽东镇长城的交会点，同时又是两镇的分界线。辽东镇长城从蓟镇长城东侧沿燕山自西向东进入绥中境内，再跨六股河进入兴城，它分布在李家、永安、前卫、范家、高甸子、高台堡等四乡两镇的辖区。通过调查发现，东西走向的辽东镇长城共有两道。

第一道：这道辽东镇长城，它的最西端位于李家堡境内的锥子山东麓，它是利用锥子山三面自然天险——险山墙为特点连接的三段长城。在锥子山之西，即蓟镇长城；山之东即辽东镇长城；山之南亦为蓟镇长城。过锥子山向东支出的辽东镇长城，以石筑为多，墙高 1.5—8 米不等，宽 1.5—7 米不等。沿长城内侧筑有马道，长 23 米，宽 3.3 米。在长城上每隔 200—500 米，即有砖筑空心敌台，同时有少量石筑圆形烽火台。在椴木冲 4 号敌楼上，有明朝驻守辽东巡抚张学颜及镇守辽东总兵官李成梁等人巡视长城时所立的题名碑，为万历五年所立。在石匣口西侧鼓山石崖上有摩崖石刻，是修建石匣口长城时工委官员题名及修筑时开支情况，为万历元年九月所立，它为研究这段长城修筑的时间提供可靠的文字资料。这段长城修至金牛洞止，它是自锥子山支出的辽东镇长城的终点。这段长城是沿着石河南岸与河并行的，充分显示了因地制宜，以险制塞的特点。其走向是从锥子山东侧，沿山脊向北行至椴木冲的 4 号敌楼，转向东南上蔓子草西山顶部的 5 号敌楼，又从其山顶下坡横跨公路奔东山转向东北至 6 号敌楼，经 7、8 号敌楼至石匣口，再由石匣口上鼓山，沿山脊经 9 号敌楼转向东北至河口，横跨石河上金牛山至金牛洞止。

第二道：这道辽东镇长城与蓟镇长城的交会点，是位于李家乡荆条沟北山，它北距吾名口（即大青山关）约10华里，东南到铁场堡约8华里。辽东镇长城在荆条沟北山沿山脊向东北方向伸延，越过苇子冲前山，再向东北，横穿秋皮水库，在水库东北岸再度出现，仍向东北行至鸡冠山南坡，再沿鸡冠山脊继续向东北，直奔永安乡境内的松岭子，翻过松岭子向东前行。在松岭子长城线上有巨大的烽火台，为圆形石筑。在松岭子北山至坡山洞这一带，山峰高耸，地势险峻，而辽东镇长城正是利用其地势而以山为墙，故没有修筑长城。在坡山洞北山，因沟谷众多，地势险要，因而在险要山之高山顶，增设四座烽火台，以加强防守，以报军情。向东长城又出现在獐狼冲南山山脊至乱石道一线，并在山口两侧建有烽火台各一。同时在石河口上建有腹内烽火台一座。转向东北跨石河直奔前卫镇境内三山，并沿其南麓山脊直下，进入范乡境内，伸向九门台南山梁，再往东伸延木匠沟和叶树沟。在叶树沟的山梁上增为三道长城，一道奔山顶，一道绕山腰，一道从沟底通过。当长城修至鱼石后，又合为一道过狗河。为了加强狗河南北的瞭望，又增设烽火台两座，隔河遥遥相望。长城过河后，沿东面小山伸向田屯南山，从遗迹上看，这段长城是凭险而筑的。从田家屯北山奔东北经弯土墙子、五台北沟至后喊过岭为一道，另一道由田家屯南山至东山、鹰山、平川营村西折往北，在喊过岭处两道长城合为一处。这一段地形复杂，平川沟壑俱备，有开有合，故属于军事要塞。除此之外，烽火台也非常密集，分布在狗河两岸三道河子、五台子、田家屯、平川营一带的山顶上。这些烽火台，从高处望去，有如星罗棋布。长城由喊过岭沿山脊蜿蜒向东北伸延进入高甸子境内的三姓屯，穿过陈家沟南边壕地，至牤牛沟西山，向东北穿过绥会公路至糜子沟屯南，从小糜子沟东台山北坡进入狼洞子西山北坡，过陈荫沟进入高台镇境内的边壕子屯北至水口，过王宝河向北至高台堡。由高台堡北顺山脊过八将沟往穆家沟至牛彦章，最后横穿六股河进入兴城市境内，全长75千米。

二、长城的筑造及地势的选择

长城是我国古代工程浩大的军事防御工事，由于它的战线长、范围广、地势复杂，为了适应军事上的需要，在筑造和地形的选择上都有其自身的特点和规律。

（一）长城的筑造

我们在调查中，发现长城的筑造方法主要有五种。

第一种砖石合筑。这是长城的主要筑造方法，约占我们调查中长城长度的37%，砖石结构，墙基宽为4.5—6米之间，平均高度5米，其高也因地势和倒塌程度而各异。

砖石筑城墙，上部均用砖砌，下部以条石为基础，白灰勾缝，中间填以碎石或土等。其顶部用三合土，在其上铺砖而构成。

第二种石筑。约占长城地段的63%，石筑墙基宽度不一，一般宽1.5—5米之间，最宽处不超过8米，一般残高3.5米，最高处为7米。

石筑城墙用自然石块，垒砌方法一般为内外两侧用较规整的大块自然石，中间填以乱石碎块或沙砾等。

第三种"天然屏障"。这种方法采用的不多，一般极陡峭的群山，在两个山头之间狭窄鞍部用天然石块稍加垒砌成为石墙，以连接山口构成一道天然屏障。这种方法在长城上有十余处，由于长城各段因地制宜，就地取材，筑造方法也不同，所以种类不一。

第四种险山墙，亦称劈山长城。就是利用自然山势，稍做加工，形成一道天然石墙。

第五种土墙。

（二）地形的选择

从我国古代有关长城的记述中可以看到，明代长城在地形的选择上有两个基本特点，即"因山边险""因河为固"，前者说的是长城选择在崇山峻岭之中，就可以成为"天险"，后者是长城临河而筑，就构成"固塞"，这是我国古代劳动人民长期实践的经验总结。

"因河为固"以金牛洞、石匣口长城为最明显。

"因山边险"以锥子山长城最典型。

长城地势的选择是根据当时战事的需要，并和防御对象有着直接关系。长城所经过地形地貌观察可以证明，当时修筑长城完全是防御北方蒙古鞑靼、瓦剌及朵颜三卫和女真等少数民族。这个地形选择上的基本特点，给我们研究长城的修筑时间提供了重要佐证。

（三）长城沿线的配置的设施

我们调查中发现三道古长城沿线都有不同类型的军事防御设施，归纳为以下几类。

第一类：关隘在长城沿线险要之地设关并建有关城。

（1）寺儿峪关，位于李家乡王家峪村南。

（2）九门口关，位于李家乡新堡子村西。

（3）夕阳口关，位于李家乡新堡子村东北。

（4）黄土岭关，位于李家乡北石门村西。

（5）大青山关，位于李家乡锥山沟西。

（6）小河口关，位于永安堡乡西沟村。

（7）大毛山关，位于永安堡乡西沟村。

（8）毛刺关，位于高甸子乡顺山堡村。

第二类：堡城 在长城沿线内侧，皆有屯兵之所即堡城，其间距5千米、9千米不等。

（1）铁厂堡，位于李家乡铁厂堡村。

（2）永安堡，位于永安乡永安堡村。

（3）背阴障堡，位于前卫镇背阴障村。

（4）三山营堡，位于前卫镇冯家村。

（5）平川营堡，位于范家乡平川营子村。

（6）瑞昌堡，位于高甸子乡顺山堡村。

（7）高台堡，位于高台镇高台堡村。

（8）三道沟堡，位于高台镇土城子村。

第三类：烽燧、哨楼（即方形空心）、路台。内外两侧或长城上均建有此类传烽设施。

蓟镇长城有25座烽燧；辽东镇长城有116座烽燧（明《四镇三关志》载）、路台36座。

第四类：卫、所城

（1）前屯卫城，位于前卫镇古塔村。

（2）中前所城，位于前所镇前所村。

（3）中后所城，位于绥户镇内。

三、长城的修筑时间及相关问题

综上所述，绥中县境内已查明有三道长城，即辽东镇两道为东西走向；蓟镇一道南北转东西走向。

从长城构筑特点来看，均是因地制宜，就地取材。

从其修筑的时间上看，蓟镇长城所筑时间始于明洪武十四年，延续至明中晚期，即修筑时间较早，而时间长，其规模大；辽东镇长城修筑时间为明正统七年至明晚期，其时间较蓟镇长城晚，时间短，其规模不如蓟镇长城，而且筑造特点与蓟镇长城既有相同之处，又具有自身的特点。

绥中县历史悠久，上溯到商周以来，这里一直是我国东北地区少数民族与汉民族相杂之地，各民族共同开发这块广阔的土地，彼此之间的经济往来、文化交流极为频繁，在中华民族文明史上都作了不可磨灭的贡献。两三千年来，历代王朝在长城以外地区均设有行政机构，实行有效管辖，伟大的明长城就是重要的历史见证。

【作者简介】王云刚，绥中县长城文物管理处退休人员。中国考古学会会员，中国长城学会会员，辽宁省考古学会会员，辽宁省博物馆学会会员，辽宁省长城学会会员。

关于"长城文化"对于辽宁全面振兴的价值思考

高　路

　　"辽宁长城"是万里长城的重要组成部分，自秦开却胡开始，从战国的燕北长城到秦汉的辽东故塞；从魏晋南北朝时期以及隋代的辽宁境内长城、唐代的安东都护府到辽代的镇东海口长城；从金代的合斯罕关、明代的辽东镇再到清代的柳条边，历朝历代统治者都相继在北方驻防、在辽宁境内修筑长城。"辽宁长城"是中国北方民族演进了两千多年、历经十余个朝代不断修建与层累的物质财富，"辽宁长城"从战略防御、戍边安防、屯田农耕，逐渐成为促进北方民族融合、经贸发展的纽带，其向周边延展、辐射、沉淀、升华而逐年形成的独具北方特色的"辽宁长城文化"，更是辽宁人民独有的精神财富。新时代伴随长城国家文化公园（辽宁段）全面建设的展开，深入思考"长城文化"对辽宁当下发展的重要意义，有助于辽宁有的放矢、精准施策，迈向全面振兴。

一、"长城文化"是"辽宁文化"破壁发展的关键抓手

　　辽河流域孕育"辽宁文化"，这里自古就是中华文明的发源地之一。从第一只鸟、第一朵花到第一缕阳光；从耸立沧海之碣石、飞越群山之长城到隐匿繁华之古塔；三燕之璀璨、辽金之雄浑、清前之激越，"辽宁文化"与中原文化紧密相连，在中华文化谱系中举足轻重。但是，由于受北方地域的限制，"辽宁文化"的发展严重不充分。而"长城文化"则不同，"长城文化"不仅是中华文明的重要组成部分，更是世界眼中中华文化的重要代表。从时间上，"长城文化"："起春秋，历秦汉，及辽金，至元明，上下两千年"；从空间上，"长城文化"："跨峻岭，穿荒原，

横瀚海,经绝壁,纵横十万里"。自 1945 年至今,已经有 520 多位国家元首登上长城,1987 年 12 月长城被列入世界文化遗产。自 2021 年《长城国家文化公园建设保护规划》开始,"长城文化"就已经成为长城沿线 15 个省区市文物和文化资源共同发展的引领。所以"辽宁文化"要牢牢抓住"长城文化"这个关键抓手,一方面以长城为纽带,拓展"辽宁文化"向外传播的广度,另一方面加强"辽宁文化"向内发展的深度、融合度,形成有效的联动、互动、频动的效应,为新时代"辽宁文化"发展开创新天地。

二、"长城文化"是辽宁精神大力宣扬的重要载体

2019 年《长城保护总体规则》明确指出:"长城,在 2000 多年的持续营造过程中,展现了中华民族不畏艰难险阻、顽强不屈、吃苦耐劳的精神特质。在维护我国长期和平、统一的历史上,长城不仅具有举足轻重的战略地位,更发挥了不可替代的重要作用。特别是抗日战争期间,长城抗战激发了全民族团结统一、众志成城的爱国精神,激励了坚韧不屈、自强不息的民族精神。作为中华民族的精神象征,长城已深深融入了中华民族的血脉,成为实现中华民族伟大复兴中国梦的强大精神力量,对于中华民族的过去、现在和未来均具有重要意义和深远影响。"从"九一八"、东北抗联、国歌"把我们的血肉筑成我们新的长城"、辽沈战役到百万中国人民志愿军奔赴朝鲜抗美援朝;从新中国百废待兴,辽宁几代人前仆后继、攻坚克难,百折不挠、众志成城,在钢铁、能源、军工、航空、航天、航母等重工业基地建设中,筑起新中国的钢铁长城,创造了共和国一个又一个的辉煌!"长城文化"所体现的"长城精神"与"辽宁六地精神"完美契合,已经成为辽宁人民继往开来、前仆后继、艰苦奋斗的精神动力。今天在长城国家文化公园建设的带动下,"长城文化"已经成为中国主体文化创新性发展、创造型转化的重要代表。新时代辽宁面临全面振兴,一定要搭乘'长城文化'传播的浪潮,乘风破浪,顺势而为,加强塑造全媒体时代辽宁主流舆论新格局,讲好辽宁故事、传播好辽宁声音,为辽宁全面振兴提供强大精神动力。

三、"长城文化"是辽宁文旅深度融合的重要纽带

2023 年 1 月 8 日随着国内疫情解封，辽宁文旅迎来反弹。在辽宁，长城资源涉及 13 个地级市。依照"长城文化"具有时代延展性的特点，可以预测：未来以长城为主题的文旅项目将覆盖辽宁全省。在今天，文化传播中可以高频次地看到：精神长城、思想长城、钢铁长城、科技长城、海防长城、抗疫长城、免疫长城、平安长城、冰雪长城、绿色长城、生态长城、时代长城等等，这些"长城"反复多次、高频地出现，可见"长城"已经上升为新时代展示中国开拓、进取新的代名词。辽宁文旅也应把握住"长城"的新内涵，乘上"长城文化"这股东风，认真梳理辽宁文旅家底，将"长城文化"与之衔接、融合。点点成线、线线成面、面面俱到，让辽宁文旅通过"长城文化"充分享受到中国疫情后时代文旅经济复苏的红利。

四、"长城文化"是辽宁乡村全面振兴的战略资源

辽宁要振兴，辽宁乡村更要振兴。以辽宁段明长城为例，总长度为 1235.989 千米，从东向西行经 12 个市、49 个区县、145 个乡镇、568 个行政村。在辽宁乡镇村拥有长城资源占总比约 92％。在实地考察中发现，长城资源所包含的墙、堡、烽燧等等，有些就在村民家的院子里、门前、自留地里等等，甚至有些村民家的院墙就是长城的老城墙。习近平总书记在党的二十大报告中指出，全面建设社会主义现代化国家，最艰巨最繁重的任务仍然在农村。辽宁的农村不缺长城资源，但是要将"长城文化"与辽宁乡村发展有效结合，实现乡村文化振兴，依据辽宁现有情况，未来还将有很长一段艰辛的路要走。但是有资源就比没有资源要强，"长城"就是资源、"长城文化"更是资源，"辽宁的长城文化"就是辽宁乡村文化振兴的战略资源。如何让战略资源转变为产业资源，如何让辽宁乡村的城墙成为辽宁美丽乡村建设的风景线，成为海内外游人热衷追寻的文化地标，是需要政府、乡村管理

者、学者共同研讨的现实课题。

五、"长城文化"是加快辽宁经济发展的有利契机

今天"长城文化"也在不断被赋予新的时代内涵,"长城文化"的格局也在发生时代性转变,其价值在不断提升。"长城文化"已经成为中国当下国家文化对内、对外输出的重点内容。辽宁全面振兴,加快经济发展,这是一项系统工程。依托"长城文化"不仅要做好意识形态工作,更要通过"长城文化"的带动,有计划、有目的地带动"辽宁文化"按照市场经济规律来发展,将"辽宁文化产品"变成"商品"。通过"长城文化"的宣传渠道,逐步完成"辽宁文化"销售渠道的建设,逐步实现"辽宁文化"产业化转型,为辽宁全面振兴增强软实力。

一个国家、一个民族的强盛,总是以文化兴盛为支撑的,辽宁的全面振兴是必须要以"辽宁文化"发展繁荣为条件的。未来三年辽宁要实现全面振兴新突破,"长城文化"必定是现阶段辽宁发展、突破最好的提升载体。从政治层面,辽宁要通过"长城文化"为国家立心、为民族立魂、实现文化自信自强;从经济层面,辽宁要通过"长城文化",更好地凝聚辽宁力量、展现辽宁特色、实现经济全面振兴;从文化层面,辽宁要通过"长城文化",进一步繁荣发展辽宁文化事业和文化产业,加大辽宁文物和文化遗产保护力度,要增强辽宁文化的传播力、影响力,实现以"长城文化"软实力赋能辽宁发展硬实力的阶段性目标。

新时代辽宁全面振兴的蓝图已经绘就,号角已经吹响。辽宁发展要面向现代化、面向世界、面向未来,"长城文化"必将成为激发辽宁文化创新性发展创造性转化的巨大动因,为谱写出更加壮丽辽宁发展新篇章、筑起"新时代辽宁长城"注入新的活力。

【作者简介】高路,东北大学中国长城研究院。

叙事与景观的交互架构：长城的历史记忆与文化认同
——以辽西绥中的长城传说为对象

江　帆

　　长城是我国历史上一种重要的防御性军事工程，也是世界上最具代表性的人类文化遗产之一。提起长城，人们多乐道于八达岭、嘉峪关、山海关。殊不知，在紧邻山海关的辽西绥中县，其境内也保留有众多长城遗迹和古长城，并且拥有极其重要的历史研究价值和可圈可点的观赏价值。然而，作为历史记忆承载者的辽西长城，在漫长的历史岁月中，伴随其防御性功能的弱化与消失，逐渐淡出了人们的视野，和国内其他地域的某些长城遗迹一样，成为人们俗称的"野长城"。这些野长城犹如崇山峻岭中的野花，岁岁年年"寂寞开无主"。直至新世纪以来，伴随旅游热的兴起，游客们才逐渐将目光投向分布于我国境内的各地古长城遗迹。正是在一批批"驴友"对我国各地长城的踏查盘点中，辽西绥中的一些长城遗迹竟赢得了"中国最美野长城"之誉。

　　笔者在对辽西区域进行民俗学田野调查时发现，在长城遗存相对集中的绥中地区，当地民间至今流传有大量与长城有关的民间叙事，这些叙事被当地民众世代相传，人们对此津津乐道。笔者进而又发现，这些古老的民间叙事传承至今，的确有其传承的内在动力，对此进行解析，不啻于辟建一个别致视角，或可破解当地这些古长城何以矗立久长，延挺至今之谜。同时，以长城叙事为镜，还可洞察其所映射的区域民众附着于长城之上的历史记忆、族群情感与文化认同。

一、本土资源与口头传统筑底：辽西长城叙事的生成与传播背景

尼日利亚学者比瓦基认为："运用不同的语言，人类创造了自己的故事，他们重视自己的本土故事甚于来自其他地区的故事。所有的文明都非常重视包含了自身本土文化、知识体系和存在方式的故事。"① 在辽西绥中地区，有关长城的民间叙事呈密集型分布，这与该地区的古长城遗迹也呈密集型分布相辅相成，正所谓存在决定意识。在笔者掌握的有关长城的民间叙事中，仅绥中地区便有 28 则，这些叙事题材广泛，皆以长城为叙事之核，内容涉及封建帝王、历史人物、历史事件、当地山川风物、民俗生活与文化传统，承载着丰富的历史、文化和艺术价值，当然，绥中有些长城叙事的"基核性"人物及由其引发的故事如秦始皇修长城、孟姜女哭倒长城等，在我国其他地区也广为流传，脍炙人口，但绥中的这些长城叙事却犹如在当地土里长出的一般，与外界的此类故事有着明显不同，具有鲜明的本土故事特点。

这里有必要介绍一下绥中地区的长城资源。辽西长城并非一个一般性的地域建筑概念，而是一个比地域建筑概念具有更强生产性和延展性的概念。历史上，辽西一带始终为战略要冲之地，分布于绥中境内的这些古长城主要用于防御，其见证了中国古代国家内部的战争、冲突、统一和边疆的稳定，显现和代表了中国古代文明的辉煌和智慧。以下只是择其要作以举述。

首先，位于辽宁绥中县永安乡西沟村的西沟长城是明万里长城的主干线，以险峻而堪称一绝。西沟长城墙体绝大部分为千斤条石基础，青砖包砌，墙顶上面平铺方砖，白灰勾缝。墙体平均高七八米，条石至今完好如初，十分完整漂亮。城上的敌楼建筑别出心裁，内部呈空心，史籍上称为"空心台"，是我国目前保存最为完好的一段明长城。其次，坐落于辽宁绥中县永安堡乡境内的锥子山长城，在万里长城中也有着显赫名字，是辽东镇长城和蓟镇长城的会合地，集三道长城为一体，向

---

① ［尼日利亚］约翰·艾雅图德·伊索拉 比瓦基：本土故事的重要性，转引自联合国教科文组织《信使》2017年第2期，中文版。

南经九门口可直达山海关，向西经过小河口屯的小河口长城，西沟屯的西沟长城，直通河北的董家口长城，因三道长城在此齐集一山，被称为"三龙聚首"，又被称为万里长城上最美的野长城。同时，因当地长城形式多样，独具特色，还被界内专家学者誉为"长城博物馆"。再次，位于绥中县永安乡的小河口长城是原汁原味的野长城，该段长城地势险要，两山夹一沟，长城扼守水关。小河口长城雄居于险峻山岭，是辽宁省与河北省的分界线，有"第三八达岭"之称。在这段长约 8.9 千米的长城上，约有 31 座敌楼、18 座敌台、14 座烽火台。这里原始森林苍翠蓊郁，长城依山修建，犹如长龙蜿蜒盘旋，被森林掩映。敌楼上长着百年青松，气势雄伟，令人叫绝。敌楼门楣上有半圆的雕花，上方是外圆内方的铜钱纹样，周围有动物和蛇状图腾花纹，显现着独特的阴柔之美，具有别一番的原始风貌，呈现着古长城的壮观雄伟及残缺之美，被专家学者称为"女性长城"。又次，绥中境内还有我国万里长城中绝无仅有的一大看点，即九门口水上长城，此乃万里长城中唯一的一段水上长城。九门口水上长城位于绥中县郊，地处辽宁与河北两省交界处，始建于北齐，扩建于明初（1381），与南部山海关方向的长城相接，并一直向北延伸到九江河，在河上筑起一段 100 多米的巨大跨河城桥，城桥下有九个泄水城门，九江河水从城下的九道门穿过，城在山上走，水在城下流，是万里长城中唯一的一段水上长城，也是非常独特的古代军事要塞。

历史上，上述长城地段都曾发生过一些历史事件和战争，因此留下了许多传说和故事。这些长城的遗存，为当地的民间叙事提供了一种物质表征和真实存在，加之古往今来辽西地区的口头传统始终活跃，当地民众素有说书讲古喜好，故此绥中地区自然成为辽西长城叙事生成与传播的核心区域及主要集散地。

辽西绥中地区长城叙事概览[①]

序号	篇名	主人公	内容	主题	流传地	讲述者
1	马跑长城界	秦始皇	长城传奇	长城选址	绥中永安乡	李俊

① 本文提及辽西绥中地区民间流传的 28 则关于长城的传说与故事，均出自"中国民间文学集成辽宁卷锦州市卷编委会"1988 年 10 月编纂出版的《中国民间文学集成辽宁卷·锦州市卷》（上），系内部资料本。

序号	篇名	主人公	内容	主题	流传地	讲述者
2	青砖白灰的传说	修建长城的工匠	长城传奇	工艺难题	绥中加碑岩乡	贺锐廷
3	晌午饭	孟姜女	长城传说	施工艰苦	绥中李家堡乡	李文禄
4	长城城墙砖石不搭灶	地方民众	长城传奇	维护长城	绥中加碑岩乡	贺锐廷
5	永安堡的来历	修建长城的监工	长城传奇	工艺难题	绥中永安乡	李俊
6	秦始皇火烧黄松	秦始皇	长城传奇	地名来历	绥中加碑岩乡	贺锐廷
7	金牛洞的传说	秦始皇、修建长城的工匠	长城传奇	地名来历	绥中永安乡	李俊
8	天下第一关的由来	书法家肖显	长城传奇	地名来历	绥中永安乡	李俊
9	山海关的由来	徐达、刘伯温	长城传奇	地名来历	绥中永安乡	李俊
10	双钟共鸣四十里	修建长城的工匠	长城传奇	地名来历	绥中永安乡	李俊
11	碣石的传说	秦始皇	长城传奇	地名来历	绥中止锚湾	杨玉琢
12	龙女盗神鞭	秦始皇、孟姜女	长城传奇	除暴安良	绥中李家堡乡	李春桂
13	孟姜女显灵	孟姜女	长城传奇	惩恶扬善	绥中止锚湾	杨玉琢
14	龙门石	秦始皇	风物传说	地名来历	绥中止锚湾	杨玉琢
15	钟鼓楼的传说	地方民众	风物传说	地名来历	绥中止锚湾	杨玉琢
16	九门口水门长城传说	戚继光、关羽	长城传奇	工艺难题	绥中李家堡乡	李春桂
17	九门口水门往外开	李自成	长城传奇	工艺特点	绥中李家堡乡	李春桂
18	演武台和"万岁松"	戚继光、关羽	长城传奇	工艺特点	绥中李家堡乡九门口	张建西
19	望海楼	修建长城的工匠	长城传说	施工艰苦	绥中李家堡乡	李春桂
20	关老爷汀	守城官兵、关羽	长城传奇	关公显圣	绥中九门口	周树
21	关老爷下界	守城官兵、关羽	长城传奇	除暴安良	绥中九门口	周树
22	白莺点泉	地方民众	长城传说	施工艰苦	绥中李家堡乡	李文禄
23	王小背砖十八块	修建长城的民夫	长城传说	施工艰苦	山海关、绥中李家堡乡	李文
24	万人摸	修建长城的官员	长城传说	施工艰苦	绥中李家堡乡	李国良
25		修建长城的民夫、神仙	长城传奇	施工艰苦	绥中李家堡乡	李文禄
26	剑门	修建长城的民夫、关羽	长城传奇	施工艰苦	绥中李家堡乡	李国良
27	镇勇台和炮嘴子	秦始皇、镇守长城的将士	长城传奇	地名来历	九门口一带	周书云
28	九缸十八锅	监修长城的官员	长城传奇	地名来历	绥中李家堡乡	李文禄

二、地域景观与口承叙事互构：长城传说折射的历史记忆

对绥中地区长城叙事文本的解读发现，当地流传的此类叙事多与我国一些与长城关联的历史人物、事件、建造工艺等有所关联，这些叙事依托境内遗存的长城遗迹，将长城作为区域民众情感、地方性知识表达及传播的介质和场域，通过对长城建筑的空间布局、时间序列、文化内质进行要素提取与艺术想象，也于某种程度上勾勒出了这些长城遗迹的前世今生。

例如，《马跑长城界》讲述的就是辽西长城建造之初是如何选址和规划路线的：

秦始皇统一七国以后，就想在北边国界的地方修一道长城，好防止胡人入侵。他把这想法跟满朝文武大臣一说，大家没有一个不赞成的。可这长城到底儿从哪儿修到哪儿呢，大伙儿可就七嘴八舌地各说各的理了。有的说从嘉峪关修到山海关，有的说从咸阳修到鸭绿江边，因为那里一面临海，又是战略要地，长城修到那儿，是再好不过了。

其实，秦始皇心里早就有主意了。他想把长城修得长一点儿，把统一的七国国土全都用长城围上。他就提出跑马划定长城界：让一个将官骑一匹快马，吃饱喝足了，人不下马，马不停蹄，从嘉峪山开始跑，经由七国边界，能跑几天算几天，跑出多远长城就修多远……

接下来便讲述这位将官打马飞奔，竟不吃不歇连跑十多天，一口气跑到鸭绿江边上。大臣们都惊呆了，这骑马的是什么人，普通人这十多天不饿死也得累死，难道是仙人骑神马？其实这是秦始皇使用了障眼法，他每天夜里都换人换马，大臣们愣是没看出来。就这样，长城的路线规划遂了秦始皇的心愿，从嘉峪关一直修到鸭绿江边。

不难看出，叙事中有关长城选址与路线的规划情节，明显带有虚构与想象意味，与正史可谓毫无干系，当属区域民众对建造长城这一历史事件的民间解释。然而，长城从嘉峪关一直延伸至鸭绿江边的客观实在，却构成了地表景观与口头传统

的"互文"，无疑大大增强了这类叙事的信度与传播效度。

再如，《永安堡的来历》讲的是绥中长城脚下有一个叫永安堡的村子的村名来历，讲述了历史上建造长城遭遇的施工难题与技术困阻。永安堡原名叫"六十四羊"，修完长城后才改叫永安堡的。村名为啥叫"六十四羊"呢？相传与修长城有关。据说当年秦始皇修长城时，山海关到六十四羊这一段非常难修，全是立陡的山峰，地势险要，连条人走的小道都没有，别说把砖瓦石块运上山去，就是空身上山，也有被摔死的危险，因此工期一误再误。负责修长城的监工将情况奏本上报朝廷，当时总理朝政的是丞相李斯，他下了一道指令，让人征集了一千零八十八只山羊，送到了六十四羊这个村子。李斯指令：这一千零八十八只羊是用于施工搬运砖石，要求地方上把这些羊按施工难度分成三份：锥子山段最难修，二停一①；三道关其次，三停一②；旧关容易些，给九停一③。就用这些山羊驮砖石上山修城，限期三个月完工，若误工期，当斩不饶。监工接到指令和羊群就难住了，一连分了三天也没分明白。没办法，只好张榜请能人来分。后来当地一个叫李成的人揭了榜，把难题解决了。李成揭榜时提了一个条件，要求免去他所在的村子的苦役，让自己村子永远过安稳日子，监工答应了。就见李成先从自己村子筹集到六十四只羊，赶进那一千零八十八只羊群里，两下一岔群，正好是一千一百五十二只。他分给锥子山一半儿，是五百七十六只；三道关三停一，是三百八十四只；旧关九停一，是一百二十八只。就这样，李成三下五除二就分完了一千零八十八只羊。然后又把自己筹来的六十四只羊赶回村里各归各家。羊分完了，施工难题也解决了。这些山羊确实能干，不管什么样的陡壁悬崖，羊群都能上去，用它们驮砖驮石比人力强多了，省工多了，长城也很快就修好了，不多不少，整整用了三个月。从此，李成所在的村子就被叫作六十四只羊了，村里人真的不再被抓去出苦役了，人们过上了安定的生活，为了永远记住这件事情，当地人后来又把六十四羊村改名为"永安堡"。

上述叙事中的施工难题是地势险要无法运砖石到山上，难题的解决则体现了普通民众的智慧。此类叙事的基本模式是关键时刻定有智者或神人出现来攻克难关，此中较有代表性的还有九门口长城建造水门的传说。这则叙事说的是明将戚继光当

---

① 二停一：民间计算用语，指将羊群总数均等划分两份，分出去二分之一。

② 三停一：民间计算用语，指将羊群总数均等划分三份，分出去三分之一。

③ 九停一：民间计算用语，指将羊群总数均等划分九份，分出去九分之一。

上蓟辽总兵之后，到九门口长城巡视，见九门口位于两山峡谷中间，中间流淌着九江河，虽然两边山上都有长城和敌楼，可是一旦两军交战，这三四十丈宽的大河，仅靠一些树枝、乱石拦堵，根本无法抵挡敌人进攻。戚继光便拨下银两，限当地官员半年之内在九江河上修建一道四十多丈长、十几丈高的水门，要求这水门要水来时放水，兵来时挡兵，无兵无水时可供客商通行，水门还要和两边长城相通。在水上建长城难度太大了，何况工期又短，地方官员愁得一病不起。此时便来了一位云游道士，给官员开了一个药方，上写"治好大人，先修水门，八墩九拱，石皮石心。水来放水，无水放人。城上设炮，兵来关门"。地方官员经道士点化，后又得九门口关帝庙中的关帝相助，调来神兵，每天在夜里施工，终于大功告成。叙事的后半部充满神奇色彩：

> ……到了晚上，这九江河口上又热闹起来了。第二天早上，大家看到各家各户搭的锅灶都好像烧过火。白天就又搭了不少锅灶，挖了不少眼井，备各路神灵使用。就这样，夜夜人喧马叫，一连过了七七四十九天，在那九江河口上，一座四十丈长，十二丈高的大水门修了起来。水门两头连着长城，和长城一样高，一样宽，在河道上那九个水门洞比城门还大。八个分水墩立在门洞中间，十分雄伟壮观。直到现在，在九门口各家各户的院子里，都有一眼水井，而且到处都堆放着石碾子。据说都是那个时候留下的，那万里长城上唯一的一个大水门，就是这样修起来的。

这些流淌在口头传说中的历史记忆，并非空穴来风，多与当地的长城景观契合，构成某种互文性。如据史料记载，1568 年至 1582 年，戚继光确曾镇守蓟辽 14 年，担负保卫东起山海关、西到居庸关的长城边防。此间戚继光曾率部对这一带长城进行了大规模的重修整饬，其时工程繁重，守卫任务艰巨，为稳定军心，戚继光特别准许一些家眷随军。长城修好后，他又将所建敌楼分配到各家各户负责守卫。就这样，很多官兵携妻带子，在敌楼上安下家，后来又从长城上搬下来，在长城附近繁衍生息形成村落。现绥中境内的西沟村就是这些戍边将士和家属所建，村里的古民居也是当年驻守长城将士的后代所建。村里的戍边古井、碾盘和石碾至今仍在。这些遗存的长城古迹实物，与区域性口头传说互为印证，形成了"野史"对"正史"的某种补充，却可使我们倾听到一些较之正史而言相对边缘的、矛盾的乃至相异的历史述说与情感表达。

三、符号与家国情怀契合：长城传说彰显的文化认同

自近现代以来，在国内外社会语境中，长城已经成为中国人身份认同的代表性符号。与我国其他区域民众对长城的感知与了解不同，辽西民众的特别之处在于不必通过书本观赏和了解长城，也不必舟车劳顿地登临长城，感知长城，因为长城就在他们的家门口，许多著名的长城遗址如西沟长城、小河口长城、锥子山长城、九门口水上长城等，甚至就与当地一些屯堡相邻，可谓近在咫尺，目之所见，步之所及，可观可触。故此，在辽西地区，长城遗迹连同相关的各类叙事已经积淀为一种地域文化，成为当地民众展现社会文化身份、构建地域认同与家国情怀的重要方式。

例如，绥中流传有一则《九缸十八锅》的传说，其以潜隐的形式表达了区域民众对长城的情感与认同：

绥中李家堡的老牛山上有个叫"九缸十八锅"的地方。相传秦始皇修长城时，当地监修老牛山这段长城的是个奸臣，一心想趁修长城发大财。他下令只用石头修，不许用砖，因为石头满山都是，不用花钱去烧砖。结果，老牛山这段长城用的几乎全是石头，只在垛口上点缀性地搁了点砖。石头就石头吧，可他还偷工减料，石头都让人干插的，里面全是空心，这段长城就这样让他连蒙带唬地修完了。

奸臣贪污了多少银子？足足装了九口大缸十八口大锅！奸臣让石匠凿了一口大的石头棺材，趁黑天，叫人偷偷地把九缸十八锅的银子装在石棺里，埋在了现在叫石棺沟的地方。他害怕取银子时找不准地方，就在山坡上插了几根荆条作记号。过了几年，长城都修完了，奸臣偷偷摸摸地来取银子，不料到这就傻眼了，只见满山遍野长满了荆条，埋银子的地方说啥也找不着了。大臣急得死的心都有，在山上足足转了七七四十九天。还别说，最后总算在沟底找到了那口石棺材。可他说啥也打不开棺盖了，找来不少石匠，结果也没凿开。一天夜里，奸臣又一人来到石棺跟前转磨磨，嘴里叨咕着心里话："九缸十八锅呀，没你我可怎

么活！"正叨咕呢，石棺盖竟"咔吧"一声开了，奸臣乐得一蹦老高，就像饿虎扑食一般，直扑向棺材里搂住了银子，不料想"叭"的一声那石棺盖就合上了，把奸臣活活关在里面了，他想出也出不来了。从此，这地方就叫"九缸十八锅"了，石棺所在地也改叫石棺沟了。

这则叙事让我们看到，在区域民众眼中，贪污修长城钱款，施工偷工减料，修建长城连蒙带唬，毫无诚信，无异于人性之大恶，是不可饶恕的，是会遭到天谴的。果然，"恶人自有恶报"，叙事中关于奸臣下场的情节设置，便是无声的审判，不得善终是此类恶人的必然归宿。

再如，当地民间还流传有一则名为《城墙砖石不搭灶》的传说，讲的是当地一种习俗禁忌的由来，情节饶有风趣，其叙事指向更为直截了当：

长城脚下住着一户人家，丈夫特别怕老婆。这天家里锅台坏了，丈夫向老婆要钱买砖，竟招来老婆一顿臭骂："动不动就要钱，钱是白来的吗？老娘没那份儿闲钱买砖！"丈夫知道要钱比挖他老婆的心还疼，只好忍气吞声地说："不买砖，拿啥搭锅台呢？"老婆往不远处的长城一指说："那不有的是砖吗？"丈夫一听忙说："那可不行，那是长城，你看谁动过，你不怕得报应？"老婆一听更骂开了："你个窝囊废！我就不怕报应。今儿个你不给我拆回砖来，就别吃饭！"丈夫一看老婆火了，不敢不去，就偷偷来到长城上边，不一会儿就拆下一大堆砖。看看差不多够用了，就背起砖往家走。刚走到城墙根上，就上来一股困劲儿，说啥也迈不动步了，他就顺城墙倒下，迷迷糊糊地睡着了。恍惚间不知从哪儿来了好多人，把他给围上了。这些人有男有女，还有人缺胳膊断腿，啥样的都有。就听一个老头儿吃力地说："这城墙不能拆呀，你知道修它时死了多少人吗？"又有一位白发老太太流着泪说："我是从很远的地方赶来的，看我修边的儿子，谁知他早就被填进城墙里去了。"一个断了腿的小伙子说："这长城是用人命堆起来的呀，毁它容易，修它时可就难了，你咋能拆它呢？"男人听了这些话，刚想把砖放回原来的地方，就看见自己的老婆怒气冲冲地走来，手举烧火棍子站在面前，吓得他冒出一身冷汗，冷丁就站起来了。等他睁眼一看，周围一个人影儿也没有，才知道自己是做了一个梦。男人把砖背到家，把梦对老婆说了一遍，又被老婆骂了一顿："窝囊废，拿几块砖就吓掉魂了，还不赶快给我搭锅台！"丈夫一声也没敢吱，就搭锅台去了……

锅台搭好以后，女人做好一大锅饭，哪承想家里黑灯瞎火地闯进来一大帮人，个个脸都是死灰色，跟丈夫梦见的一模一样。这群人围着她喊："我们是修长城饿死的，你得给我们饭吃！"说完一拥而上，把一锅饭抢个精光。这些人吃完还不走，女人只好又做了一锅饭，结果又被抢得一粒没剩。女人吓得大叫一声"妈呀"！吓醒了，方知是一场噩梦。可她揭锅一看，奇怪，锅里真就一个饭粒也没剩，再看家里的米却少了许多。女人又做一锅饭，可刚把米下锅，又犯困睡着了。就见那帮人又来了，这回他们不是来抢饭，而是个个嘴里呼喊着："还我长城，还我长城！"其中一个黑大个男人指着她的鼻子说："你明儿个赶紧把长城修好，要不然，我们天天上你家吃饭，让你这辈子不得安生！"女人吓坏了，跪在地上磕头像捣蒜，头都磕破了，也疼醒了，原来还是做梦。可她再看锅里，又是一个饭粒没剩。这回女人可傻眼了，赶紧叫丈夫把锅台拆了，两口子背着长城砖上了南山，乖乖地把拆的城墙都修补好了，然后这才回家拿钱买砖重新搭了锅台。从此，那帮人才不来她家抢饭了。据说，从那以后，这地方再没有一个人敢去拆长城的城墙，就是村里人家盖房子缺砖少石，也没人敢动城墙上的一砖一石。

对上述民间叙事进行剖析，不难发现，对于修建长城的中原王朝及统治者来说，民众以血肉之躯筑就的防范严密的长城，的确在一定程度上阻止了北方游牧民族持续性的南下入侵，是中原封建王朝边疆收缩政策的体现与实施；而对于生活在长城脚下的区域民众来说，长城的建造，使一方平民百姓也因此获得了相对稳定的生产与生活环境，这无疑是人心所向，对地方社会的发展具有积极的作用，对此，世代生活在长城脚下的民众是有着切身感受的。正是基于这一意义，可以说，长城并不只是单纯的物理空间存在，是与特定区域民众的历史情感、文化认同是有着深层次的互构关联的。在对长城景观的世代"凝视"中，辽西区域民众在感知长城的功用与价值的同时，附着其上的群体记忆与历史情感也不断地被触发和激活，以致在生活实践中不仅形成了带有区域本土特点的长城叙事与文化想象，甚至还以习俗禁忌的叙事传承自觉强化着对长城的维护意识与践行规制。在《城墙砖石不搭灶》中，民众的几番话语直接表达了这种情感与认知：当有人蛊惑拆毁破坏长城时，平民百姓也会近乎本能地抵制："那是长城，你看谁动过，不怕得报应？"发现长城被人为损坏时，更是借修长城而死的鬼魂之口直接发出"赶紧把长城修好""还我长城，还我长城"的震慑呐喊。可见在辽西民间，长城叙事不仅在以讲古的形式深化着民众的记忆，耸立的长城实体也与民众的日常生活发生关联，民众的个体经历、群体记忆、乡土情感与家国情怀源源不断地贯注与融入长城，使这一文化符号不断浓化，成为被区域民众体验、感知、触摸、认同的文化遗产。睹物问史，耳濡目染，区域民众的文化自豪感不断蓄积叠加，对境内的长城也自然越发自褒其珍。

澳大利亚人类学家劳拉简·史密斯在其所著《遗产利用》一书中指出，"遗产通过传递支撑身份认同的永恒价值观及完整血脉而为人类提供存在意义"。[①]长城的修建融合了不同区域的自然环境和地理条件，涉及大量的建筑、工程和军事技术，体现了我国古代人民的智慧和勤劳，展示了中国人对自然的敬畏和对美的追求。融汇于长城之中的历史底蕴、工匠精神、建筑韵味、东方美学和中国智慧，应该成为现代生活的新滋养。同时，在对长城建筑之美、文化之美的重新审视发掘中，国人也应涵养出更加深沉的文化自信。习近平总书记强调："讲好中国故事，传播好中国声音，展示真实、立体、全面的中国，是加强我国国际传播能力建设的重要任务。"中华长城承载着中华民族的血脉基因，在全球化、地球村的时代，如何在具有多种文化类型和多元社会制度的区域中建构起一种勾连你我他的身份认同，是长城这一文化符号在当下的内涵与使命担当。目前我国相关地域实施的建设长城公园规划项目，便是对"讲好中国故事，传播好中国声音"的有效践行。这一举措不仅可保护与传承长城这一伟大的世界文化遗产，更有助于推动古老的长城文明融入现代社会的生活场景，真正让这一珍贵文化遗产转化为当代社会的有效资源。如此看来，让古老的长城年轻起来，活起来，火起来，是摆在我们面前的时代课题，对此的认知与践行，可谓任重道远。

【作者简介】江帆，辽宁大学文学院教授，民俗学硕士研究生导师。中国民俗学会常务理事，辽宁省民间文艺家协会副主席，辽宁省民俗学会副会长。

---

① ［澳］劳拉·简·史密斯：《遗产利用》，苏小燕、张朝枝译，科学出版社2020年版，第30页。

"辽泽萎缩"与"辽西走廊"的开发

肖新琦　赵靓靓

中原王朝由华北平原进入东北平原，最近的道路就是过辽西地区。唐以前都过卢龙塞、辽西丘陵、大凌河谷，再穿过医巫闾山、辽泽辽隧，最终达到辽东地区，这条通道被称为"辽西故道"。"辽西故道"形成的时间比较早，辽、金之前它是连接华北和东北的主要通道，它以燕山各关口为界，共有三条通道。如果从东北进入华北方向来说，三条廊道分别为：一、柳城（今朝阳）—平岗（今凌源）—古北口道；二、柳城（今朝阳）—平岗（今凌源）—卢龙（喜峰口）道；三、柳城（今朝阳）—平岗（今凌源）—令支（河北滦县）—无终（天津蓟县）道。

而今为什么不走这几条古道了呢？这就涉及东北重要的地缘变迁"辽泽萎缩"与"辽西走廊"的贯通。即辽、金后开启山海关—兴城—锦州通往辽东的沿海交通线。

辽河中下游平原位于辽东丘陵地带与辽西丘陵地带之间，铁岭—彰武之南，直至辽东湾。在辽河中下游，尤其是辽河西岸，自古就是河流遍布、泥泞难行之地。秦朝时期，秦始皇下令打通天下要道，在辽西地区南翼开发了一条通道，但这条通道从天津延伸到绥中，秦始皇东巡的行宫最东段也是到达绥中，即随着秦朝的灭亡，这条通道再无向东延伸。汉代辽河中下游医巫闾山以东属于辽东郡，医巫闾山以西属辽西郡。在汉代华北和东北的人员往来变得密切，走辽西丘陵至大凌河谷再穿过医巫闾山这条通道更加通畅。但辽河中下游地区没有得到开发，依然是泥泞难行，华北和东北的联系必须要走大凌河谷，穿越医巫闾山山脉。唐代辽河中下游地区依旧是河道纵横、泥泞难行，旧唐书记载"十八年，从征高丽，及师旅至辽泽，东西二百余里泥淖，人马不通"。唐以后中原地区经常爆发大规模战争，为了躲避战乱，移居东北的人逐渐变多，大量的人口迁移使辽河平原得到开发，"辽河河泽"开始萎缩。

　　辽国崛起后，占领了燕云十六州，边境达到了黄河，辽河中下游地区已经是辽国腹地，辽国从中原俘获了大批汉人，安置在辽河中下游地区，汉人从事农业生产，开荒种地，建立城池，辽河中下游地区得以被开发，"辽河河泽"更加萎缩。到辽世宗皇帝耶律阮时期，葬其父耶律倍于医巫闾山，名曰显陵，因陵设州，下辖三州三县，即嘉州、辽西州、康州、奉先县、山东县、归义县，至此辽河西岸、医巫闾山南麓开始得到更加有序的开发。此后连接华北和东北的道路不再需要穿过医巫闾山，可以从医巫闾山南面的平原通过。进而，山海关到锦州的这条沿海通道也逐渐得到开发。史料最早记载"辽西走廊"的通行是《旧五代史·少帝重贵记》，947年，辽灭后晋，押解后晋出帝石重贵流放到东北："过蓟州、平州至榆关沙塞之地，略无共计，每至宿顿，无非路次，一行乏食，宫女、从官但采木实野蔬，以救饥弊。又行七八日至锦州。"由此可见，当时他们所走路线即是"辽西走廊"，但这时的"辽西走廊""无非路次、一行乏食"，行走极其艰难。这段文字是出古榆关经山海关到锦州的最早记载。

　　金代在辽的基础上，加大对辽河中下游平原的开发力度，被俘获的大量汉人、契丹人被迁移至辽河中下游地区，因此辽河中下游地区得到了更好的开发。北宋许亢宗在《奉使行程录》中写道：由榆关东北傍海行，经迁州（山海关附近）八十里至莱州（绥中前卫），八十里至隰州（兴城东关驿），八十里至桃花岛（兴城菊花岛），一百里至红花务（连山高桥附近），九十里至锦州，经由十三山下，一百里至显州（北镇）。1184年，金世宗完颜庸从燕京会宁府，辽西走廊各州县，尽皆治桥修道，路况大好。上述记载说明金朝时期在葫芦岛、绥中、锦州等处据点已有大量人口，各州县之间的道路也已极易通行，"辽西走廊"已经成为连接东北和华北的主要通道。

　　到了明朝早期，朱元璋令徐达在辽西走廊西翼接口处建立了山海关，山海关在辽西走廊西段的咽喉之地，像一把大锁，控制了东北进入华北的通道。《明史》卷九十一《边防》条记载："元人北归，屡谋兴复，永乐迁都北平，三面近塞。正统以后，敌患日多，故终明之世，边防甚重，东起鸭绿，西抵嘉峪，绵亘万里，分地守御。"《明史·王翱传》记载：正统七年（1442）冬，王翱奉命"提督辽东军务，翱以军令久弛，寇至，将士不力战，因诸将庭谒，责以失律罪，令左右曳出斩之，皆惶恐叩头，愿效死赎。翱乃躬行边，起山海关抵开原，缮城垣，浚沟壑。五里为堡，十里为屯，使烽火相连'。《辽东志》王翱志略亦记载："正统七年乃自巡边，沿山海关抵开原，高墙深沟，五里为堡，十里为屯，烽燧斥堠，珠连壁贯，千里相望。"《全辽志·宦业》记载王翱曾荐毕恭为流官指挥佥事，毕恭"图上方略，开设迤西边堡墙墙壕，增置烽燧，兵威大振"。明朝中期国力开始衰弱，"辽西故道"经常受到元蒙势力的侵扰而不能畅通，并且明政府修筑了"辽东边墙"，以加强控制，连接东北与华北的'辽西故道'不再随意通行。"辽西走廊"的战略地位就显得更加重要，明朝在山海关到锦州沿线修筑边墙，设置卫所和驿站，建立傍海城镇，以保障华北和东北之间陆路的畅通。由于卫所、驿站连成线，城镇人口逐渐增加，商旅的住宿饮食、军队的补给供应及时，这条临海通道逐渐成为"辽西走廊"，连接华北和东北的交通要道也正式由"辽西故道"变迁为"辽西走廊"。

【作者简介】肖新琦、赵靓靓，辽宁省文物考古研究院（辽宁省文物保护中心）。

辽宁非塞外说

田立坤

　　笔者在省内某县城偶见一大石上刻有"塞外明珠"四字，无疑这是当地自喻为明珠，以激发热爱家乡之情，充满了自豪感和对美好家园的憧憬与希冀。但是不得不说，因该地并不属于塞外，故塞外之定位，实为画蛇添足，弄巧成拙。以前也曾听到称辽宁为塞外的说法，所以有必要说明一下，将辽宁视为塞外是不符合历史事实的，是错误的。

　　在说明辽宁非塞外之地前，首先要明确两个概念——塞与塞外。

　　《说文》：塞，隔也。本义是阻隔，堵。引申义指边界险要之处，如要塞、边塞。因长城既是一道防御的屏障，也是边界，又多险要关隘，故也被称为塞。如《史记》朝鲜传："自始全燕时，尝略属真番、朝鲜，为置吏，筑障塞。秦灭燕，属辽东外徼，汉兴，为其远难守，复修辽东故塞，至浿水为界，属燕。"这里的障塞之"障"为长城线上的城堡，"塞""故塞"即长城及其关隘。可见所谓塞外即长城之外。如《汉书》武帝纪太初三年，"遣光禄勋徐自为筑五原塞外列城"；《后汉书》乌桓传，"及武帝遣骠骑将军霍去病击破匈奴左地，因徙乌桓于上谷、渔阳、右北平、辽西、辽东五郡塞外，为汉侦察匈奴动静。"五原郡与上谷、渔阳、右北平、辽西、辽东五郡，均为汉之北部边郡，长城即各郡之北界，塞外即郡外，长城之外，毋庸赘述。因长城为东西走向，故塞外也可称为塞北。

　　那么辽宁与长城有什么关系呢？据《史记》匈奴传，"燕有贤将秦开，为质于胡，胡甚信之。归而袭破走东胡，东胡却千余里……燕亦筑长城，自造阳至襄平。置上谷、渔阳、右北平、辽西、辽东郡以拒胡"。上述五郡的辽东、辽西、右北平三郡与今辽宁有关，以医巫闾山为界，东至朝鲜半岛的清川江北岸为辽东郡，西为辽西郡，至建平、凌源、喀左一线以西为右北平郡，三郡南临黄渤海，北界长城。

经多年的考古调查与研究，燕将秦开却胡所筑长城的大体走向已经确认，即从今河北张家口一路东北上，进入内蒙古赤峰，再东行经建平、敖汉、奈曼，进入阜新北部，继续东北行，进入开原，然后南下，止于朝鲜半岛清川江。需要说明的是，所谓"燕亦筑长城，自造阳至襄平"，是以造阳代指上谷郡，襄平代指辽东郡，造阳与襄平并不是长城的起点和终点。辽宁的绝大部分都在燕长城之内，分属辽东、辽西、右北平三郡辖地。

燕长城在建平县北部尚有遗迹可寻。燕长城从内蒙古赤峰美丽河乡黑山头北梁跨过老哈河进入建平县热水乡，东行经老官地、黑水、烧锅营子，在北二十家子跨越崩河，继续东行进入敖汉旗境内，全长 80 多千米。沿线有老官地乡达拉甲城址、烧锅营子下霍家地城址以及老官地乡上羊草沟、大南沟墩台等，都是燕长城防御体系的组成部分。

辽宁是连接华北平原、蒙古草原、东北平原三大自然地理区域，同时也是农耕、畜牧、渔猎三大历史文化区的三岔口。战国燕置辽东、辽西、右北平三郡直至近代，华夏——汉文化在辽宁地区一直是占据主导地位的。朝阳、沈阳、辽阳都发现有战国燕的城址、墓葬；燕国遗物在全省各县都有发现，在北票还曾发现燕王职戈等重要文物。

将今辽宁之地称为塞外之谬说始于清代。原因大概有二，一是辽海地区历史时期多是多民族错居杂处，尤其是明代将辽西朝阳、阜新，辽北铁岭大部地区划给蒙古兀良哈为牧地，遂造成这里一直是少数民族活动之地的错觉；一是将明代所修之长城与燕秦汉之长城相混淆，如民间流传的"孟姜女哭长城"传说。如朝阳清康熙五十四年"佑顺寺碑记"称，康熙时创建三座塔佑顺寺的绰尔济喇嘛苏住克图大师，原住持京师白塔寺，"因老病乞休，复奉命于塞外蒙古旗下任意栖止，故来是土（三座塔，即今朝阳）"。这里康熙不加区别地将蒙古旗地都视为塞外了。还有塔子沟厅理事通判哈达清格在其所编纂的《塔子沟纪略》序中称："惟是塔沟一厅，古称漠北，向在《禹贡》九州之外，三代以上，固难深悉。秦筑长城，此为边外无疑。""塔沟一厅"即塔子沟厅，乾隆五年置于今凌源，辖境大体相当于今辽宁阜新、朝阳两市与内蒙古赤峰市南部地区，其中朝阳、阜新两市绝大部分都在燕长城之内。哈达清格不知有燕长城，更不知秦长城还在燕长城之北，便言之凿凿"秦筑长城，此为边外无疑"，误导后人。

　　我省是文物和文化资源比较丰富的省份之一，保护传承利用好这些资源，需要加强研究，提供学术支撑；普及历史文化知识，提高全民文物保护意识。只有全社会的积极参与，文物保护工作才能落到实处，进而达到传承利用的目的。

　　【作者简介】田立坤，曾任朝阳市博物馆馆长、辽宁省博物馆馆长、辽宁省文物考古研究所所长、辽宁省文物保护中心主任。